インドカレー伝

L・コリンガム
東郷えりか 訳

河出書房新社

目次

◈

レベッカ・アールに

インドカレー伝

現代の南アジア

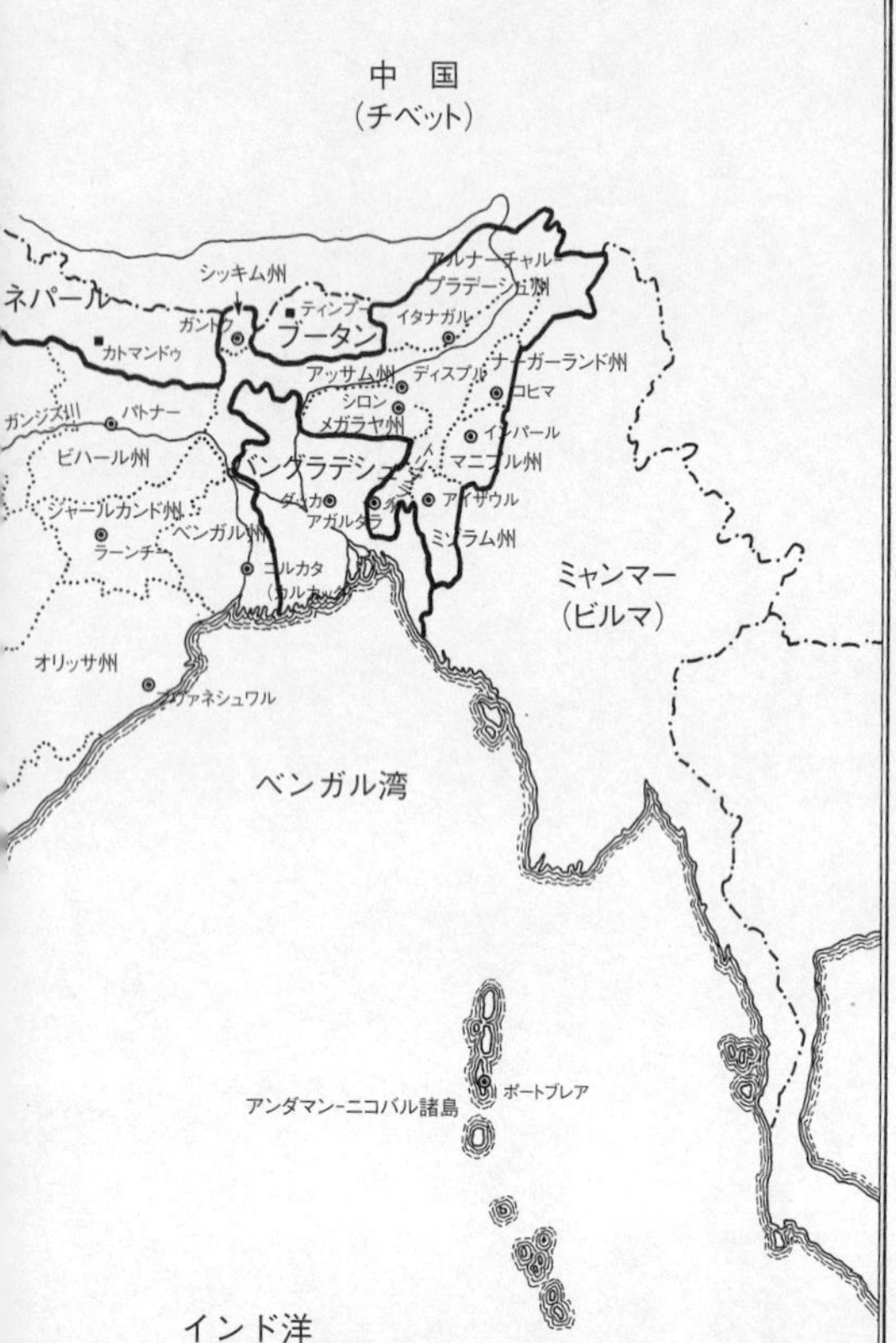
中　国
(チベット)
ネパール
シッキム州
ガントク
カトマンドゥ
ティンプー
ブータン
アルナーチャル=
プラデーシュ州
イタナガル
アッサム州
ディスプル
ナーガーランド州
シロン
コヒマ
メガラヤ州
インパール
マニプル州
ガンジス川
パトナー
ビハール州
バングラデシュ
ダッカ
アイザウル
ミゾラム州
ジャールカンド州
ベンガル州
アガルタラ
ラーンチー
コルカタ
(カルカッタ)
ミャンマー
(ビルマ)
オリッサ州
ブヴァネシュワル
ベンガル湾
ポートブレア
アンダマン-ニコバル諸島
インド洋

アフガニスタン
パキスタン
連邦直轄部族地域
ノースウエストフロンティア州
ペシャワール
クエッタ
バルーチスターン州
パンジャーブ州
ムルターン
インダス川
ジェラム川
チェナーブ川
ラーヴィー川
ストレジ川
ハイデラーバード
シンド州
カラチ
ジャンムー-カシミール州
スリーナガル
ジャンムー
ヒマーチャル・プラデーシュ州
パンジャーブ州
シムラー
チャンディーガル
デーラードゥーン
ウッタランチャル州
ハリヤーナー州
デリー
ニューデリー
ウッタル・プラデーシュ州
ラクナウ
ジャイプル
ラージャスターン州
ガンディナガル
アフマダーバード
グジャラート州
ディウ
ボーパール
マディヤ・プラデーシュ州
ナルマダー川
ダマン
ダマン-ディウ
シルヴァーサー
ダドラ-ナガルハヴェリ
ナーグプル
マハーラーシュトラ州
ゴーダーヴァリー川
ムンバイ
（ボンベイ）
プネー
アラビア海
ハイダラーバード
クリシュナー川
パンジム（パナジ）
ゴア州
カルナータカ州
ウディピ
バンガロール
ラクシャドウィープ
ケーララ州
ティルヴァナンタプラム
インド洋
0 100 200 300 miles
0 100 200 300 400 500 km

はじめに

一九九四年に、ボンベイ〔現ムンバイ〕のコラバ地区にあるディプティーズ・ピュアドリンクスで、わたしは初めてラッシー〔ヨーグルト・ドリンク〕を飲んだ。濃厚で口当たりのよい甘さは心をそそるものがあった。ボンベイに滞在中、わたしは何度もこの店に足を運んだ。労働者でにぎわう軽食堂でベジタリアン・ターリー〔金属盆に盛られた定食〕も初めて食べたが、足の上に鼠が乗ってきたときには、さすがに厨房の状態が心配になった。

マドラス〔現チェンナイ〕にあるジョンとスーザン・ニャーナスンダラムの家では、インドの家庭料理のすばらしさを知った。朝食はふわふわしたイドリー〔米の粉の蒸しパン〕に、鮮やかな緑色で強烈な味の、つくりたてのコリアンダー・チャツネ〔野菜・果実に香辛料を入れ甘く煮詰めたもの〕をかけて食べ、夕食には栄養たっぷりのチキンカレーをいただいた。いずれも、イギリスにあるインド料理店で食べ慣れていた味とは違っていた。

数ヵ月後、わたしはコレラにかかって散々な目にあった。病後は紅茶とトーストしか食べられなかった。ツーリスト・ホテルでは、まだイギリス統治時代の料理が食べられることを知り、黄色いオムレツを食べて健康を回復した。元気になりはじめたころ、デリーの高級ホテルのレストランで、イギリス統治時代の名残の装飾品――籐椅子や鉢植えのヤシにまわりを囲まれながら、マリガトーニ・スープ〔カレー味の鶏のスープ〕を味見した。スープは酸っぱくて辛く、ひどい代物だと思った。それでも、イギリスのインド料理とのかかわりについて、わたしは強い関心をいだくようになった。

イギリスに帰国後、わたしは最初の本を執筆した。インドにおけるイギリスの組織体に関するものだ。インドにおけるイギリスの立場が、通商から支配、そして帝国主義へと移行するにつれて、組織体を管理・統制して、誇示するイギリスの方法がどう変わったかを追ってみたのだ。こうした流れのなかで、イギリス人が一時期、インドのカレーを拒み、代わりに鮭缶や、まるで弾丸のような瓶詰の豆を好んだこともあった。

イギリスとインドの食べ物との関係は、わたしの想像力をかきたてつづけた。この本を書くための研究をしながら、イギリス人がインドに残した最も重要な食べ物または飲み物が、おそらく紅茶であることに気づいてわたしは驚いた。それが〝チャイ〟の章となった。本書の多くは、インド料理店に通い慣れた人にはおなじみの、多くの定番料理の歴史を探ったものだ。わたしはそうした料理のルーツや、ヨーロッパ人がそれをどう発見または発明したのかを調べ、またそれらの料理がイギリスにもちかえられ、世界各地へ伝わっていったさまざまな過程を追った。それはインド亜大陸、つまりパキスタン、インド、スリランカ、バングラデシュの各国からなる地域のカレーの歴史だったのである。(マレーシアとタイのカレーについては、別の歴史をたどったものであるため、本書では扱わなかった。)

リジー・コリンガム
モントリューにて
二〇〇五年

第1章　チキンティッカ・マサラ　本場のインド料理を求めて

イングランド中部の保養地、レミントン・スパのバース通りにキング・バーバというレストランがある。メニューには、ジャルフレジ、ローガンジョシュ、コルマ、ドーピアーザー、ダンサク、マドラス、ヴィンダルー、バルティなどが並んでいる。アルーゴビ、タルカダール、ナーンは、さまざまな付け合せの一部だ。こうして名前を羅列すると、薄暗く照らされた室内の光景が浮かびあがる。フロック加工した赤と金の壁紙。炒めた玉ねぎの香りに、ピンクや緑の米粒が入った色とりどりのプラオ〔ピラフ〕。小さいステンレス製ボウル入りのピクルスとオレンジ色のマンゴー・チャツネとともにだされるパパドム〔豆や米の粉のパリパリ煎餅〕など。

レミントン・スパの同じ通りには、安いテイクアウトの店が何軒も建ち並ぶ。カレーを待っている客は、大衆紙《デイリーミラー》に漫然と目を通している。二品からなるテイクアウト用バルティ〔バーミンガム生まれのカレー料理〕なら、五ポンド以下で買える。

レミントン・スパと聞いて、すぐに頭に浮かぶのはカレー屋ではない。しかし、ここは実際、最初に多くのインド料理店ができたイギリスの地方都市の一つなのだ。一九七五年にこの町を訪れたある人がこう驚嘆している。「十数ヵ国の様式のレストランとデリカテッセン〔惣菜屋〕がある。ヤムにトルティヤ、カバノにクラコフスカ、グラッパにピタのパンなどが造作なく見つかる……イギリスの地方にある中規模の町では、「これは」そうざらにあることではない。それに、ついこの前までピーマンも知らなかったような人が住んでいる町からきたわたしのごとき者には、レミントン・スパはまるでロンドンやニューヨークをこぢんまりとさせた都市の見本のようだ……インド料理店が五軒――さらにそれ以外の食事場所が五〇ヵ所以上――も存在するということは、ソドムとゴモラの運命をたどりかねないレベルの贅沢と浪費ぶりを思わせるかのようだ」[*1]。レミントンはコヴェントリーとバーミンガムのそばに位置する。イギリスにいるバングラデシュとパキスタンの移民の多くは、こうした都市の自動車産業に働き口を見つけた。そんなわけで、インド料理に関するかぎり、ここはイギリスのなかでも最先端の町の一つとなったのだ。それはいまも変わらない。

キング・バーバからさほど離れていないヴィクトリア・テラス通りには、ファイヴ・リヴァーズという店がある。ここは典型的な新しいタイプのインド料理店だ。ファイヴ・リヴァーズではフロック加工した壁紙はなくなり、壁は淡い青と白に塗られている。薄暗いランプはスポットライトに変わった。テーブルクロスの代わりに、木のテーブルとスチール製の脚付きの革の椅子がある。値段は高くなり、ウェイターは今風に白いジーンズとTシャツにバーガンディ色のサスペンダーを着けている。メニューも異なっている。ファイヴ・リヴァーズでは、「料理で有名なインド各地の都市をめぐりながら、現代の味覚に合った」料理が食べられる。たとえば、ハイダラーバード風チキンコルマ〔カシューナッツ・ベースのチキンカレー〕や、アムリッツァル風魚料理〔香辛料に漬けた魚のフライ〕などだ。

新しいスタイルのインド料理店が、イギリスのあちこちで開業している。ヴェーラスワミーズやザイカなどロンドンの高級レストランは、イギリスで安い間食とみなされてきたインド料理の地位を、フランス料理にもひけをとらない洗練された格調高い料理として押し上げようと努力を傾けている。

最近のレストランは、料理が本場のものであることをたいへん重視する。レミントン・スパにあるもう一軒の新式レストランは、すべての料理が「故郷の家でつくるのとまったく同じように、ここの厨房で」調理されていると強調する。本当に高級なレストランのシェフは、たいがいインドで特別な修行を積んだ人たちで、出身地の料理しかつくらない。昔ながらのレストランですら、その店の料理が〝本場もの〟であることを宣伝しはじめている。スーパーマーケットではインドのあらゆる加工・調理食品によって、〝本場の〟インド料理の味わいが提供されている。しかし、本場のものとは、実際には何を意味するのだろう？　また、本場のものであることが、はたして本当にインド料理を評価する正しい基準なのだろうか？

二〇〇一年に、当時のロビン・クック外相がチキンティッカ・マサラをイギリスの新しい国民的料理として発表するやいなや、あれはイギリス人が発明したものにすぎないと、料理評論家が非難しだした。チキンティッカ・マサラは、イギリスの多文化主義を象徴する輝かしい例などではない、と彼らは嘲笑った。あれは外国の食べ物を、片っ端から食うに耐えないまずい代物に変えてしまうイギリス人の器用さの表われだというのだ。[*2]なにしろ、この不粋な料理は、探究心旺盛なインド人シェフのひらめきによって生みだされたものではない。ある無知な客が、注文したチキンティッカ〔骨なしタンドーリチキン、これはインド料理〕がぱさついていると文句を言い、つき返してきたものだったからだ。シェフはキャンベルのトマトスープ缶とクリームとスパイス少々を混ぜて、けちをつけられたチキンにソースとしてかけた。こうして、国籍不明の料理ができあがった。いまではイギリス人は、こともあろうにこの料理を、一週間に少なくとも一八トンは食べているのである。

チキンティッカ・マサラの最大の難点は、それを批判する人びとに言わせれば、味のまずさではなく、むしろ、これが本場の料理ではない点なのだ。[*3]実際、ジャーナリストは嬉々としてこう報道する。イギリスの従来のカレー屋でわたしたちが食べているカレーは、どれも本物ではないし、そこでだされる〝インド料理〟がバングラデシュ人によって調理されている事実は言うまでもない、と。

イギリスにあるインド料理店のオーナーは、確かにその大半がバングラデシュの出身者だ。しかし、本書が扱うほとんどの時代において、バングラデシュはパキスタンとスリランカと同様、インドと呼べる一つの広い食の世界に属していた。パキスタンが国家になったのは、一九四七年になってからだ。一九四八年にスリランカがそれにつづき、バングラデシュがパキスタンから分離したのは一九七一年のことだ。インド亜大陸の食物は、これらの比較的新しく引かれた国境を境に、別々の調理法や料理に分かれているわけでない。バングラデシュの食物はベンガル地方の食の世界に属している。パンジャーブ地方はパキスタンの建国とともに宗教的には二つに分離したものの、同じ食文化を共有している。これらは、インド亜大陸にある多数の地方料理のうちの二つにすぎない。

それどころか、ときにはインドのある地方出身者の食べ物は、別の地方の人にはインド料理とは思えないこともある。サティヤはパンジャーブ地方の村の出身で、一九五〇年代にデリーにやってきた。それまでパンジャーブ以外の地方を旅したことがなかった彼女の目には、アパートの住人たちの習慣は不思議で魅力的なものに映った。彼女は驚いてこう記している。南部のマドラス出身の家族は、「わたしたちパンジャーブ人のように料理をチャパーティーと一緒に食べずに、ライスを好んだ。レンズ豆やナス、トマトなどの野菜を料理するにしても、かならずライスがなければだめなのだ。しかも、彼らはそれをすべて指で丸めてすくうので、汁が腕を伝って流れる。チャパーティーをちぎったものやスプーンを使えば、きれいに食べられるのに。だから、ある日、わたしはこう言った……『ねえ、わたしたちのように食べたらどう？　だって、きちんとした家庭の人なんだから。まさか、あなたの田舎ではそんなふうに食事をするわけではないでしょう？』」。隣人は「ひどく気を悪くして、わたしを罵った。わたしはただ、そんなきたない食べ方は見たくないと、彼女にやんわりと言うつもりだったのに」。[*4] 怒ったマドラスの女性は、こう言い返すこともできただろう。彼女の料理は水っぽくて食べると手が汚れるかもしれないけれども、少なくともサティヤの家族が食べているパンジャーブ地方の料理のように胃にもたれる脂っこいものではないと。この女性たちがいずれ仲直りしたとすれば、西部のグジャラート出身の隣人が、胸の悪くなるような甘い料理を好むと一緒になって非難したかもしれないし、あるいはベンガル出身の隣人がアパート中にからし油の悪臭を立ちこめさせるとか、南東部のテルグ族の隣人が耐えがたいほど辛い料理をつくると、文句を言ったかもしれない。[*5]

　地方ごとの味の好みはそれほど異なるため、ほかの食文化の料理を食べる際にも、そうした違いが現われる。ムンバイのビジネス街ナリマンポイントでは、中西部のマラータ族ヒンドゥー教徒が屋台をだして、会社勤めの人を相手に〝中華〟の昼食を売っている。だが、この屋台では調理する前に客の出身地を見抜いて、それに合わせて味を調えるのだ。グジャラートの人なら、ソースを余計に入れて甘くする。パンジャーブ人には唐辛子を追加する、といった具合に。[*6]

　インド国内にこれだけさまざまな調理法があるということは、本場の味もより厳密には、それぞれの地方と結びついていることになる。ところが、地方ごとに分かれたインド料理は、それぞれの地域の消費パターンによってさらに複雑化していることを、十九世紀初めにインド南部を旅したフランシス・ブキャナンは発見した。日常生活の細かい事柄をよく観察していた彼は、地域ごとに人びとが異なった穀物を主食にしていることに気づいた（米、小麦、キビ、モロコシ）。「習慣になれば、どんな穀物でも充分に健康によい食べ物に変わるようだ」と、彼は書いた。しかし、貧しい人びとは異なった穀物に適応できず、「別の穀物を試さざるをえなくなるか、そう仕向けられると」、消化不良を起こすのだった。ブキャナンがこのことを痛感したのは、道中、主食の穀物が変わりつづけたせいで、使用人たちがみな胃腸の調子を崩して苦しんだことによってだった。ブキャナンは、いつもの食事を恋しがって陰鬱な顔をしているインド人に囲まれていた。[*7]

人びとは今日もなお、それぞれの地域の主食を通じて出身地とその社会に結びつけられている。バングラデシュから南東部のタミル・ナードゥ州にいたるまで、インド亜大陸の人びとはみな地域ごとの土壌と水の特質が、収穫される穀物に吸収されるのだと考えている。穀物を食べると、こうした特質が民衆に伝わり、力が与えられる。バングラデシュでは、村の土地で育てた米は、市場で買った米よりも栄養価に富んでいて、満腹感があるとして重宝される。地元で栽培された米を食べれば、村人は故郷の自然の力で満たされ、その共同体に結びつけられる。旅にでる者は、出発前に村で育てた米をたくさん食べて、故郷のエキスを身体に満ちあふれさせなければならない。[*8]

インド亜大陸に存在する宗教集団はそれぞれ、食物に関する特定の禁忌によって、とりわけ肉に関するタブーで区別されている。たとえば、キリスト教徒であれば、ほぼどんな肉でも魚でも食べる。イスラーム教徒は牛肉を含め、ほとんどの肉を食べるが、豚肉は避ける。ジャイナ教徒はおおむね厳格な菜食主義で、ときには赤い色の食材ですら、血の色だからという理由で避けることもある。ヒンドゥー教徒は神聖な牛の肉は食べない。しかし状況によっては、厳格そうに見えるこうした食事制限も無視されることがある。フィリップ・レイは一九三九年から四六年までインドで警察官をつとめていた。彼はヒンドゥー教徒、イスラーム教徒、およびシク教徒からなる混成隊とともに仕事をしていた。あるとき、彼は自分の隊を訓練のために郊外へ連れだした。隊員はそれぞれ宗教別に独自の携帯糧食が支給されていたのに、彼が火を起こしてソーセージとベーコンを料理しはじめると、全員が集まってきて、そのお裾分けに与ったのだ。翌日、勤務に戻ったときには、そのことについて話す者は誰もいなかった。[*9]

こうした大まかな宗教上の区分のほかに、無数の異なった共同体やカースト、宗派が存在し、それぞれに独自の調理方法や食べ方が定められている。集団ごとの違いは、特定の慣習やしきたりで区別されている。たとえば、ムンバイのシーア派イスマーイール派の一派であるダウディ・ボーラは、食事中に甘いデザートとセイヴォリー〔甘くない口直し〕を交互に食べるのを好むことで知られている。[*10] ヒンドゥー教として括られたなかにも、じつに多様な食習慣が存在する。わたしたちがヒンドゥー教徒と呼ぶ人びとは、多くの異なった文化を背景にしているのであり、食べ物の禁忌も調理法もきわめて多岐にわたっている。たとえば、北西部ラージャスターンのヒンドゥー教徒には、マールワーリー・バニヤン〔マールワール出身の商人や金融業者〕の質素なベジタリアン料理もあれば、ラージプート〔古代クシャトリアの子孫を称した高位カーストの種族〕の焼肉料理もあるのだ。

　理論上は、ヒンドゥー教徒の食事は、一連の清めの儀式によって支配されている。食べることによって人はとりわけ汚染されやすいからだ。不道徳な人間と食事をともにしたり、不潔な場所で食べたりすれば、こうした穢れは食事をした人の身体にも移る可能性がある。理想的には、ヒンドゥー教徒は入浴して、清潔な服に着替えてから食事をすべきとされる。男女は別々に食べ、女性は自分たちが食事をする前に、男性に給仕しなければならない[*11]。

　調理する際には細心の注意が必要で、さもないと、危険をはらんだものとなりうる。食事をつくる人の道徳的な資質は食べ物に伝わり、食べる人に取り込まれる。これは炊いたご飯のように、水を使って調理されたカッチャーの食べ物に特に当てはまる。水によって食材はやわらかくなり、汚染にさらされやすくなるからだ。一方、パッカーの食べ物はギー〔煮詰めて純粋な乳脂肪に精製したバター〕で揚げてある。ギーは神聖な牛からつくられる製品なので汚染されにくい。だから、パッカーの料理であれば、異なったカーストの人が調理したものでも、食べられる場合がある[*12]。肉は不浄な食べ物とみなされており、かたや穀類と野菜は上等な食材とされている。

こうした決まりは善行の理想を表わしている。これらの原則にしたがうことによって、人びとはどうにか清浄な状態を達成できるのだ。とはいえ、実際には、ヒンドゥー教徒はそれぞれ個人の状況やライフスタイルに合わせて、こうした規則に順応している。[*13] そのため、ふだんは菜食主義のバラモン〔またはブラフマン〕も、病気になって衰弱しているときは、精力をつけるために肉の煮出し汁のスープを飲むこともある。カシミール地方のバラモンは、彼らの食べ物の好みに合わせた清浄の概念に順応している。彼らは玉ねぎとニンニクは避けるものの、羊の肉は喜んで食べる。同様に、ベンガル地方のバラモンも魚を食べる。

理論からすれば、ある集団のカースト上の地位は、世襲の職業に就いて仕事をする際に人が遭遇する不浄の量によって定まる。[*14] こうした原則にしたがって、バラモンは学者や僧侶として社会階級で最も高い地位を占め、一方、革細工人や掃除人（ゴミや汚水の収集人）は不可触民として位置づけられている。インド北部のウッタル・プラデーシュ州の村人が、人類学者のマッキム・マリオットに語ったところによれば、彼らの村に住むバラモンやジャート〔インド北西部の有力な農民カースト〕、バニヤンなど、カーストの上層にいる人びとの地位は、彼らの食事によく表われている。彼らは上等なパッカーの食べ物しか口にしないことで清浄さを保っている、とマリオットは教えられた。かたや、洗濯屋や理容師など低いサービス業カーストの人びとは、普通のカッチャーの食事をとり、肉も食べる、と。しかし、さらによく調べてみると、「どのカーストも同じような場面で、双方のタイプの食べ物を料理し食べている」ことに、マリオットは気づいた。彼はまた、バラモンでも食事の席に着く前に、往々にして顔と手しか洗わないことを知った。村内のカーストの地位は、実践においては、清浄の儀式を実際に守っているかどうかではなく、食べ物のやりとりにもとづいているのだった。村のあらゆる集団間（ヒンドゥー教徒内のグループだけでなくイスラーム教徒も含めて）における社会的地図を正確に描こうと思えば、どの集団が食品を提供しどこが受け取っているのか、その相互のやりとりを理解すればよいのだった。食べ物を与える者は、それを受け取った者よりも高い地位に就いていた。その場合でも、カッチャーの食品は劣った食べ物とみなされていた。ただし、それは不浄になりやすいからというよりは、貴重なギーで調理されていないからだった。

このように、カーストの決まりや規則は、考えられている以上にはるかに融通のきくものなのだ。日常生活のなかでは、浄・不浄の決まりは社会の現状を維持する手段として順守されている。こうした決まりは状況しだいで無視しうるものであり、また社会的な権力を行使したり敬意を表したりするために、大げさに遵奉することもできる。[*15]

インド人が食べるものは、その人の出身地、宗教、共同体、およびカーストに左右される。それはまた、裕福さによっても変わる。インドの人口の大多数を占めるのは、農村の貧しい人びとだ。彼らは栄養所要量の八〇％ほどにしか満たない食事で、どうにか暮らしている。貧困者の多くは年間を通じてはたらける仕事が見つからない。そのため、食料を毎日買うことができず、食事をとらない日を交互に設けて飢えをしのぐしかない。ベンガルでは、貧民の食事はご飯と、塩と唐辛子と若干の香辛料で味付けしたダール〔豆料理〕を少々と、ジャガイモまたは青菜、それに紅茶とパーンからなる。パーンは檳《ビン》榔子《ロウジ》に香辛料を混ぜて、キンマの葉で巻いたもので、食事のあとに噛む。贅沢品に見えるのだが、実際には、貧しい人びとは飢えを紛らわすためにパーンを使っている。[*16]

本場のインド料理を食べる方法は、このように非常にたくさんある。とはいえ、インドの食べ物を根本的に支配している原則はある。こうした原則はアーユルヴェーダ（生命の科学）医学に由来するもので、これは今日もインドや世界のあちこちで実践されている。

アーユルヴェーダの基本となる書物は、チャラカ・サンヒターとスシュルタ・サンヒターとして知られる古代の二つの医学書で、紀元前一世紀ごろ書物として最初にまとめられた。[*17]これらの医学書には、正しい食事療法の原則が概説されている。そこでは、人の身体は環境と均衡のとれた状態に保たなければならないとされていた。したがって、じめじめした湿地帯に住む人は、こってりしていて身体が温まるオオトカゲの肉を食べるように勧められ、高原に住む人は、淡白ながら栄養価の高いインドレイヨウを食べるべきだとされていた。[*18]食事はインドの風土における季節ごとの変化にも合わせなければならない。暑い季節は、身体がエネルギーを節約しなければならないので、チャラカ・

サンヒターではミルク粥のような〝冷たい〟食べ物がよいとされていた。[19] 寒い季節には、こってりした料理を消化するだけのエネルギーを身体が消費できるので、脂身の多い肉を使った料理を、ワインと蜂蜜とともにとることが勧められた。季節ごとの食べ物は、食材を大きく二つに、熱いものと冷たいものに分類する体系に沿って選ばれていた。それぞれのカテゴリーのなかで、食べ物は六つの味（ラサ）に分けられている。肉や胡椒などの熱い食べ物は辛いか、酸っぱいか、塩辛い。これらの食べ物は喉の渇きや体力の消耗、発汗、炎症、および消化促進を引き起こしうるので、注意して扱わなければならない。ほとんどの果物や牛乳のような、冷たい食べ物は甘いか、渋いか、苦い。こうしたものは気分を朗らかにさせ、心を落ち着かせ、満足させるので、ずっと危険が少ない。[20]

アーユルヴェーダの医者は、料理にも長けていなければならなかった。[21] 医者は季節に合わせて、不足分を補う特性のある食べ物を選べる必要があったからだ。それぞれの料理は食材が本来もっている健康増進の特質を引きだすように考えられており、アーユルヴェーダ医学の原則は、地域の差を超えてインドの料理法をかたちづくっていた。主食となる穀類（米か小麦）に、風味をよくし、独特な味を生みだすために考えられた多様な料理が添えられた。[22]

熱いものと冷たいものを取り混ぜて、六つの基本的な味（辛・酸・鹹《かん》・甘・渋・苦）の絶妙なブレンドをつくるという考えは、今日もなおインド料理の中心にある。さまざまな味を生みだすために香辛料を工夫して使い、野菜料理では塩に少し砂糖を入れてうまく味を調え、黒胡椒と身体を冷やすヨーグルトを混ぜ合わせ、タマリンドを少々加えて単調な味のソースにいくらか刺激を添える。こうした技はみな、食べ物の組み合わせを定めているアーユルヴェーダの原則に由来するものなのだ。したがって、アーユルヴェーダの医療法がインドの料理法の原則の根底をなしていて、それがすばらしい味を保証しているのである。

アーユルヴェーダ医学によってインド料理の基礎がつくられたとすれば、この基礎の上には、時代とともにさまざまな影響が層をなして積み重ねられてきた。インド亜大陸は多種多様な移民を受け入れてきており、こうした人びとがみなそれぞれの料理をたずさえてきたからだ。今日、わたしたちが食べているカレーは、インドの長い歴史が生みだした産物なのである。それぞれのレシピは、その料理をこしらえ、食べてきたいろいろな人びとの話を伝えている。

最初のヨーロッパ人がマラバル海岸にやってきたのは、一四九八年に、ポルトガルの探検家ヴァスコ・ダ・ガマがインド航路を開拓したときだった。その二八年後、ムガル帝国の初代皇帝バーブルが北方からインドを侵略した。この二つの出来事は、インドの食文化に恒久的な影響をおよぼすことになった。本書は、中央アジア、ペルシア〔イラン〕、そしてヨーロッパの料理方法と食材がどのようにこの亜大陸にもちこまれたかを物語る。これらはその後四世紀にわたってインドの食べ物と影響をおよぼし合い、今日、わたしたちが知るようなインド料理を生みだしたのである。

ソース
サラダ油　大さじ４〜６
玉ねぎ大（みじん切り）　１個
生姜のすりおろし　１片分
ニンニク（つぶす）　４かけ分
ターメリック　小さじ¼
チリ・パウダー　小さじ¼
ガラムマサラ　小さじ１
コリアンダー・パウダー　小さじ１
トマトピューレ　大さじ１
塩　少々
アーモンド・パウダー　大さじ２（お湯で溶いてペースト状にする）
生クリーム（乳脂肪分40〜50%）　大さじ２
香菜（刻む）

●大きめのフライパンで油を熱する。玉ねぎを入れてキツネ色になるまで炒める。おろし生姜とつぶしたニンニクを加え、５〜８分炒める。
●ターメリック、チリ・パウダー、ガラムマサラ、コリアンダー・パウダーを加え、１〜２分間炒める。トマトピューレ、塩、アーモンドを加える。さらに１〜２分炒める。
●鶏肉を加え、15〜20分弱火で煮込む。焦げそうであれば水を少々加える。
●肉がやわらかくなったらクリームを加え、盛りつける直前に香菜を散らす。

【チキンティッカ・マサラ】

このレストラン・カレーは、タンドールのかまどで焼いた鶏肉でつくるのが理想的だが、調理済みのチキンティッカをスーパーで買ってきてもいいし、鶏肉を漬けてからオーブンで焼くかバーベキューにして、家庭でタンドール風の味をだしてみるのもいい。レストランで見る真っ赤な色は食品用着色料によるものなので、このレシピには含まれていない。3～4人分。

鶏肉（一口大に切る）　500g
マリネ液
生姜のすりおろし　1片
ニンニク（つぶす）　5かけ分
ターメリック　小さじ¼
チリ・パウダー　小さじ¼
ガラムマサラ　小さじ1
クミン・パウダー　小さじ½
コリアンダー・パウダー　小さじ1
塩　少々
レモン汁　1個分
ヨーグルト　大さじ6
上記の材料をすべてボウルでよく混ぜ、鶏肉に絡める。鶏肉がまんべんなく漬かるようにする。蓋をして一晩以上、冷蔵庫に入れておく。
鶏肉を串に刺して、オーブンかバーベキューの炉で焼く。

第2章　ビリヤーニー　ムガル帝国の皇帝たち

一六四一年の春、二人のポルトガル人司祭がラホール〔現パキスタン北東部〕にあるムガル帝国の実力者アーサフ・ハーンの大邸宅に行き、大広間を見下ろせるバルコニーに案内された。

その夜、アーサフ・ハーン夫妻はシャー・ジャハーン帝〔タージマハルに眠る皇帝の亡妻が夫妻の娘に当たる〕を夕食会に招いていた。二人の司祭が身を隠した場所からは、「金と銀の絹糸で刺繡された豪華なカーペットが敷かれた」大広間が見渡せた。広間の周囲におかれた香炉では、竜涎香《りゅうぜんこう》、沈香《じんこう》、麝香《じゃこう》が焚かれていた。中央には上等な白いモスリンのテーブルクロスが敷かれ、そのまわりにはクッションが並べられている。二人が見ていると、真珠の首飾りと金の鎖をつけたムガル皇帝が広間に入ってきた。あとにはこの家の主人と皇帝の一族がほかに二人つづいた。一行はクッションの上に腰を下ろし、美しい給仕の娘たちが差しだす鉢で手を洗った。やがて、「料理が運ばれてきて……耳をつんざくような楽器が鳴りだし……われわれのトランペットに似ていなくもないが、音程が不確かで悲しげな響きのものだ」。料理を運んできたのは「贅沢な装いの宦官たちで、異なった色の絹のズボンに、極上の透き通ったモスリンの白い上着を着ていた」。宦官が「皇帝の両脇でひざまずいている美しい二人の乙女に」金の器入りの料理を手渡すと、その娘たちが「皇帝の前に料理を並べ、さらに飲み水を差しだしたり、不要になった皿を片付けたりするのだった」。司祭たちは、イスラーム教徒の「未開人」が、非の打ち所のない食事のマナーを身につけていることに驚かされた。食事は四時間以上つづいた。料理が下げられると、「扇情的で思わせぶりな服」をまとった舞姫たちが入ってきて、「淫らなふるまいとポーズで」一行を楽しませた。しかし、シャー・ジャハーンの関心は、もっぱら目の前におかれた宝石入りの三つの容器のほうに向けられていた。皇帝がルビーとエメラルドの鑑定に夢中になっているあいだに、先ほど司祭たちをバルコニーに案内した宦官が戻ってきて帰る時間だと告げた。「われわれは立ちあがり、この案内役についていった。皇帝の護衛の真っ只中を通らずにすむように、彼は地下通路からわれわれを連れだし、そうこうするうちに路上にでた」[*1]

ムガル皇帝の夕食についてこの記述を残したのは、セバスチャン・マンリケ修道士という人物だ。ムスリム貴族の館に潜入したとするマンリケの主張は、大胆不敵だ。この時代、宮殿や大邸宅の中心にある奥御殿は高い塀で囲まれ、衛兵によって守られていた。ムスリムの女性たちは世間から完全に隔離されており、この聖域に入れるのは家族と召使だけだった。ポルトガルの司祭がなかに入って、屋敷の女性たちを眺めるのを許可されたというのは、まずありえそうにない。

マンリケは宮廷で聞いた噂をもとに、すべての話をつくりあげたのかもしれない。十七世紀の紀行作家は、書き手の信憑性を主張する手段として、よく自分を場面のなかに登場させていたからだ。読者は、極秘におこなわれた出来事を著者とともに目撃したような感覚からスリルを味わっていた。とはいえ、この一件ではマンリケは冒険が実現したのは、アーサフ・ハーンとのあいだに特別な関係を築いていたからだと主張した。

マンリケはインドを横断して、ローマへ向かう途上にあった。ラホールに立ち寄った目的は、シャー・ジャハーンによって九年以上、投獄されているイエズス会の司祭のために嘆願することだった。彼の訴えを聞いてくれたのがアーサフ・ハーンだった。ハーンはムガル宮廷に強い影響力をもっていただけでなく、皇帝の伯父〔および義父〕にも当たった。マンリケは魅力的な人柄と巧みな交渉術を兼ね備えていたにちがいない。彼はその不運な司祭の釈放に成功したばかりではない。会談の終わりに、ハーンは「一人の宦官に命じた。わたしが面会にきた場合はいつでも、すぐになかへ通すように、と門衛に通知させたのだ。これはただならぬ引き立てだった」。アーサフ・ハーンがシャー・ジャハーンをもてなす予定だと聞くとすぐに、彼はこれをチャンスとばかりに、「こうした制限を超えた許可」を願いでた。ひょっとすると、アーサフ・ハーン自身が手配して、マンリケがバルコニーから食事光景を眺められるようにした可能性もある[*2]。しかし、たとえハーンが司祭の存在を知っていたとしても、この訪問が秘密裏のものだったことや、バルコニーから隠れてのぞき、秘密のトンネルを抜けて帰還したことなどから、皇帝は知らされていなかったものと思われる。

マンリケがその食事の習慣に大いに関心をもったこのシャー・ジャハーン帝は、インドを支配した五人目のムガル皇帝だった。初代の「虎」のバーブルは、イギリスのヘンリー八世と同時代の人物だ。バーブル（一四八三～一五三〇年）は、中央アジアのフェルガナ地方――今日のウズベキスタン――で生まれたティムール朝の王子だった。彼の生涯の夢は、この地方にティムールの系統の強国を再建することだった。それをはたすべく、彼は十五歳で、かつてティムール帝国の都だったサマルカンドを征服した。イスラーム教学の中心地であるサマルカンドは美しい都市だった。ここでは、トルコとペルシアの伝統が、中央アジアとアフガニスタンの伝統と融合して、洗練されたイスラーム文化を生みだしていた。「東方のイスラーム世界の真珠」として知られたサマルカンドは、中央アジアの至宝だった。しかし、バーブルはこの都市を占領しつづけられず、ウズベク族によって廃位させられた。その後、長年、山間の地で辛酸をなめたが、この経験にもバーブルの野心は衰えなかった。彼はアフガニスタンの都カーブルに狙いを定め、ついにこの都市を占領するだけの充分な軍勢を集めた。さらに一五二六年に（ちょうどヘンリー八世が妻の侍女のアン・ブーリンと恋に落ちていたころ）、バーブルは、当時ヒンドゥスターンと呼ばれていた北インドに一大攻撃を仕掛けた。

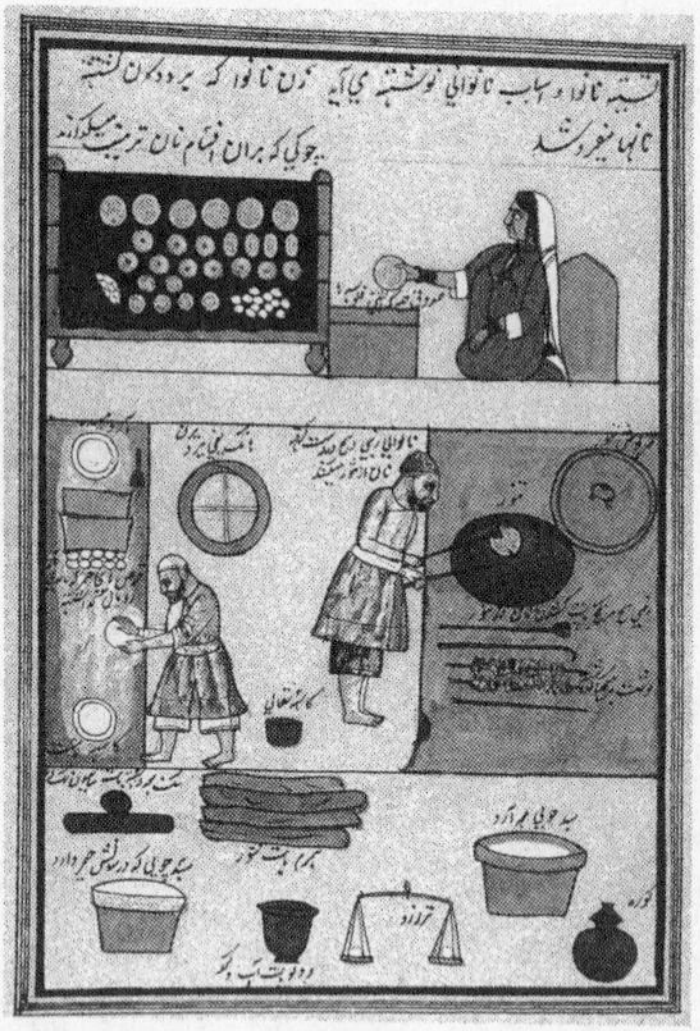

パン屋（カシミール、1850〜60年）
東洋・インド省コレクション、Add.Or.1681

バーブルはヒンドゥスターンを侵略した最初のイスラーム教徒ではなかった。彼の祖先のティムールも一三九八年にデリーを略奪して回り、十二世紀以降、デリーは一連のムスリムの君主によって支配されてきた。この期間に、トルコ、ペルシア、アフガニスタンからのイスラーム教徒が北インドとデカン高原に定住していた。高位カーストのラージプート族やジャート族の王《ラージャ》や族長とともに、これらのムスリムの戦士たちは地主貴族となって各地に落ち着いた。彼らは小作農や村の職人、労働者を支配し、彼らの一部をイスラーム教に改宗させた。とりわけ、不可触民や低位カーストの人びとには、そうすることで低い身分から抜けだす希望をもたせた。こうして、北インドは多数の小さな王国に分裂していった。これらの国々の多くは、より広い領土を治めるムスリムの君主《スルタン》やヒンドゥーの王に貢物をし、忠誠を誓った。都市の商業や交易の中心地では、ヒンドゥー教徒やイスラーム教徒の商人が勢力を振るった。

ヒンドゥーという言葉はもともと、インダス川の東の地であるヒンドゥスターンからきた人を意味するペルシア語にすぎなかった。ムガル人はこの言葉に宗教的な意味合いをもたせ、まだイスラーム教に改宗していないインド人を指す言葉として使った。だが、ヒンドゥー教は明確な教義のある組織化された宗教ではなかった。十六世紀初めのインドは、雑多な宗派や共同体が入り混じっていた。その多くは、輪廻転生や神々の怒りをなだめる必要性など、いくつかの中心となる信条に漠然と帰依する人びとだった。この時代のインドの宗教は、明確に定められた一連の信条にしたがうことを意味する、正統性の問題ではなく、むしろ行為や習慣の正当性を示すためのものであり、言葉を換えれば、個人がどうふるまうべきかの問題だったのである。そのため、ヒンドゥー教徒とイスラーム教徒の社会のあいだで慣習にいくらかの流動性がもたらされた。イスラーム教徒はヒンドゥー教徒に交じって、天然痘の神シトラをなだめた。ヒンドゥー教徒がスーフィズム〔イスラーム神秘主義〕の聖人の霊廟で拝むこともあった。もっとも、彼らはかならずしもムスリムの信者と食事をともにするつもりだったわけではない。[*3]

バーブルは新たに征服した土地に失望した。「ヒンドゥスターンは魅力のない土地だ」と、彼は書いた。「都市も田舎も……どこも不快だ」。すでに三世紀にわたってムスリムの影響を受けていたわりに、インドがいかに中央アジアやアフガニスタンと異なった土地であるかを知って、バーブルは驚いた。「われわれの世界とくらべると、ここは別世界だ……インダス川を渡ると、土地も水も、木や石、民や部族、マナーや習慣もみな、

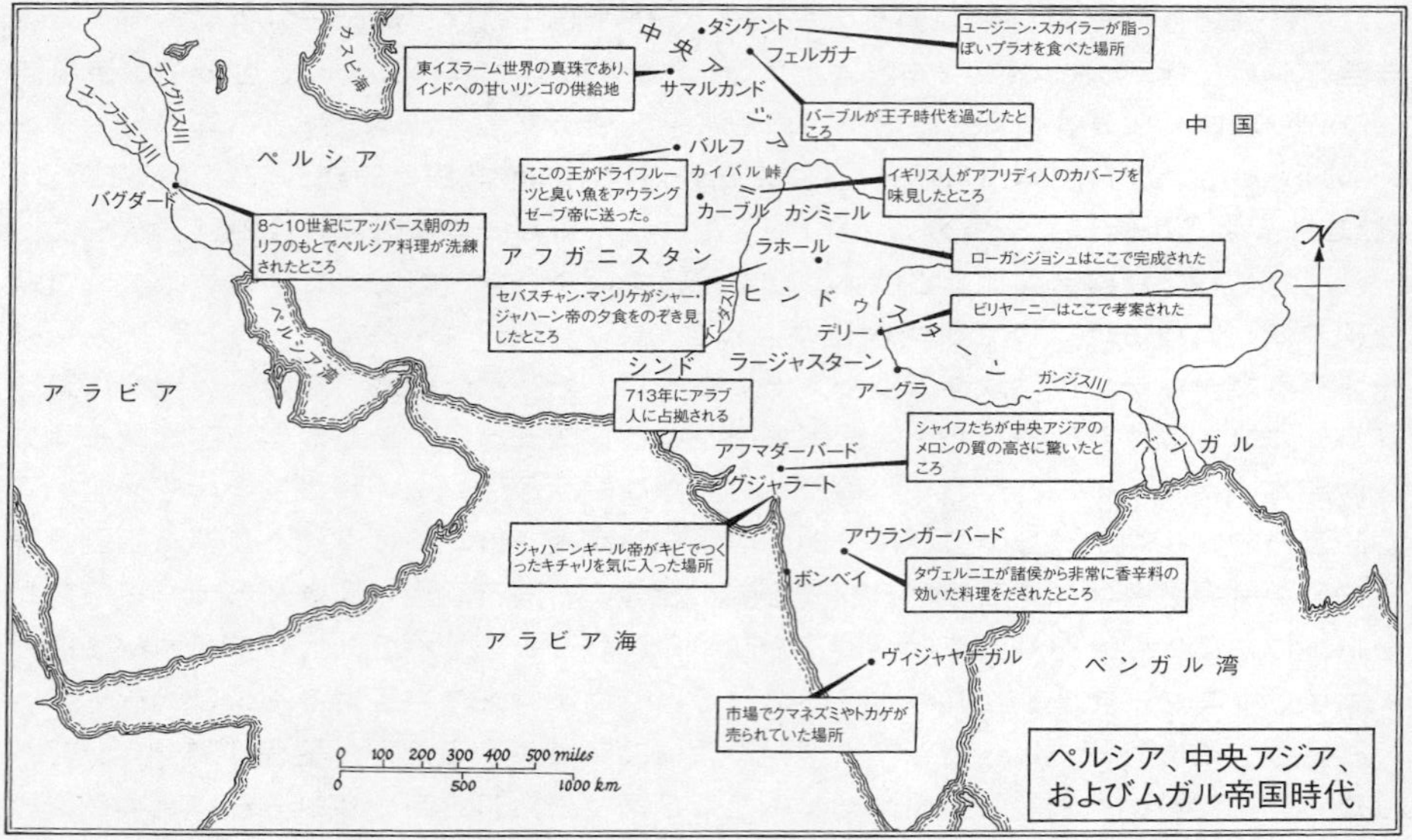
ペルシア、中央アジア、
およびムガル帝国時代
カスピ海
ティグリス川
ユーフラテス川
ペルシア
バグダード
8〜10世紀にアッバース朝のカリフのもとでペルシア料理が洗練されたところ
ペルシア湾
アラビア
アラビア海
タシケント
ユージーン・スカイラーが脂っぽいプラオを食べた場所
フェルガナ
バーブルが王子時代を過ごしたところ
中央アジア
東イスラーム世界の真珠であり、インドへの甘いリンゴの供給地
サマルカンド
バルフ
ここの王がドライフルーツと臭い魚をアウラングゼーブ帝に送った。
カイバル峠
イギリス人がアフリディ人のカバーブを味見したところ
カーブル
カシミール
中国
アフガニスタン
ラホール
ローガンジョシュはここで完成された
セバスチャン・マンリケがシャー・ジャハーン帝の夕食をのぞき見したところ
インダス川
ヒンドゥスターン
ビリヤーニーはここで考案された
デリー
ラージャスターン
アーグラ
ガンジス川
シンド
713年にアラブ人に占拠される
シャイフたちが中央アジアのメロンの質の高さに驚いたところ
アフマダーバード
ベンガル
グジャラート
ジャハーンギール帝がキビでつくったキチャリを気に入った場所
アウランガーバード
ボンベイ
タヴェルニエが諸侯から非常に香辛料の効いた料理をだされたところ
ヴィジャヤナガル
ベンガル湾
市場でクマネズミやトカゲが売られていた場所
0 100 200 300 400 500 miles
0 500 1000 km

ヒンドゥスターン風になる」。人びとは裸に薄汚い腰巻一枚でうろつき、美しさがない。社会には優雅さも高貴さも、マナーもエチケットも欠如している。彼の故国では最高の教養のしるしだった、詩作の才に恵まれている者もいなかった。バーブルと副官たちは、「熱気と痛いほど吹きつける風……それに砂埃」から逃れるために、浴場にこもった。しかし、ヒンドゥスターンにもよい点が一つあり、それは「多くの黄金と資金のある広大な国」であることだった。[*4] バーブルはインドで地歩を固めてから、鞍嚢に財宝を満載して中央アジアにある、懐かしい祖国に戻るつもりだった。そして、サマルカンドを奪回するのだ。彼の計画は結局、実現することはなく、バーブルはインドでその生涯を終えた。しかし、中央アジアにティムール帝国を再建する代わりに、彼はインドに新しい王朝を築いた。ムガル帝国である。これは、バーブルの母方がモンゴルのチンギス・ハーンの子孫であることを伝え聞いて、ヨーロッパ人がつけた名称だった。モンゴル人を未開人として軽蔑していたバーブルが知ったら、さぞかし嫌悪しただろう。[*5]

ヒンドゥスターンにたいするバーブルの主な不満の一つは、食べ物がまずいことだった。「うまい肉もなければ、ブドウ、メロンなどの果物もない。氷も冷たい水もなければ、市場にはまともな食べ物もパンもない」と、彼はこぼした。[*6] バーブルは食事を道楽とする文化からやってきた。バグダッドで書かれた古いムスリム料理の本は、食事は六つの快楽のうち「最も崇高で重要なもの」だと述べている（その他の快楽は酒、衣服、セックス、香り、音）。[*7] サマルカンドを失ったあと、長いあいだ山中で潜伏生活をつづけたため、バーブルは中央アジアのステップの遊牧騎馬民族が食べる、肉中心でボリュームのある食事に慣れていた。これは野営の焚き火でも簡単につくれる料理ばかり含まれていた。一九二〇年代に、あるイギリスの文官がカイバル峠で野外パーティに招かれて、バーブルが十六世紀初めに食べただろうと思われるカバーブを味見している。好戦的な山岳遊牧民である地元のアフリディ人に招かれたこのイギリス人は、彼らが武器を誇示してのろしをあげ、「敵陣の攻め方のショー」を披露するのを見物したのだった。客人たちが大天幕のなかに立ったままおとなしく紅茶をすすっていると、「年寄りのアフリディ人が近づいてきて、串に刺したあぶりたての羊肉の塊を勧めてくれた。この肉は串からはずして、手で食べるのだった」[*8]。中央アジアの料理のレパートリーに欠かせない一品としては、このほかにプラオ〔ピラフのこと。ピロー、ピラウともいう〕もあった。プラオは、この地方の羊の脂肪分の多い尻尾をうまく利用したものだ。アールミン・ヴァーンベーリは一八六〇年代に中央アジア一帯を旅してまわったハンガリー出身の東洋言語学者だが、その彼がプラオのつくり方についてこう記している。

> スプーン数杯分の脂身（……通常は尾の脂肪が使われる）を鍋で溶かし、それがかなり熱くなったら、小さな塊に切り分けた肉をなかに入れる。なかば火が通ったら、水を指三本分くらいの深さまで注ぎ、肉がやわらかくなるまでゆっくり煮る。それから、胡椒と薄切りのニンジンを加え、これらの材料の上に、粘り気のある部

分をのぞいた米を敷き詰める。さらに水を加え、米が水を吸ったらすぐに火を弱める。そして、しっかり蓋をした鍋は、米と肉、ニンジンが蒸気ですっかりやわらかくなるまで、真っ赤に燃えた石炭の上に載せておく。三〇分後に蓋をとり、料理は皿に層ごとに分けたまま盛る。まず脂がまぶされたご飯を敷き、その上にニンジンと肉を載せる。そこで食事が始まる。[*9]

ヴァーンベーリはこの料理を抜群の味としているが、タシケントのイスラーム教徒と食事をともにしたアメリカの外交官ユージーン・スカイラーは、こんな但し書きを加えている。「悪くはないが……あまりにも脂っぽく風味に欠け、ヨーロッパ人の味覚では長く食べつづけられない」[*10]

中央アジアでは、肉は男らしさと強く結びつけられている。インドでも、肉は力と武勇と関連づけられていた。狩猟は健康を維持し、戦闘の訓練をする方法として考えられている。『マハーバーラタ』のようなインドの叙事詩では、神々は大量のあぶり肉料理を食べているし、アーユルヴェーダ医学では肉は健康を維持する最上のものであり、最も効目のある薬としてみなされていた。土のなかに含まれる自然のなかのエキスが植物に伝わり、それが草食動物に取り込まれ、次に肉食動物に食べられる、と考えられていたのだ。段階を経るごとに、さらに濃厚なエキスが抽出される。したがって、肉は最も強い成分からなる食物なのだ。狩りや戦に秀でて、大勢の妻や愛人には性的な強さを示し、統治者としての責務も決然とこなすことを求められた王たちは、みな肉食中心の食事に頼った。

ヒンドゥスターンの宮廷料理をいまに伝える記録としては、十二世紀のソメスヴァラ三世のものが優れている。この王は西チャールキヤ朝の王で、今日のマハーラーシュトラ州とカルナータカ州の一部を支配していた。王にしては珍しく、ソメスヴァラ三世は戦よりも芸術や文学に関心があった。王国の一部がチャールキヤ朝の支配下から離脱しても、彼は王がおこなう国事に関する百科事典のような記録をまとめる作業に熱中していた。『マナソーラサ』――心の清涼剤の意味――という楽しい題名がつけられたこの書は、国事の遂行や、王に求められる資質についても触れている。しかし、ほとんどのページは王としての快楽や娯楽に割かれており、狩り、マッサージ、セックスから、宝石、馬車、王用の傘まで、さらには彼の重要な関心事である食事についても書かれていた。[*11] 肉を使った性欲促進剤や、王の若々しさを促進する調合薬などは、アーユルヴェーダ医学書にもたびたび書かれていた。[*12] ソメスヴァラはこうした書物にも興味をもち、王たる者は「それにふさわしい、健康によく衛生的な」食事をすべきだと記した。それにはおそらく、香辛料入りのヨーグルト・ソースをかけたレンズ豆のだんごや、脂身の多い豚肉をカルダモンと一緒に揚げたもの、サーロイン・ステーキなどが含まれていただろう。ソメスヴァラのお気に入りの料理には、あまり食欲をそそらないものもある。たとえば、亀のフライ（料理用バナナのような味がするらしい）や、クマネズミの姿焼きなどだ。[*13] その五世紀後も、南インド一帯を支配したヒンドゥー王国、ヴィジャヤナガルの王侯たちによって、風変わりな肉を食べる習慣はつづけられた。[*14] 羊、豚、鹿の肉と並んで、「雀に鼠、猫、トカゲ」などもみな、都の市場で売られていた。

チャールキヤ朝のソメスヴァラ三世（在位一一二六～一一三八年）の厨房より

クマネズミの姿焼きのレシピ

野原や川の土手で生まれた力強く黒いネズミはマイガと呼ばれる。これらは尻尾をもって皮がはがれるまで熱した油で揚げ、湯で洗い流したあと、内臓を取りだして身の部分をアームラ［酸っぱいマンゴー］と塩と一緒に調理する。あるいはクマネズミを鉄串に刺して、真っ赤に燃えた炭の上で、外側の皮が焼けるか縮むまで焼く。充分に火が通ったら、塩、ジーラ［クミン・シード］とソティ［レンズ豆の粉］をふりかけて味付けする。[*15]

しかし、肉にたいするこうした肯定的な考え方も、菜食主義を唱える対抗運動によって複雑なものになっていた。紀元前五世紀に創始された仏教とジャイナ教はどちらも、慈悲を表わす方法として菜食主義を広めた。[*16] 菜食主義の実践をさらに後押ししたのは、

紀元前二六八年から前二三一年までインド亜大陸のほぼ全域を支配したアショーカ王だった。[*17]アショーカは仏教の教えに感化されて、民にダルマの道を受け入れるように訓戒した。ダルマとは、意訳すれば、人道主義的なふるまいを意味する。[*18]彼は磨崖《まがい》や特別に建立した石柱に一連の勅令を刻ませるという、一風変わった方法で民に語りかけた。こうした石柱の一つは、「何千匹もの動物」が無慈悲に殺され、王の厨房でスープにされてきたことを悔いて、こう告げていた。「ここではどんな動物も殺生してはならない」。石に刻まれたさまざまなメッセージはアショーカの民に、どの動物の殺生や去勢が禁じられ、どの日は漁が禁止されているかを思いださせ、殺生を慎めば徳を積むことになるのを忘れてはならないと諭していた。[*19]

バーブルがヒンドゥスターンを征服したころには、菜食主義はインドの社会で高い地位にあることを何よりも表明するものになっていた。かつては聖職者のカーストとしていけにえの儀式をおこなっていたバラモンも、この時代には厳格な菜食主義者になっていた。肉を食べると情欲が高まり、人間の本質における動物的で生殖的な側面が増進されるとして、彼らは肉食を非難した。正統派のバラモンは、欲情を刺激すると考えられている食べ物（ラジャシックなものという）はすべて避けた。こうしたなかには肉、玉ねぎ、ニンニクなどが含まれる。その代わりに、彼らは消化しやすくあっさりしていて、かつ栄養価の高い菜食（サトヴィック）の食事に甘んじた。このような食事をとれば、身体はそれまで食べ物を消化するために使っていたエネルギーを、精神向上のために仕向けられるようになるからだ。[20]

菜食主義はインドの社会的階級に新しい原則をもちこんだ。政治権力（これは肉中心の不浄な食事によって維持される体力と暴力によるものだった）とは異なり、宗教の力は菜食主義に象徴される浄の原則にもとづいていた。この原則のおかげで、当時すでに厳格な菜食主義者になっていたバラモンは、社会の頂点にしっかりと地位を築くことができたのである。

もっとも、カースト制度内の上位は、かならずしも菜食にもとづいていたわけではなかった。世界各地を旅行したイタリア貴族、ピエトロ・デッラ・ヴァッレは、ラージャスターンを支配する武人カーストであるラージプートが、「高貴な身分に傷がつくなどと考えもせずに」肉を食べていることに気づいた。ラージプートの文化では、狩猟は重要な位置を占めていた。家畜化されていない動物の肉には、その土地のエキスがより濃厚に含まれていると考えられていたのだ。そのため、猟獣はきわめて重視されていた。ラージャスターン料理には、今日でも炒めた玉ねぎ、コリアンダー、クミン、ニンニクとともに焚き火の上であぶったイノシシといった、シカール〔狩猟〕・レシピが重要な一部門としてある。[21] そして、野生動物の肉はいまでも「精液を増やすことによって生殖能力」を高め、「それとともに、勇気と力の質も」向上させると言われている。[22]

しかし、インドを初めて訪れた人の目には、インド人の大半は信仰上の理由または貧しさゆえに、菜食であるように見えた。ムガル帝国時代のインドを訪れたヨーロッパ人は、バーブルと同じくらいこの国で食べられるものの品質に不満をいだいた。インド各地を旅して貴石を買いつけていたフランスの宝石商ジャン＝バプティスト・タヴェルニエによれば、ムスリムの支配者がいる大きな村では、「羊、鶏や鳩を売っている」場所を見つけられたが、バニヤンと呼ばれるヒンドゥー商人が住む村では、そうした店は非常に限られていたという。ピエトロ・デッラ・ヴァッレは、こうこぼしている。「食事に関しては問題がたくさんあった……インド人は食物をきわめてえり好みし、しかもそのなかに肉も魚も含まれていない。だから、米にバター、ミルクなどの、味気ないものだけで我慢しなければならない[*23]」

十六世紀および十七世紀に、ヒンドゥスターンの田舎に住む貧農や、都市に暮らす職人や労働者など、人口の大半を占める人びとの主食はキチャリだった。これは二種類の穀物を使ってつくる簡単な料理で、通常は米とレンズ豆を少量の水で一緒に煮る。栽培されている主要な作物しだいで、地方ごとにレシピは異なった。したがって、ときには米に代わってキビが使われ、レンズ豆ではなくヒヨコ豆になることもあった。タヴェルニエは、インド兵が溶かしたギーを入れた器に指を浸しながら食べることで、食事を少しでも豊かにしていることに気づいた。キチャリにはピクルスや塩漬けの魚もよく合った。裕福な人びとは香辛料をやたらに多く使う料理人を雇って購買力をひけらかした。タヴェルニエはアウランガーバード〔インド中西部〕の諸侯のために用意された食事について、こう記している。「前述のとおり、料理はどれも米と野菜ばかりなのだが、それらは胡椒、生姜などの香辛料が効きすぎていて、わたしにはとても食べられなかった。そこで、食欲は大いにあったのに、食事を残すことになった」[*24]

「ヒンドゥー教徒は、どんな身分の人であれ」、牛肉を食べるのはご法度だった。ヴェネチアのニッコラロ・マヌッチは、牛肉を食べることは「ひどく卑しい、汚れたことで、想像もつかないほど罪深いこと」とみなされていると書いた。これはかならずしも事実ではない。アーユルヴェーダの医学書は牛肉の特質について触れ、牛肉は「こってりしていて脂身が多く、熱く、口当たりがよい」が、消化に悪く、注意して食べなければならない、と忠告している。しかし、牛のだし汁は、病気でやせ衰えたときなど特に効目の高い薬として考えられており、活動的な仕事に従事している人は、牛肉の多い食事をとるように勧められていた。[*25]『マハーバーラタ』には、バラモンが牛肉のご馳走を喜んで食べる一節もある。もっとも、この叙事詩には「身内がどんどん無慈悲に殺されていくことに、牛が抗議する」くだりも含まれている。これは牛を殺すことにたいする不快感が高まっていた最初の徴候だった。この叙事詩はもともと口承民話だったが、バラモンの学者によって文字に書き記され、その過程で宗教的、教訓的な部分が挿入された。それによって生じた叙事詩の内容の矛盾は、歳月とともに牛を食べることへの考え方がいかに変わったかを明らかにしている。[*26]この変化がどう現れたかを現実的に説明すれば、この国で農耕が広まるにつれて、インド人は役畜および乳牛として牛にいっそう頼るようになり、牛を殺すことを好まなくなった、ということになる。[*27]

バーブルがヒンドゥスターンを征服した時代には、牛は神聖な動物になっていた。マヌッチは、「これらの人びとが牛を食べることを忌み嫌う」だけでないことを知って驚いた。それどころか、牛からつくりだされるものを神聖なものとみなし、牛乳、バター、牛糞、尿を混ぜたものを飲んで罪を清めていたのだ。「彼らが両手を差しだして牛の尿を受け、それを飲んでいる」のを知ってマヌッチは唖然とした。「そのあと、牛の尾を曲げて前述の液体に浸して聖水スプリンクラーのように使い、それを顔に塗っているのだ。この儀式が終わると、彼らは神聖になったと宣言するのである」[*28]

牛肉と羊肉を大いに好んだムガル人の嗜好は、新たに支配下においた多くの民の食習慣とぶつかった。イスラーム教徒は食事を快楽とみなしていた。コーランによると、天国の庭で敬虔な信者を待ち受けている活動の一つは、楽しく飲食することなのだ。[*29] こうした姿勢は、食物を厳粛なものとするヒンドゥスターンの多くの民の考え方とは相容れなかった。彼らにとって食事は、身体的な快楽ではなく、むしろ医療・道徳的な行為だったのである。食物は、人間と神々との関係において不可欠なものだった。食事の前には神へのお供えが習慣となっており、人は神々の残したもの（プラサドゥム）を食べているのだと考えられていた〔神人共食〕。村ではカースト階層内における職業集団の地位は、そのグループがどの隣人から食べ物を受け取るのか、そしてその相手と食事をともにするかどうかで定まっていた。家庭内では最年長の男性にまず食事がだされ、しばしばその人が一人だけで食事をとり、それによってその優位が示されていた。個人においては、インド人は食事を気候、季節、職業に合わせて調整することによって、身体を周囲と調和のとれた状態に保とうと心がけた。このように、食事のときに何を食べ、誰と食べるかが、自然や道徳、家庭、および社会の秩序のなかで、それぞれのヒンドゥー教徒が占める立場を明らかに示しているのである。[*30]

一見ちぐはぐなこうした食文化がムガル人の厨房で合わさって、北部ヒンドゥスターン、中央アジア、およびペルシアの食材とレシピが統合されたものがつくりだされた。その結果、生まれたのが贅沢なムガル料理であり、インド国外の多くの人は、これがインド料理だと考えている。しかし、ムガル人とインドの食べ物の出合いは、決して順調な滑りだしだったわけではない。バーブルは市場で売られている食べ物に落胆したものの、「ヒンドゥスターンの料理はまだ見たことがなかったので」、インドのスルタン、イブラヒム・ロディを征服した際に、その厨房ではたらいていたヒンドゥスターンの料理人を四人、召し抱えることにした。バーブルは自分の好奇心を後悔することになった。回想録のなかで、彼は金曜日の夕食のあと、嘔吐しはじめたと書いている。ウサギのシチューとサフラン風味の肉、および油をからめたヒンドゥスターンの肉料理を、薄いチャパーティーの上に載せたものを一口か二口食べたところだった。毒を盛られたのではないかと危惧したバーブルは、自分の吐瀉物を犬に無理やり食べさせた。すると、犬はすぐに元気がなくなり、バーブルと食事をともにした小姓たちも同様だった。調べてみると、ヒンドゥスターンの料理人の一人が、廃位させられたスルタンの母親に買収され、肉に毒を振りかけたことがわかった。犬を含め、誰も命に別状はなかった。しかし、拷問にかけられて自白した料理人は生皮をはがれ、毒味役はめった切りにされた。これほど残虐な刑罰が下されたにもかかわらず、陰謀を企てたスルタンの母親は軽罪にしか問われず、投獄されただけだった。この事件はバーブルにほとんど被害をおよぼすこともなく、むしろ彼の生への意欲をいっそうかきたてたほどであった。彼の回想録からは、その後も、厨房でヒンドゥスターンの料理人が雇われつづけたかどうかはわからない。[*31]

しかし、バーブルの息子で、ムガルの二代目皇帝となったフマーユーンがヒンドゥスターンの料理人を雇っていたことは判明している。ペルシアで暮らしていたころ、彼は王《シャー》をインド式にもてなし、その依頼を受けてヒンドゥスターンの料理をだしたことがあった。シャーは特に「米と豆の料理」が気に入った。インドのどこにでもあるキチャリの一種である。[*32] このときフマーユーンは、ベンガルを占領したアフガン系の支配者シエール・シャーによってインドの王位を追われたためペルシアにいた。フマーユーンはアフガニスタンとペルシアで一五年間の亡命生活を送ったのち、充分な兵力を集めて一五五五年にインドにムガル朝を再興した。

ペルシア文化に傾倒していたフマーユーンは、帰国した際にペルシアの料理人を大勢連れてきた。これらの料理人たちは、五〇〇年前のアッバース朝時代に、バグダッドの統治者《カリフ》たちのもとで発達したペルシアの料理をインドにもちこんだ。カリフたちは八世紀から十世紀のあいだの全盛期に、厨房に多大な投資をした。食事への出費に比例して、彼らの大食らいも度を増していった。カリフ・アルマンスール（在位七五四〜七七五年）は、過食死したとされている。[*33]トルコ、アラビア、エジプトなど、イスラーム世界各地の料理人がバグダッドに集まり、それぞれの地域の料理を宮廷料理のレパートリーに組み入れた。インドの料理人すら、七一三年にアラブ人に征服されたシンド（現パキスタン南部）からやってきていた。インドの料理人たちは信用がおけて創意に富むことと、とびきり香辛料の効いた料理をつくることで知られていた。[*34]

ペルシア料理のメインディッシュはプラオだった。遊牧民が焚き火で調理していたプラオは、カリフの宮廷では風味豊かな洗練された料理に生まれ変わっていた。ペルシアでは、大麦と小麦が主食なので、インドなどから輸入されていた米は割合に貴重であり、贅沢品とみなされていた。タヴェルニエは十七世紀に、ペルシアの人びとがアーグラの南西でとれる米を特に好んでいたと記している。「その米粒は通常の米の半分の大きさしかなく、炊きあがったものは雪よりも白く、そのうえ麝香のような香りがする。インドの貴族はみなこれ以外の米は食べない。ペルシア人に喜ばれる贈り物をしたければ、この米を一袋もっていくといい[*35]」。したがって、ペルシアで米を食べるときは、添え料理としてではなく、食事のメインとして調理されていたのだ。[*36]

ペルシア人はプラオの味の良し悪しを米によって判断していた。米は完全にふっくらとしなければならないが、それでいてべたついたり、塊になったりしてはいけない。よいプラオはきわめて香りもよく、部屋中に香辛料のほのかな香りが立ちこめた。料理人たちは、いくつものバリエーションをつくりだした。フルーツプラオ、ターメリック〔ウコン〕とサフランのプラオ、特別なときにつくるチキンプラオ。玉ねぎとニンニク、あるいはレーズンとアーモンドを加えて変化をつけたものもあれば、米の色を変えたものもあった。ペルシア人は米を何時間も塩水につけて、調理したあと米粒が白く輝くようにした。そうすることで、真っ黒や黄色、青、緑、赤などに色づけされた米粒と、はっきりと違いがでるようにしたのだ。[*37] いずれも、十七世紀の東インド会社の外科医ジョン・フライヤーが嘲笑的に記したように、「料理人たちが機知にあふれていることがわかるように」するためだった。[*38] 彼らの機知の名残は、今日のインド料理店がピロー・ライスと呼ぶもののなかに混ざったピンクや緑の米粒となっていまも息づいている。ペルシアから、プラオはイスラーム世界のあいだに広まった。トルコではピラヴと呼ばれるようになった。スペインでは、シーフードを加え、サフランによる味付けを強調したかたちで、パエリヤになった。イタリアでは、バターを加えることによりリゾットに変わった。[*39] ペルシアと中央アジアの文化がヒンドゥスターンの文化と融合したインドでは、プラオは次のムガル皇帝の厨房でさらに別の変化をとげることになった。

ムガルの三代目の皇帝アクバル（在位一五五六〜一六〇五年）は、インドを祖国と考えた最初の皇帝だった。祖父のバーブルとは異なり、アクバルはインドの人びとのマナーや習慣に違和感は覚えなかった。中央アジアにある失われた祖国を振り返りつづけるのではなく、彼はむしろヒンドゥスターンにおけるムガル帝国の支配を強化することに専念した。それを達成するために、アクバルは包含的な政策を実施した。それはインドの民にただムスリムの支配を押しつけるのではなく、むしろ彼らを融和させようとするものだった。バーブルとフマーユーンの治世と同様に、政府の要職は中央アジアとペルシアの出身者が占めていたが、アクバルはインド人の大臣の数も大幅に増やした。彼は非イスラーム教徒に差別的に課されていたジズヤ〔人頭税〕を廃止し、妻に迎えたラージャスターンの姫たちが、ハーレムの奥で自分たちの神々に祈ることを許可していた。彼はインド人妻たちに交じって、灯明の祭り《ディワーリ》のような祭礼に参加すらした。バーブルがインドと中央アジアの文化的な結びつきを強め、フマーユーンはペルシアの影響をもちこんだのにたいし、アクバルはそのいずれもがヒンドゥスターンの文化と融合して、三つの文化が統合したムガルの文化が生みだされるように配慮した。アクバルの宮廷では、『マハーバーラタ』や『ラーマーヤナ』のようなサンスクリット語の叙事詩がペルシア語に翻訳された。桂冠詩人に任命されたのはインド人であり、ラージャスターンの音楽家ターンセンが夕食のあと皇帝を楽しませていた。アクバルのアトリエでは、フマーユーンがペルシアからインドに連れてきた画家アブド・アッサマドが一〇〇人以上のインドの画家を訓練して、ペルシアの細密画を学ばせていた。ペルシアの幾何学的なデザインは北インドの鮮やかで力強い画風と溶け合って、優美なムガル細密画を生みだした。*40

これと同じ統合のプロセスが、料理においても進んだ。この地で上品な味付けのペルシアのプラオは、ヒンドゥスターンの香辛料の効いた辛い料理と出合い、ムガル料理の典型となるビリヤーニーが生れたのである。ペルシア料理の技法の特色と言えば、凝乳（ヨーグルト）に肉を浸すことだった。ビリヤーニーをつくるときは、玉ねぎ、ニンニク、アーモンド、香辛料を凝乳に加えて、濃厚なペースト状にして肉を漬ける。漬け込んだ肉は、軽く炒めてから鍋に移される。そのあと、プラオの調理法にしたがい、なかば火の通った米を肉の上にかぶせる。サフランを牛乳に浸したものを米の上に注いで色と香りづけをしたあと、きっちりと蓋をして弱火で煮る。蓋の上と鍋底の周囲には、プラオと同様に熱い石炭を置く。こうしてできたビリヤーニーは、はるかに香辛料の効いたインド風ペルシア・プラオとなった。今日では、この料理はインドの結婚の祝宴でよく登場する。

アクバルの宮廷の厨房では、料理人は一時間以内に一〇〇品目の料理からなる食事をだすように求められていた。この料理人の軍団は、イスラーム世界と北インドの各地からやってきていた。[*41] それぞれが出身地の料理法とレシピをたずさえてきて、料理人たちはおたがいから学んだ。このように活気あふれるかたちで調理法が統合されたことから、根幹となるレパートリーができあがり、それが新しいムガル料理となったのだ。アクバルの調理場に関しては、アブール・ファズルという廷臣によって書かれた名著『アクバル会典』からその様子を窺うことができる。これはムガル帝国の官報で、アクバルの政府のあらゆる側面が事細かに描かれている。土地からの収入と官僚制度の仕組みの込み入った説明の合間に、宮廷の厨房について割かれた興味深い章がある。そのなかで、アブール・ファズルは代表的な料理のレシピの一覧を載せている。それを見ると、ムガルの料理人たちが米、豆（レンズ豆、ヒヨコ豆など）、荒挽きの小麦粉、および砂糖に大きく依存していたことがわかる。こうした主要産物の供給は、農業が改革されるにつれて増加した。ムガル人の統治下で、耕作地の面積は拡大した。貯水池が整備され、新しい井戸が掘られ、灌漑制度も改善された。砂糖の生産が増え、この時代には多くの土地で二期作が可能になった。十七世紀にデリーを訪れたフランス人は、こう記している。市内の店には、「油かバターの壺、米、大麦、ヒヨコ豆、小麦をはじめ、ありとあらゆる種類の穀物や豆類が詰まった籠、その他、肉を食べないヒンドゥー教徒だけでなく、下層のマホメット教徒のための日常の糧や、軍隊用のかなりの割り当て分」がうずたかく積まれている、と。[*42]

ムガル料理におけるペルシアと中央アジアの影響は、『アクバル会典』のレシピに明確に表われている。こうしたレシピには、ペルシア人が好む香料のサフランとアサフェティダ〔阿魏《あぎ》。セリ科の植物の根から得た樹脂を固めたもの〕が大量に必要であり、ムガル人はこれらの植物をインドで栽培して、料理人がいつでも使えるようにした。ヒーング（アサフェティダはインドでこう呼ばれている）はインドの菜食主義者のあいだでもてはやされた。油で熱するとニンニクのような香りがでるので、敬虔なヒンドゥー教徒が避けている玉ねぎとニンニクの代わりとして役立ったからだ。アサフェティダは消化を助けることでも知られており、そのため菜食主義者の主要食物であり、消化しにくい豆類とも相性がよい。ムガル帝国時代のインドを訪れたヨーロッパ人は、インド人はあまりにもヒーングを食べるので、「胸の悪くなるような」においがすると苦情を述べている。[*43]

　これらのレシピの多くは、干しブドウとピスタチオをたくさん用いる。ザルド・ビリンジはその典型だ。肉とドライフルーツの組み合わせは、ペルシアの料理によく見られるものだった。サルタナ〔種なし干しブドウ〕、干しアンズ、イチジク、アーモンドなどが、北インドと中央アジア、ペルシア一帯の交易の便宜をはかるために建設された新しい道路網を通じて、大量にインドへと輸入された。それどころか、ムガル料理は、アヒルや青菜などの多様な食材がカシミールから新たに輸入できるようになったおかげで、発展しつづけたのだった。

アクバルの廷臣アブール・ファズルが書いた『アクバル会典』より、

ザルド・ビリンジのレシピ

米10シア[*]、氷砂糖5シア、ギー3⅓シア、干しブドウ、アーモンド、ピスタチオ各½シア、塩¼シア、生姜⅛シア、サフラン1½ダム、シナモン2½ミスカル。これで、通常4皿分の材料となる。香辛料を少なめにする人もいれば、まったく使わない人もいる。肉と甘い材料の代わりに、肉と塩でつくることもある。

＊1シアはおよそ1kg、1ダムは約21g、1ミスカルは約5g。

肉料理には、ペルシアの料理人のお気に入りの材料であるキーマ（挽肉）がもっぱら使われた。肉を細かく刻むのは、暑い国で肉を調理するにはよい方法だった。暑いところでは、動物は殺したあとすぐに調理しなければならないので、往々にして肉が硬かったからだ。多くの料理がムスリム起源のものであることは、大量に玉ねぎとニンニクを使うことからわかる。アブール・ファズルはドーピアーザーのレシピを掲載している。いまではイギリスのインド料理店でおなじみのメニューだが、これは肉一〇キロにたいして、二キロの玉ねぎが必要になる。ドーピアーザーはベンガル語で「二通りの玉ねぎ」を意味すると言われている。この料理のコツは玉ねぎの調理の仕方にあるのだ。一つは薄切りにしてから炒め、もう一方はすりおろしてなめらかなペースト状にする。そのため、この料理はやたらに玉ねぎの味がするものの、みごとに異なった二つの舌触りが合わさったものだった。[*44] アブール・ファズルによるレシピに書かれた香辛料の量からすると、ヒンドゥスターンの料理人はムガル風ドーピアーザーに重要な貢献をしたことがわかる。このレシピは新鮮な胡椒を一二五グラム、クミン、コリアンダー、カルダモン、クローブをそれぞれ二一グラムずつと、さらに胡椒四〇グラムと大量の塩を必要とする。

ムガル料理は、新しいメニューを考えだして異なった料理法を統合させたばかりではない。中央アジア、ペルシアおよびヒンドゥスターンの伝統を受け継ぐ異なった料理を、一度の食事のなかで組み合わせることによって、これらの地域の料理法を結びつけることにもなったのだ。宮廷の調理室では、パン職人がヒンドゥスターン古来の薄いチャパーティーもつくれば、ペルシア人の好物の蜂蜜、砂糖、アーモンドを詰めた小麦粉の厚いパンも焼いていた。ペルシアの料理人が砂糖でくるんだアーモンド、焼き菓子、マルメロのジャムをつくり、インドの料理人はピクルスとチャツネ、スイートライム、凝乳、青菜を用意した。[*45] さまざまな地域から集めたこうしたおつまみが、メインディッシュとともに供されてムガル料理をつくりあげたのである。

毎日、宮廷の厨房で高級な料理が大量につくられていたにもかかわらず、アクバル自身は非常に少食だった。若いころ大食らいだったにしては、皇帝としてのアクバルは驚くほどの自制心を示した。友人であり忠実な廷臣だったアブール・ファズルは、アクバルが一日一度しか食事をせず、「満腹になる前に席を立つ」と記している。年を取るにつれて、アクバルはますます食事の量を減らし、断食の日を増やすようになった。彼はしだいに肉を嫌うようになり、ほとんど菜食主義になった。[*46] バーブルとフマーユーンも戦いの前にはときおり、その目的が純粋であるしるしとして、肉や酒を絶つことがあったものの、ムスリムの支配者がこれほど禁欲するのは稀なことだった。アクバルの禁欲主義はからずも、彼がインドの民の宗教的感情への親近感を増していたことを示している。毎週金曜日になると、アクバルは宗教的な会合を開き、聖職者を招いて宗教問題を議論させた。こうしたことは当初はイスラーム教学者に限られていたが、まもなくアクバルは招待する対象をバラモン、ジャイナ教徒、パールシー〔インドのゾロアスター教徒〕、さらにはポルトガルのイエズス会士にまで広げた。アクバルがバラモンとジャイナ教徒の影響力下に落ちていることが明らかになると、宮廷内のムスリムの聖職者は狼狽した。噂では、バラモンの僧が夜な夜なアクバルの寝室の窓辺まで吊りあげられたハンモックに乗って、ヒンドゥーの神々の話を語って皇帝を魅了するのだとされた。アクバルは国民が牛を神聖視していることを認めて、牛肉を食べるのをやめ、牛を殺すことを禁じた。彼はさらに特定の聖日にあらゆる肉を売ることも禁じ、玉ねぎとニンニクは避けるように国民に勧めた。[*47] 実際、アクバルはムスリムの支配者というよりは、ヒンドゥー教の苦行者にふさわしい食事をしだいに取り入れるようになったのだった。

アクバル帝はヒンドゥー教徒のような装いすらしはじめた。彼はムスリム風に髪を短く刈らずに、インドの民のように髪を長く伸ばしていた。バラモンの僧に「神々の恵みがあるようにと、手首に宝石のついた紐を結ばせており、彼を手本に多くの貴族が〝ラキ〟(お守り)をつけるようになった[*48]」。アクバルが宗教的に寛容で、ヒンドゥスターンの宗教と習慣に関心をもち受け入れたことも、彼の食習慣も、ムガル人を異国の支配者ではなく、インド人に変貌させるうえで大きく役立った。息子のジャハーンギールも孫のシャー・ジャハーンも、牛の殺生の禁止をはじめ、アクバルが譲歩した多くのことを守り通した。彼らは週の特定の曜日には、菜食で自制することもつづけた。[49]すべての皇帝が継続させたなかで特にインド的な習慣は、ガンジス川の水だけを飲むことだった。なるほどムガル人はかき氷と果汁を混ぜたペルシア風シャーベットをインドにもちこんだが、これは食事の合間に飲まれるものだった。食事時にだされるのは、ただの水だった。アクバルはガンジス川の水を「不死の水」と呼び、川からどれだけ離れた場所にいても、その水だけを飲むことに固執した。[50]ジャン＝バプティスト・タヴェルニエは、ガンジス川から汲んだ水を宮廷に運ぶためだけにラクダの一隊が用意されているのを見ている。ガンジス川から三二〇キロほど離れたパンジャーブ地方にいたときですら、水は大きな壺に密封されて、一連の飛脚によって運ばれた。タヴェルニエは、ガンジス川の水を高く評価する皇帝の意見に賛成ではなかった。タヴェルニエによれば、川から汲んだ水をワインに混ぜて飲むと、「体調がおかしくなったが、水だけを飲んだ従者はわれわれよりもさらに苦しんだ」という。[51]水は宮廷まで運ばれると、硝石によって冷やされた。水を張った容器に硝石を混ぜて冷たくなるまでかき混ぜ、そこに長首瓶に詰めた水を浸けるのだ。宮廷がラホールにおかれていた時代には、ヒマラヤ山脈のふもとの丘陵地帯から飛脚によって運ばれた氷で水を冷やしていた。[52]

ムガル宮廷の貴族たちは、冒険心に富む美食家ぞろいだった。彼らの邸宅では、いろいろな国出身の料理人が新しい料理を試し、昔からのレシピを洗練させていた。絶えず社会移動を求める廷臣たちは、皇帝の厨房を模倣し、それに優ろうと鋭意努力した。こうして、彼らは新しい料理や珍味を発明し発見することを奨励したのだった。[*53] アーサフ・ハーンがシャー・ジャハーン帝をもてなしたとき、彼が用意した料理は、「ヨーロッパ式で……焼き菓子、ケーキ、砂糖漬けなどは、ウグリムでポルトガル人と過ごしたことのある奴隷によってつくられたものだった」。[*54] ハーンはこうした目新しいものを、料理人たちの腕を見せようとして手に入れたにちがいない。

アーサフ・ハーンが催したムガル式の饗宴の模様は、招待された一人であるエドワード・テリー——サー・トマス・ローに随行した牧師——によっても伝えられている。ジェームズ一世の大使としてインドに滞在（一六一五〜一九年まで）していたローは、創業したてのイギリス東インド会社にそそのかされてジャハーンギール帝に嘆願し、インドにおける貿易権を規定する皇帝の勅令を東インド会社に与えてもらおうと試みた。ポルトガルとオランダと張り合うなかで、イギリスは東インドの貴重な香辛料の貿易を支配しようとしていた。

饗宴の料理はダスタルクワン（テーブルクロス）の上に並べられ、そのまわりに三人の男が三角形を描いて座った。主賓のローには、主人よりも一〇品多く料理が運ばれてきた。テリーは会食者のなかで最も下っ端だったので、一〇品少ない料理がだされた。その彼の前にも、銀の深皿が五〇枚も並んでいた。テリーは好奇心の強い性格なので、すべての皿から少しずつ味見した。彼がとりわけ感銘を受けたのは、緑や紫など奇抜な色付けをしたライスだった。インドの料理人はイギリスのコックよりも米の調理にかけては、はるかに腕がいい、と彼は記した。「なにしろ、彼らは米がふっくらとやわらかくなるように炊きあげ、それでいて炊くあいだに粒が崩れないようにするのだ。そこに、緑色の〔新〕生姜と胡椒、バターを少しばかり加える。これがふだん彼らがライスを仕上げる方法であり、じつにうまいのである」

饗宴で供された料理は、テリーにとってなじみのないものばかりではなかった。中世ヨーロッパの料理はアラブの食べ物に強く影響されており、ムガル料理と同様に、アーモンドパウダーやたくさんの香辛料、砂糖を、デザートでもセイヴォリー〔食後の口直し〕でも使っていた。しかし、ヒンドゥスターン流の肉料理の方法はテリーにとって目新しいものだった。煮る、焼く、あぶるなどした大きな肉の魂を食べるのではなく、インドでは肉を薄切りにするか小さく刻んで、それを「玉ねぎ、ハーブや根菜、生姜（彼らは緑色のまま地面から掘りだす）、およびその他の香辛料とバターとともに」煮込んでいる、と彼は記した。「こうした材料をうまく加減して使うと、食べ物が万人の味覚にじつによく合う味に変わる」。これこそ、今日わたしたちがカレーと考えているものについて、ヨーロッパ人が書いたごく初期の説明なのである。残念ながら、テリーはこの夕食会でだされた何種類ものカレーの違いについては触れていない。彼はムガルの料理人たちの洗練された料理の腕を大いに楽しみ、こう結論している。夕食は「あぐらをかいた姿勢で、楽に座っていられる時間よりはるかに長く」つづいたが、「われわれはみな、このご馳走が……機知に富んだ食道楽で有名なローマの美食家アピキウスにも勝ると考え……陸、海、空から得られたあらゆる食材によってつくられたのかもしれない[*55]」

ムガル帝国の国力と富が頂点に達したのは、アクバルの後継者であるジャハーンギール（一六〇五～二七年）とシャー・ジャハーン（一六二七～五八年）の時代だった。シャー・ジャハーンは歴代の皇帝のなかで最も裕福で、一六四七年の年間収入は二億二〇〇〇万ルピーにのぼり、そのうちの三〇〇〇万ルピーが彼の私邸で使われた。絵画、陶芸、建築（シャー・ジャハーンは妻の墓所としてタージマハルを建てたことで有名）がいずれも開花した。こうした贅沢な風潮のなかで、地位や富を誇示する消費がつづき、宮廷の厨房には多額の費用が注ぎ込まれていた。ジャハーンギールのペルシア人妻ヌール・ジャハーンは、優れた料理を考案したと言われており、ジャハーンギール自身もグジャラート風キチャリをムガル料理のレパートリーに加えたとされている[*56]。グジャラート地方を旅していたとき、彼は米の代わりにキビを使うこの土地のキチャリを試食した。ジャハーンギールは、これは「口に合う」と明言し、菜食の日には「このキチャリをたびたびつくるように」と命じた[*57]。おそらく、グジャラートの料理人がすぐさま宮廷の厨房に召し抱えられたことだろう。こうして、地方の農民が食べていた簡素な料理が宮廷の料理の一つに加わった。もっと手の込んだ別種類のキチャリも、ムガル料理のレパートリーに組み込まれた。セバスチャン・マンリケは、シャー・ジャハーンの治世に「はるかに贅沢な」キチャリを供されており、それはベンガル人が祝宴で食べるものだと教えられている。そのキチャリは、「アーモンド、干しブドウ、クローブ、メース〔肉荳蔻《にくずく》の仮種衣〕、ナツメグ〔肉荳蔻の仁〕、カルダモン、シナモン、胡椒」などの高価な材料で味付けされていた。[*58]

ジャハーンギールがグジャラート風キチャリに出合ったのは、帝国各地を旅してまわっている最中のことだった。これは歴代のムガル皇帝が、国民に皇帝の権力と威信を示すために、しばしばおこなったことだった。旅をするときは、宮廷の料理人たちも同行した。「宮廷の慣習では、君主が巡行するときは、前日の夜十時に宮廷の調理人たちが出発することになっていた」。これは翌朝、皇帝が到着したときには、調理場の準備ができていて、朝食の用意が整っているようにするためだった。物資を運ぶために、五〇頭のラクダと、頭に籠を載せて陶磁器や調理道具を運ぶ苦力《クーリー》二〇〇人が必要とされた。たっぷりと餌を与えられた乳牛五〇頭も行列に加わり、充分な牛乳、クリーム、バター、凝乳を提供した。[*59] 暑い季節にムガル皇帝が好んででかけたのは、カシミールの山岳地方だった。彼らはそこで平地の酷暑から逃れて、美しい湖畔の庭園で過ごした。ムガル皇帝が滞在したことからカシミール料理は開花した。インド料理店ですっかりおなじみのローガンジョシュはこの地で完成されたものだ。

ローガンジョシュの発祥の地はペルシアだった。ペルシアでは、この名前は強火で

(ジョシュは熱いという意味) バターで炒めた (ローガンはペルシア語で精製したバターの意味) 肉のシチューを意味している。カシミールでは、この料理は地方特有の香辛料で味付けされている。使われる香辛料は料理人が何教徒かによって異なる。カシミールのバラモンは、珍しくなんの気兼ねもなく肉を食べるが、玉ねぎとニンニクは避けるので、彼らがつくるローガンジョシュはフェンネル〔ウイキョウ〕とアサフェティダを使って子羊肉の味付けをする。イスラーム教徒がつくる場合は、ニンニクと玉ねぎをたっぷり使い、さらにケイトウ〔鶏頭〕の花を乾燥させたものも使用する。これはカシミール原産の植物で、鶏のとさかに似た毛皮のような赤い花をつける。カシミールのイスラーム教徒はとりわけこのハーブを好み、これを使って料理を真っ赤に仕上げる。食物史家によっては、この赤から料理の名前がつけられたとする人もいる。ローガンはカシミール語で赤を意味するからだ。[*60]

バーブルがインドに失望した原因の一つは、おいしい果物がないことだった。晩年には、インドでも甘いブドウやメロンを栽培できることがわかったものの、メロンの味はバーブルに故郷を思いださせ、涙を催させた。[*61] アクバルは皇帝用の果樹園をつくり、ペルシアと中央アジアから園芸家を呼び寄せた。[*62] ジャハーンギールはサマルカンドとカーブル産のリンゴの効能について書き記し、ほかにも一度に何個までサクランボを食べられるかとか、彼の叔父のアンズの木のこと、さらにはアフマダーバードのシャイフ〔首長〔イスラーム学者などの敬称〕たちが、彼らの出身地のグジャラートでとれるメロンよりも、ペルシア産のメロンのほうが上等であるのを知って驚いたことなどを長々と綴った。*63ジャハーンギールもシャー・ジャハーンも、目の前で果物の重さを計らせることを特に楽しみにしていた。*64この執着ぶりは、単なる食道楽だけではない。これらの果物はムガル皇帝たちに中央アジアの失われた故郷を思い起こさせていた。それを賞味することによって、ひそかに望郷の念を表わしていたのである。ペルシアのメロンの風味豊かな味や、サマルカンドのリンゴの甘さは、彼らの生得権でありながら、もはや正当な場では享受できない洗練された文化を象徴していた。これらの果物をインドにもちこむことは、彼らが野蛮なインドに伝えた中央アジアの文化を思いださせる最高のものだったのだ。

ムガル宮廷では誰もが、果物によって表わされる政治言語に精通していた。ムガルの貴族や行政官が収入のどれだけ多くを果物に費やすかを知って、外国人は驚いた。*65つねづね威厳を保とうと心がけていたトマス・ローは、アーサフ・ハーンから二〇個のマスクメロン入りの籠を贈られたとき、そこにこめられていた敬意に気づかず、こんな不満を述べた。インド人は「人間の幸福が味覚にあると考えている」にちがいない。「なにしろ、これまでわたしが受け取ったものといえば、食べ物か飲み物しかないからだ*66」。ところが実際には、ムガルの世界では果物は権力と威光を強烈に象徴するものだったのだ。人にあげるにしても、もらうにしても、果物は最高級の贈り物だったのである。バルフ〔アフガニスタン北部の都市、古代のバクトラとされる〕の王がシャー・ジャハーンの息子であるアウラングゼーブ帝に送った大使は、一〇〇頭のラクダに新鮮な果物とドライフルーツとナッツ類を積んでやってきた。(彼らはおもしろいことに、十七世紀のバイアグラに相当するものも献上している。欲望を増進させるといわれる臭い魚の箱詰である[*67])。

歴代のムガル皇帝は、中央アジアの果物に感傷的な思いをいだいていた。しかし、ジャハーンギールとシャー・ジャハーンはどちらも、インドの果物も大いに好んだ。彼らの故国はいまだロマンに満ちたイメージを失っていないものの、この時代には彼らの心もヒンドゥスターンの帝国とともにあったことが、このことから暗に示されている。つまるところ、どちらの皇帝も中央アジアに足を踏み入れたことは一度もなかったのだ。彼らの好物の果物はインドのマンゴーだった。バーブルも、ヒンドゥスターンではマンゴーが一番おいしい果物だと喜んで認めていたが、さほど賞賛に値するとは思っていなかった。八〇年後、ジャハーンギールはこう言明した。「カーブルの果物は確かに甘いが、わたしの好みからすると、マンゴーほど風味のあるものは一つもない[*68]」。シャー・ジャハーンはあるとき息子が、デカン高原の大切な木になる最高のマンゴーを送ってよこさずに、勝手に食べたとして立腹し、息子を叱責している[*69]。マンゴーへのこうした心変わりは、この時代、ムガル皇帝たちが心情的にインド人になっていたことを明らかに示している。これが歴然としたのは、シャー・ジャハーンがウズベク族にたいして遂行した戦争中だった。バーブルをサマルカンドから追いだし、彼が生得権とみなしていたものを奪ったあの民族である。バーブルとその随行者たちがヒンドゥスターンの地にきたことで不幸せになり、故郷に帰りたがったのとは対照的に、それから一〇〇年ほどのちに中央アジアに攻め入ったシャー・ジャハーンの兵士たちは、そこでひどく居心地の悪い思いをした。ムガル政権の当時の年代記作者は、バーブルがヒンドゥスターンで最初に見せた反応を想起させる言葉で、こう記した。「故郷にたいして自然にわきあがる愛、ヒンドゥスターンのやり方や慣習を懐かしむ思い、バルフの人びとと風習への嫌悪、気候の厳しさといったものすべてがあいまって」、ムガルの貴族たちのあいだにインドへ帰りたいという、やむにやまれぬ郷愁が広がった、と。[*70]

シャー・ジャハーンが中央アジアでとった軍事行動は、悲惨な結果に終わった。ヨーロッパの評者によれば、これはムガル人が腐敗した贅沢な専制政治におちいり、それによって彼らの権威も軍事力もすっかり損なわれていたせいだった。堕落は放蕩三昧だったシャー・ジャハーンの父ジャハーンギールの時代から始まった、と彼らは主張した。トマス・ローは、これほど「酒に溺れた男は見たこと」がなかった。たまに皇帝に謁見を許されても、このイギリス大使は、ジャハーンギールがしばしば飲みすぎて支離滅裂になり、会話の途中で泥酔して眠り込んでしまうことにいらだっていた。[*71]ジャハーンギールも回想録のなかで、自身の道楽ぶりを率直に認め、抑えの効かない重度のアルコール依存症の実態を屈託なく事細かに記している。狩猟にでかけた際にワインの味を覚えたのをきっかけに、彼はアラックを飲みだした。これはトディーというヤシの樹液を蒸留させてつくったインドの焼酎だ。ジャハーンギールはまもなくこの蒸留酒を一日に二〇杯も飲むようになり、年中、酩酊していたため、両手の震えを抑えられなくなった。ジャハーンギールに一時期、気に入られていたイギリス人、ウィリアム・ホーキンズによれば、一日の終わりには、皇帝は酒とアヘンですっかり麻痺状態になり、夕食を「ほかの人が口のなかに押し込まなければ」ならないほどだった。[*72] 医者から強く警告されたのちに、ジャハーンギールはようやく意志の力で自制し、ワイン割りのアラックを一日に六杯という、いくらか健康的な量にまでアルコールを減らし、アヘンをたっぷり吸うことでそれを補った。[*73] 彼が使った翡翠の酒杯は、現在ヴィクトリア・アンド・アルバート博物館で見ることができる。

ジャハーンギールは廷臣とともにたびたび宴を開いて酒浸りになり、飲酒の悪習は次の皇帝のシャー・ジャハーンの治世を通じてつづいた。シャー・ジャハーンの性格については、あまり知られていない。シャー・ジャハーンは自分について書かれた記録をすべて検閲し、不謹慎な言動が後世に伝わらないように確認したからだ。シャー・ジャハーンの息子が率いる軍で砲手をつとめたニッコラオ・マヌッチは、こう語っている。皇帝は酒を飲まなかったが、「人びとが好き勝手に暮らすに任せ、彼自身は女性たちのあいだで日々を過ごすことに満足していた」、と。[*74] フランスの医師フランソワ・ベルニエは、踊り子の一団をかかえた皇帝の「戯れや愚行」は常軌を逸していたと主張した。シャー・ジャハーンは、自分の娘のジャハナラと近親相姦の関係にあったとすら言われている。ベルニエによれば、彼女は父親を熱愛しており、非常によく世話を焼き、彼が口にするものはすべて、自ら調理を監督したほどだったという。[*75] シャー・ジャハーンが贅沢品を好んだことが、ムガル文化の繁栄につながった。即位に際して宝石をちりばめた孔雀の玉座が注文され、多くの職人が雇われてその製作に当たった。建築業者と建築家は（現在は〝オールド〟デリーと呼ばれる）シャージャハナバードの美しい都市や、アーグラのタージマハルをつくりだした。シャー・ジャハーンの工房で、ムガルの芸術家はパードゥシャナーマと呼ばれる一連の精巧な細密画を描いた。彼の料理人たちは、ホワイトソースを使った料理だけで構成された晩餐会も考えだしている。これらの料理には白いクミンが使われた。今日のデリーの料理人たちが、シャヒ・ジーラ（王室のクミン）と呼ぶものだ。[*76] 宮廷の食文化は一般の民にも徐々に伝わり、大きな町にはかならず料理店や惣菜屋であふれたバザールがあった。一六四一年にラホールを訪れたマンリケは、宮廷の文化が地方にまで広がっていることを知った。「隣接する地方まで半リーグ〔約二・四キロ〕以上にわたって、大小さまざまで色とりどりの天幕からなる移動式の町が整然と並んでいた」。このテントの町には次のようなものがあった。

　食欲をそそるおいしい食べ物で埋めつくされた市場……なかでも食べ応えがある主要な食べ物は、よい香りのする贅沢なモンゴル・ブリンジ［ビリヤーニー］とさまざまな色のペルシアのピラウだ……こうしたバザールには迷信的な異教徒たちの土着の簡素な食べ物もある。人びとの好みに合うように、多くの天幕では米とハーブ、野菜を使ったいろいろな料理が用意されている。なかでも重要なのは、グジャラートのドライ・ブリンジだ……一般の人びとや貧しい民が食べるパンもある……すべて小麦粉でできていて、熾火の上においた鉄板か陶製の皿の上で焼いたものだ。[しかも]じつに上等なパンで、味わいがあり、小麦粉と最も純度の高いギーでつくられているので、薄く焼きあがる……この移動式郊外には、ほかにもきわめて豊富な食べ物があるので、もの好きな読者であれば、このバザールや市内の市場でどんなものに出合えるか、想像できるだろう。わたしが何よりも驚いたのは、こうしたものが低価格で売られていることだ。なにしろ、二レアール銀貨もあれば、一日中、腹いっぱい食べて贅沢に暮らせるのだ。[*77]

シャー・ジャハーンの美しい建造物も孔雀玉座も豪勢な夕食会もみな、困窮する一方のインドの小作農によって賄われていたものだった。[*78]一六三〇年に、グジャラートは深刻な飢饉に見舞われた。スラトからやってきたヨーロッパの商人は、堆肥のなかで食べ物をあさるインド人を見て驚愕している。村は人けがなくなり、町はずれには死体が山積みになった。[*79]その対応策として、食料配給所が設置され、農民からの徴税は延期された。

シャー・ジャハーンは行政官としては無能だった。国内で足場を固めることもせず、彼は中央アジアで不要な戦争を遂行した。帝国は周辺部で崩れはじめた。息子のアウラングゼーブは極端に信心深く冷酷な人間で、徹底的な措置を講じて父親のあやまちを修正した。ムガル宮廷にイスラーム教の復活を試みたアウラングゼーブは、デリーの城壁内では蒸留酒をつくることを禁じ、アルコールを売っていることが見つかれば、イスラーム教徒もヒンドゥー教徒も片手または片足を切断されることになった。[*80] 彼はムガル皇帝の生活様式に浸透していた多くのインドの風習を断ち切り、自己犠牲の精神を発揮して、自ら愛好していた音楽も宮廷では禁止にした。アウラングゼーブの唯一の楽しみは、食道楽だったようだ。彼は宮廷の厨房に一日一〇〇〇ルピーを惜しみなく使い、腕のいい調理人を探し求めた。「ビリヤーニーを料理するスレイマン」を宮廷の厨房ではたらかせようとして息子に断られると、失望した皇帝はこの腕のいい料理人の弟子を見つけだすように息子に依頼した。それというのも、「「食べたいという」欲望がまだ完全に失せていない」からだった。[*81]

アウラングゼーブの治世に、ムガル帝国の領土は最も拡大した。しかし、一七〇七年に彼が没すると、そのあとを継いだ皇帝たちは地方の太守たちの分離を防げず、彼らが事実上、新たな衛星国家の独立した支配者として地位を確立するのを傍観するしかなかった。これらの地方の宮廷において、ムガル料理は十八世紀のあいだ発展しつづけたのだった。

【キチャリ】

キチャリはインド全土で食べられている質素な田舎料理である。これをうまくつくるコツは、米とレンズ豆がべたつかずに炊けるように、適度な水加減にすることだ。4人分。

挽き割り赤レンズ豆　100g
水　500mℓ
ターメリック　小さじ½
バスマティライス〔インド産のインディカ米〕　225g
塩　少々
バター　25g
玉ねぎ小（みじん切り）　1個

●挽き割り赤レンズ豆を水250mℓとターメリックとともに鍋に入れ、沸騰させる。浮いてくる薄皮を取り除く。ごく弱火にして10分ほど煮る。
●米を加え、水をさらに250mℓ足し、塩を少々入れてから沸騰させる。その後、火を弱めて蓋をし、ごく弱火で煮つづける。水気がなくなったら、鍋を火から下ろしてタオルに包む。暖かい場所に10〜20分おいて米をよく蒸らす。
●その間に、玉ねぎをバターでキツネ色になるまで炒め、米とレンズ豆を盛りつけた上から散らす。

アーモンド・パウダー　　大さじ1〜2

●ニンニク、生姜、唐辛子、胡椒、塩を混ぜ、好みの香辛料と油を加える。お好みでヨーグルト、レモン汁、アーモンド・パウダーを追加。よく混ぜて、肉に絡める。蓋をして一晩、冷蔵庫に寝かせておく。
●焼き串に通してオーブンで焼くかバーベキューにする。

【カバーブ】

バーブルが野営中に食べたのは、こうしたごく簡素なカバーブだっただろうし、アフリディ人がイギリス人のために催したお茶会で供せられた料理も、このようなものだったろう。3～4人分。

牛か仔羊のやわらかいステーキ肉
（小さい塊に切る）　500～800g
ニンニク（つぶす）　3かけ
生姜のすりおろし　小さじ1
青唐辛子（みじん切り）　1～3本
挽き立ての黒胡椒　小さじ¼
塩　小さじ¼
サラダ油かオリーブ油　大さじ3～4（ヨーグルト・マリネの場合は少なめに）
香辛料（お好みに合わせて）
クミン・パウダー　小さじ1
コリアンダー・パウダー　小さじ1
ガラムマサラ　小さじ½

クリーミーなマリネがよければ、以下を加える。
ヨーグルト　大さじ2
レモン汁　大さじ1

ざらざらした舌触りが欲しい場合は、以下を加える。

●フライパンに油を熱し、刻んだ玉ねぎをキツネ色になるまで炒める。

●冷蔵庫からマリネにしていた肉をとりだし、玉ねぎをサラダ油とともにそこへ混ぜる。

●さらに、ヨーグルトを加えてよく混ぜる。牛乳に浸しておいたサフランを注ぐ。

●米の水を切り、塩、シナモン・スティック、カルダモン、クローブ、および熱湯1.5ℓとともに鍋に入れる。10分間煮てから水を切る。

●その間に、ゆでたジャガイモを揚げる。

●大きいキャセロールを用意し、鍋の底にマリネにした肉を入れる。肉のあいだに固ゆで卵を入れ、ミント数本分を散らす。肉の上から赤レンズ豆を散らす。さらにレンズ豆の上にジャガイモを敷く。ジャガイモの上に米を広げる。

●薄切りにした玉ねぎと、縦割りにしたアーモンドを少量の油で炒めて、米の上に振りかける。キャセロールの中身の上から水を少々かける。蓋をしっかりと閉めて、強火で５分間調理する。中身がジュージューと音を立てはじめたら、弱火にして１時間ほど煮込む。

〈p. 76の続き〉
トマト（煮て裏ごしする）　2個

●すべての材料をボウルで混ぜてから鶏肉を入れ、もう一度混ぜる。鶏肉がすべてマリネ液によく浸かるようにする。蓋をして一晩冷蔵庫で寝かせる。

挽き割り赤レンズ豆（15分間水に浸けておく）　350g
水　500mℓ
サラダ油　大さじ4～6
玉ねぎ大（¼は薄切り、残りは刻む）　2個
ヨーグルト　400mℓ
サフラン（つぶして熱い牛乳小さじ2に浸す）　小さじ¼
バスマティライス（20分間水に浸けておく）　500g
塩　少々
シナモン・スティック　2cm
カルダモン（ホール）　3個
クローブ（ホール）　3個
熱湯　1.5ℓ
小さい新ジャガ（固めにゆでる）　6個
固ゆで卵（殻をむいて半分に切る）　3個
ミント　数本
アーモンド（熱湯に通し、細長く割る）　100g

●レンズ豆と水を大きな鍋に入れ、沸騰させる。火を弱めて10分間煮立てる。水を切っておいておく。

【チキン・ビリヤーニー】

ビリヤーニーは結婚式のときに食べる祝いの料理で、ムガル風のプラオである。プラオは香辛料の効いた辛い料理ではなく、むしろ香りのよい料理であり、米の甘みや香ばしさを損なわないものとされていた。しかし、ムガルのビリヤーニーは香辛料たっぷりの料理で、今日の通常のビリヤーニーよりさらにスパイシーだった。5〜6人分。

鶏まるごと1羽（1.5kgほどのもの）を洗って、8〜10の塊に切り分ける。

マリネ液
生姜のすりおろし　1片
ニンニク（つぶす）　6かけ
生の青唐辛子（すり鉢でつぶす）　2〜3本
カルダモン・パウダー　小さじ½
クミン・パウダー　小さじ1
コリアンダー・パウダー　小さじ1
青唐辛子（縦に切れ目を入れる）　4本
シナモン・スティック　2センチ
クローブ（ホール）　2個
塩　少々
レモン汁　大さじ1

〈p. 75に続く〉

【グリーンマンゴーのシャーベット】

ムガルの皇帝たちは長いあいだ中央アジアの祖国を失ったことを嘆き、メロンを恋しがっていた。しかし、三代目のジャハーンギールが即位するころには、忠誠を誓う祖国も変わり、中央アジアのメロンよりも、インドのマンゴーのほうが甘くておいしいと考えるようになった。マンゴーでおいしいシャーベットがつくれることをムガル人は発見した。3〜4人分。

熟していない緑色のマンゴー　2個
砂糖　大さじ6
塩　小さじ1
クミン・シード（炒ったあと挽く）　小さじ½
新鮮なミント　1枝
冷水　250mℓ

●マンゴーをまるごと、やわらかくなるまで焙る。冷ましてから皮に穴を開け、果肉を絞りだす。
●果肉をミキサーに入れ、砂糖、クミン、塩、ミントとともに攪拌する。冷水を加えてよく冷えたグラスに盛る。

第3章　ヴィンダルー　ポルトガル人と唐辛子

欧米では、おそらくインド料理の最も代表的な香辛料は唐辛子だろう。南アジア亜大陸のあらゆる地域で、生や乾燥した唐辛子が、あるいは挽いたり粉にしたりしたものが料理に使われている。唐辛子のないインド料理は、想像しにくい。ところが、十五世紀の初めにポルトガル人がインドにやってくるまで、インド人は誰一人として唐辛子を見たことがなかった。まして、それを使って料理した人は誰もいなかったのだ。

一五〇〇年までは、インド料理で使われる最も辛い香辛料は胡椒だった。胡椒には二種類あった。最も一般に使われていたのはインドナガコショウ（ヒハツともいう。英語名はロングペッパー）と呼ばれるもので、これは長細い尾状花序のようなかたちをしたピペール・ロングムの辛くて甘い実だった。（英語のペッパーという言葉は、ヒンディー語のピッパリに由来する。）この植物の原産地はベンガルだが、十六世紀には南西部のマラバル海岸沿いでも自生していた。[*1] 宝石商のジャン＝バプティスト・タヴェルニエは、イスラーム教徒がナガコショウを「手づかみでどっさり」プラオに入れることに気づいた。[*2]

もう一種類は、ピペール・ニグルム〔黒胡椒〕の小さくて丸い実だった。これはヒンディー語でゴル・ミルチ、英語ではブラックペッパーと呼ばれ、欧米ではおなじみのものだ。

アーユルヴェーダの医師たちは、痰や腹部のガスで苦しむ患者の治療薬としてどちらの胡椒も大量に使ったし、ナガコショウは精液を増やす手段としても重宝された。アーユルヴェーダの理論では、それが男性の力の根源なのだった。十九世紀の調剤書に書かれたアーユルヴェーダの処方《レシピ》には、精神錯乱の治療薬として、黒胡椒とターメリックでゆでた蛙を勧めるといった風変わりなものもある。もう少し食欲をそそるレシピとしては、ナガコショウ、ターメリック、塩とともに調理したヒバリというのがあり、これは重度の熱病の治療に使われた。[*3]

古代ギリシャ人とローマ人も、同じような医療目的（たとえば、インポテンツの治療）に両方の胡椒を使っていたし、肉と魚の味付けとしても胡椒はたいへん重宝されていた。ローマ領エジプトからは、金銀を積んだ船がインドの南西海岸に送られ、胡椒を満載して戻ってきた。歴代の皇帝はその胡椒を貴金属のように宝庫にしまい込んだ。[*4]中世ヨーロッパでも、それに劣らず高い需要があった。一三九四年から一四〇五年のあいだにヴェネチアに輸入された年間の香辛料のうち、胡椒は生姜とシナモンとともにその九三％を占めていた。

ヨーロッパでは、香辛料はもともとその医学的な特性ゆえに重宝されていた。香辛料

（16世紀初頭）、東洋・インド省コレクション、P859

は疫病を防ぎ、食欲を増進して消化を助けると考えられていたのだ。キリスト教で定められた多くの断食日には、味の薄い野菜や魚の料理が食べられていたが、料理人たちは香辛料を使えば味が引き立つことにも気づいた。十三世紀になると、香辛料の使用量が大幅に増えた。この時代に、天国の〝快楽の園〟について書かれたアラブの民話が、フランス語、カタロニア語、ラテン語に翻訳されて出回ったのだ。食事を快楽の源とするイスラーム教徒の考え方に魅了されたヨーロッパ人は、天国を美食にふける場所とみなす考えが、禁欲を重視するキリスト教の厳しい教えとは好対照であることに気づいた。ヨーロッパの調理方法に香辛料の強いアラブ料理がおよぼした影響は、砂糖、生姜、アナミルタ〔インド原産ツヅラフジ科の種子〕、胡椒を必要とするレシピが

1509年の要塞都市ゴアの風景、東インドのポルトガル艦隊が描かれている

増えたことからも見てとれる。ヨーロッパ人は一般に、香辛料は遠い異国からやってきたのだから、魔法の力が備わっているのだと考えていた。したがって香辛料は、金持ちが富や地位を誇示するための消費財として、重要な位置を占めるに値したのだ。[*5]

十五世紀になると、ほとんどすべてのレシピに、なんらかの香辛料が含まれるようになった。しかし、中世の料理人が腐った肉の味をごまかすために、香辛料を大量に使ったとするのは誤解だ。香辛料を買えるくらい裕福な人であれば、新鮮で良質な肉は買えただろう。悪臭を放つ材料をごまかすために、香辛料を手当たりしだい料理に入れたのではなく、料理人たちはむしろ細心の注意を払って、食べ物の味を引き立てるために香辛料を使っていた。胡椒は香辛料の王様だった。中世の裕福な家ではたらく薬剤師であれば、つねに胡椒の在庫を確保していたにちがいないし、台所では料理人たちが、すぐ使えるように挽いた胡椒を手近なところに特製の革袋に入れておいていただろう。胡椒こそ、中世のほぼあらゆる社会階級の人が使っていたと思われる香辛料なのだ。*6

中世のヨーロッパ人は、香辛料の調達を一連の貿易業者に頼っていた。それは太平洋の香料諸島〔マルク諸島、旧モルッカ諸島〕を巡回する中国とマレーの商人に始まるものだった。彼らが仕入れた品を中国とマレー半島にもちかえると、積荷はそこからインド洋を渡ってインドの港に運ばれ、さらにアラビア海を経てアフリカ大陸へと輸送された。その後、アラブの商人たちがアフリカと地中海を越えて物資を運び、最終的にヴェネチアとジェノヴァにあるヨーロッパの倉庫に送り届けるのだった。ヨーロッパの他国の人びとは、イタリア人が勝手につけた値段で支払わなければならないことを、つねづね不満に思っていた。ところが、一四五三年にオスマン帝国がコンスタンティノープルを攻略し、さらに十五世紀末にエジプトへ侵略すると、価格が上昇しはじめた。十五世紀を通じてほぼ安定していた胡椒の値段は、一四九六年（この年はハンドレッドウェイト〔約五〇キログラム〕当たり四二ダカット）から一四九九年のあいだに、二倍近くに値上がりしたのだ。一五〇五年には、カイロの胡椒はハンドレッドウェイト当たり一九二ダカットになった。このような高値は、インド諸国へ通じる別ルートを開拓させる強い誘因となり、それに成功した国は実入りのよい香辛料貿易を独占できることになった。

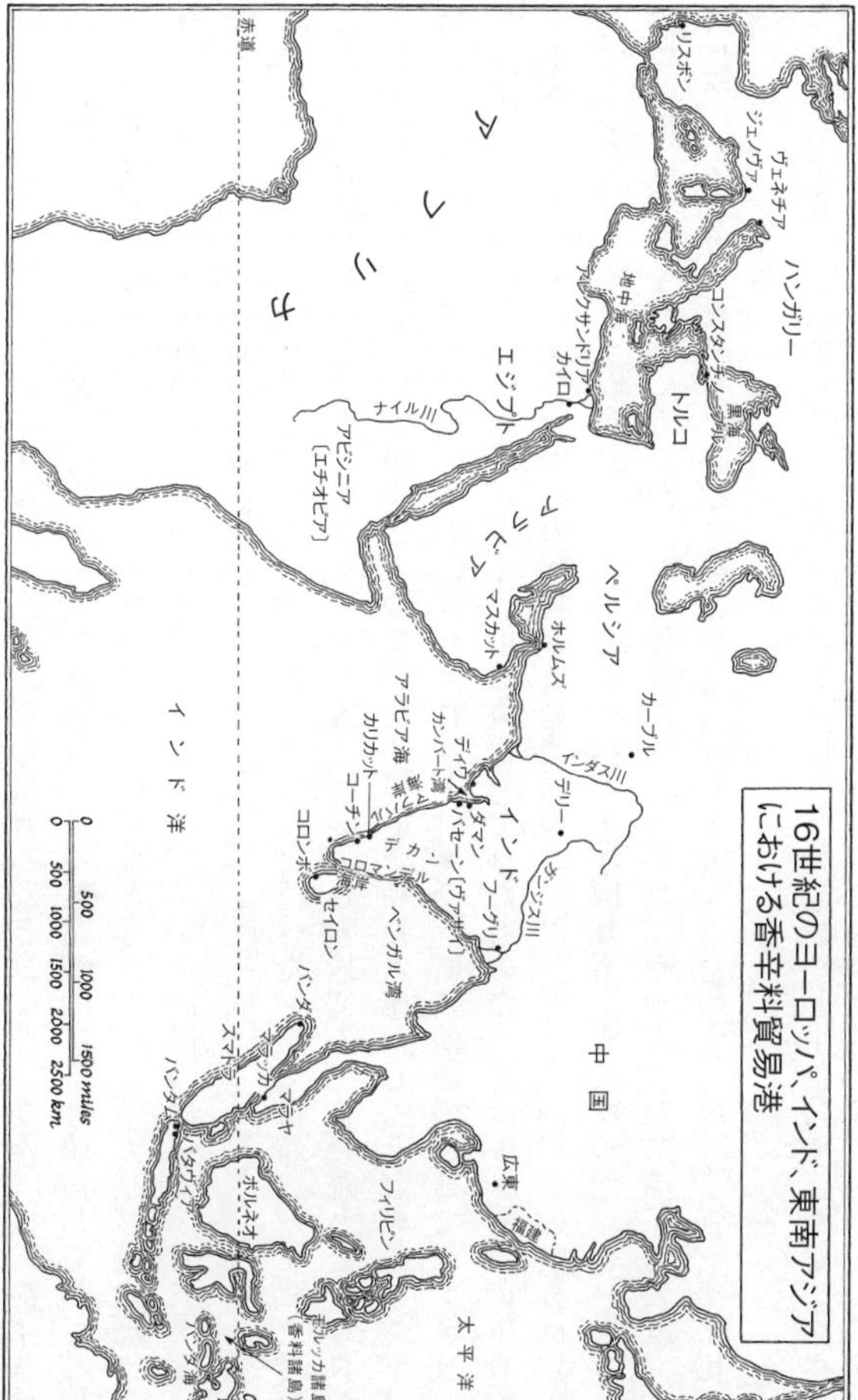

16世紀のヨーロッパ、インド、東南アジアにおける香辛料貿易港

クリストファー・コロンブスは一四九二年に出帆したとき、西へ向かって航海すれば、いずれは香料諸島にたどり着き、中国へ直接行かれる航路が開けると確信していた。彼はとりわけ、胡椒を安く手に入れられる場所を探そうと考えていた。カリブ海の島に上陸したコロンブスは目的地に着いたと信じて疑わず、インド諸国の周辺にいるにちがいないと考えた。ヨーロッパ帰国後に書いた手紙のなかで、コロンブスは島民が、「香辛料でやたらに辛く味付けした」食べ物を食べていたと述べた。彼らは特に、アヒと呼ばれる野菜を使っていた。これがヨーロッパ人と唐辛子《チリペッパー》との最初の出合いだった。コロンブスはこのアヒこそ、自分が探し求めていた胡椒《ペッパー》の一種だと確信し、それを「インド諸島のペッパー」と名づけた。[*7] 実際には、それはトウガラシ属の植物の一種で、アメリカ先住民が紀元前四〇〇〇年から調味料用に耕作してきたものだった。アメリカのトウガラシ属は、アジアのコショウ属の植物とは無関係のものだ。ところが、その名称は定着してしまい、トウガラシ属の実もすべてペッパーと呼ばれるようになった。チリという言葉自体は、メキシコのものだった。数年後にメキシコにやってきたスペイン人は、この地でアステカ族がチリと呼ぶ多種多様なカプシクム・アヌウム〔唐辛子の学名〕に出合った。

コロンブスは最期までアジアの沖合にある島々を発見したと主張していたが、スペイン人には早い段階から、彼が実際には新世界を発見していたことが明らかになっていた。そして、彼らはその土地を自分たちの国に併合しようと動きだした。初期の時代のあるスペイン兵は、トウモロコシの薄いパンとヒラウチワサボテン、唐辛子というひどい食事についてこぼしているが、アメリカ大陸に定住したスペイン人の多くは、大喜びで唐辛子を食べるようになった。[*8] 一五七〇年代にスペインの医師が書いた文献には、唐辛子の医学的な特性は、黒胡椒の特性と似たようなものだと書かれている。「これは身体を非常に楽にする。ガスを解消し胸にもよく、冷え性の体質の人にもよく効き、主要な器官を丈夫にして治癒し元気づけてくれるものだ」。スペイン人は、わたしたちが黒胡椒を使うのと同じような方法で唐辛子を使用した。彼らは豚肉料理を唐辛子で味付けし、イベリア半島の代表的な料理を辛くしたレシピを考えだした。メキシコ西部のトルカ谷の甘くした豚肉料理に、唐辛子を加えると、スペイン本国で食べられるどんなチョリソ・ソーセージにも匹敵すると言われた。[*9] もっとも、本国の人びとはさほど夢中にはならず、唐辛子はイベリア半島では辛い味をだす素としてよりも、むしろ観賞用の不思議な植物として栽培されていた。[*10]

一四九八年五月、コロンブスが大西洋を横断してから六年後に、三隻のポルトガル船がインドのマラバル海岸にあるカリカットの町の沖合に投錨した。ポルトガルのマヌエル一世から資金を受けたこの船団は、ヴァスコ・ダ・ガマの指揮のもとで、コロンブスが果たせなかったことをやってのけたのだ。彼らはより慎重なアプローチをとることによって、インド諸国に向かう海路を発見した。それ以前のポルトガルの探検家たちにならってアフリカの西海岸沿いに南下し、喜望峰を回ってアラビア海を渡り、インドへと向かったのである。

ポルトガル人とインド人との関係は、幸先よく始まったわけではない。カリカットの王に謁見はできたものの、この会見は失敗に終わった。王の廷臣たちは、ガマがもってきた贈り物を見て笑った。「布、外套一二着、帽子六個、珊瑚を少々、鉢六個、砂糖一梱、おそらくは長旅で悪臭を放っていたバターと蜂蜜の樽がそれぞれ二つ」である。ガマは三ヵ月後、すごすごとインドを出発した。[*11] とはいえ、彼の船はハンドレッドウェイト当たり三ダカットで購入した胡椒を満載していた。ガマがリスボンに華々しく帰還すると、あるヴェネチアの人は憂鬱な思いで悟った。胡椒の値段が二二ダカットまで下がっても、ポルトガル人はまだ胡椒で一〇〇％の利益を上げることができるのだ。彼はいみじくもこう予言した。今後は、[*12] ヨーロッパ人はヴェネチアを見捨てて、リスボンに香辛料を求めるようになるだろう、と。

三年もたたないうちに、ポルトガル人はインドに戻っていた。一五〇五年に、ロポ・ソアレスの九隻の艦隊がマラバル海岸を出航した。積荷には、胡椒一〇七万四〇〇〇三キロ、生姜二万八四七六キロ、シナモン八七八九キロ、カルダモン二〇六キロが含まれていた。[*13] 一五三〇年には、ポルトガル人はゴア〔インド西部、アラビア海に面する〕に総督府を設置し、カンバート湾〔カンベイ湾〕からインドの西海岸沿い五〇ヵ所にずらりと要塞を築き、南東部のコロマンデル海岸とベンガルには前哨地をおき、そのすべてを一〇〇隻の艦隊で防衛するようになった。[*14] 彼らは香辛料貿易の支配権をアラブ人から奪い（そのためアラブ人は海賊行為に走った)、東インドの貿易を無情に独占し、それが十六世紀の大半にわたってつづくことになった。

唐辛子は、ポルトガル人の手を介してインドへやってきた。唐辛子が正確にいつマラバル海岸に到着したのかはわからないが、ヴァスコ・ダ・ガマがインドの地に最初に上陸してから三〇年後には、ゴア周辺では少なくとも三種類のトウガラシ属の植物が栽培されていた。インドでは、コロンブス以来のペッパーをめぐる混同がつづいた。唐辛子は「ペルナンブコ・ペッパー」として知られていた。最初の輸入品がおそらくブラジルからリスボン経由できたことを示唆する名前だ〔ペルナンブコはブラジル北東部の州〕。もっと遠くのボンベイでは、唐辛子はゴワイ・ミルチ、つまりゴアのペッパーと呼ばれていた。インドに唐辛子が入ってきた場所がゴアだったことを示唆する名称だ。[*15] 南部のインド人は、黒胡椒とナガコショウを料理にたっぷりと使ってピリリと辛いソースをつくっていたので、すぐに唐辛子に飛びついた。唐辛子は外見もナガコショウと似ているので、さほど見慣れないものではなかった。味は同じように辛く、それでいて栽培は容易であり、カビの生えやすいナガコショウより長く保存もできた。唐辛子はすぐにナガコショウよりも安く手に入るようになり、やがてそれに取って代わってしまった。[*16]

南インドの食生活に、唐辛子が短期間のうちに欠かせないものとなった過程は驚くほどだ。インド人は概して新しい食材をなかなか取り入れないが、唐辛子は伝えられてからわずか数年後に、あるインド南部の詩人がこれを「貧民の救い主」だと謳っている。

唐辛子のおかげで、米とレンズ豆からなる質素な食事に味付けする安価で容易な方法がもたらされたからだ。アーユルヴェーダの医者は、食と健康の体系的な世界にめったなことでは異国の食品は組み入れない。しかし、その医者たちですら、治療薬の多くに胡椒ではなく唐辛子を使うようになった。古来の治療法では、コレラに罹った人には胡椒水が処方されていたが、十九世紀のアーユルヴェーダの医者は、コレラ患者を治療するのに、膏薬でもスープでもしばしば唐辛子を使うようになった。[*17] このころには、唐辛子はインドの必需食品になっており、「二つの石のあいだでペースト状にすりつぶし、そこにからし油を少々と生姜と塩を混ぜると、何百万もの貧しい人びとが米と一緒に食べるために手に入れることのできる唯一の調味料ができあがった」。[*18] 今日でもなお、唐辛子は多くの人が買えるただ一つの調味料であることが多く、そのためインドの貧困層にとってはビタミンCを得られる重要な供給源となっている。南インドの調理方法はとりわけ、料理をつくるのに唐辛子を大量に使い、舌が麻痺するほど辛いことで現在知られている。たとえば、青唐辛子と鶏肉を使うあるケーララ〔インド南西部の州〕のレシピでは、鶏肉七〇〇グラムにたいして青唐辛子を一〇〇グラム入れ、さらにパウダー状の赤唐辛子をたっぷりと加える。[*19]

北ヨーロッパの人びとは、意外な回り道をして唐辛子を知るようになった。コロンブスが辛い「スペインのペッパー」を発見したことはいくらか知られていたし、南米の唐辛子の見本は、一五四〇年代までにリスボンやセビーリャからアントワープやロンドンの港までほぼ間違いなく届いていただろう。しかし、北ヨーロッパの人びとはたいがい、唐辛子の原産国はインドだと信じていた。実際、十六世紀にドイツ、オランダ、あるいはイギリスで見られた唐辛子の多くは、ほとんどがインドのものだった。それを伝えたのはトルコ人だったが、トルコ人がどこで唐辛子を仕入れていたかは定かではない。もっとも、インドの西海岸で栽培された唐辛子を乾燥させるか粉に挽いたものが、アラビア海を抜けてペルシアに入る中世の香辛料ルート沿いで取引された可能性が高そうだ。そこから、乾燥させた唐辛子とカイエン・ペッパー〔辛い小さい赤唐辛子〕およびパプリカは、黒海の港に通じる通商路沿いに北上し、そこでトルコ料理に取り入れられた。一五二六年にトルコがハンガリーを征服すると、この地域にパプリカがもちこまれ、のちにそれがハンガリー料理を代表する香辛料となった。こうした複雑な経路で移動したために、唐辛子の原産地をめぐって混乱が生じた。ドイツの医師であり植物学者でもあったレオナルト・フックスが書いた本草書には、さまざまな種類の唐辛子が描かれている。彼は種をハンガリーから入手したにもかかわらず、それらを〝カリカット〟や〝インディアン〟ペッパーと呼んでおり、したがって唐辛子をインド原産だと信じていたことがわかる。

北ヨーロッパで唐辛子が一般に知られるようになるには、その後長い年月が必要となった。唐辛子はナガコショウには取って代わったものの（ナガコショウは十六世紀に姿を消していった）、ヨーロッパ人は唐辛子よりも黒胡椒のほうを好みつづけ、こちらは最もよく使われる香辛料として残った。イギリスのレシピに唐辛子が登場しはじめるのは、十九世紀になってからだった。そのとき唐辛子は料理本のインド・カレーのレシピに含まれていたため、イギリス人の頭のなかで、唐辛子はいっそうアメリカ大陸よりもインド亜大陸と結びついてしまったのである。*20

一五八三年九月にオランダ人のヤン・ハイヘン・ファン・リンスホーテンがゴアに到着した。ヴァスコ・ダ・ガマがカリカットに上陸してから、ほぼ一世紀のちのことだ。リンスホーテンはポルトガル人の妻たちがインド料理を食べているのを見て驚いた。典型的な食事は米を炊いて上から水っぽい薄いスープをかけ、塩漬けの魚とマンゴーのピクルスを添え、そこに魚か肉のソースをかけるというものだった。こうした食事は、小麦のパンとローストした肉を主食としていた十六世紀のヨーロッパ人の目には奇異に映った。インドにいるポルトガル人は見慣れないものを食べているだけでなく、それをインド式に手で食べていた。それどころか、女性たちは誰かがスプーンを使うのを見て、笑うのだった。*21

ポルトガル人定住者の多くは、インドのいろいろな習慣を受け入れていた。男性は膝丈のぴったりした靴下を脱ぎ捨て、「カンダレスと呼ばれる、ヨーロッパのどこでも見たことがない半ズボンのようなもの」を履いていた。「なにしろ、それを着用して縛ると、脚にブーツの上部のようなものが残るのだ。また、短いダブレット〔身体にぴったりした上着〕の下に、幅の広い絹の半ズボンを履いている人もいる。足首まで垂らしたズボンの人もいる」[*22]。さらに奇妙なことに、彼らはしょっちゅう下着を替えていた。ヨーロッパでは、きれいな下着に取り替える前に、これまで着ていたリネンの下着で身体を拭くのが習慣となっており、風呂など問題外だった。それに反して、インドのポルトガル人は徹底して清潔だった。下着を何度も取り替えるだけでなく、彼らは一日に少なくとも一度、ときには二度も風呂に入っていた。女性もまた同様で、「用足しにいったり、夫と過ごしたりするのと同じくらいたびたび」、身体を忘れずに洗うのだった。こうした習慣は、ヨーロッパでは珍しいものだった。

女性はパルダー〔外部の人の目に女性が触れないようにする慣習〕を守り、外出するときはベールをつけた。裕福な人は「宝石類や、何重もの金や銀のロザリオ」を身につけてキリスト教徒であることを示してはいたけれども、インドの服を着ていた。腰から上は透けるように薄い布をまとい、ペチコートをつけ、脚はむきだしで色鮮やかな靴を履いていた。「非社交的で卑しい環境に育ったせいで、会話を楽しむには適さなくなっているため」、妻たちは一日中ぼんやりと檳榔子《ビンロウジ》を嚙み、身体を洗っては、よい香りのする香水と白檀の香りをすりこんでいたという。リンスホーテンによれば、こうしたものはいずれも、彼らが「インドの異教徒から学んだものであり、異教徒が昔から習慣としていたものだった」[*23]。

リンスホーテンは、新たにゴア大司教に任命されたヴィセンテ・デ・フォンセカの従者としてインドにやってきた。オランダ（スペイン支配下の）で過ごした子供時代に、リンスホーテンは冒険物語や歴史を読んで想像力をふくらませ、世界を旅することを夢見ていた。十六歳のとき、二人の兄のあとを追ってセビーリャへ向かった彼は、その六年後、インド艦隊で事務官として船上勤務していた兄に大司教付きの仕事を見つけてもらった。当時、ゴアはポルトガルのエスタド・ダ・インディア（インドの国）の首府になっており、ポルトガル人は香辛料の貿易基地として、このインド領を利用していた。リンスホーテンはこの地に活気あふれる植民地社会を見出し、一三年後の一五九六年に、『東方案内記』のなかでそれについて書き記している。

ポルトガルの植民地帝国は、通商路を支配することで成り立っていた。インドの港はかねてから戦略的に重要なものとされていた。この地域では、十五世紀の終わりまでにアラブ商人の世界が北アフリカ、地中海から、ベンガル湾や東南アジアのマラッカにいたるまで広がっており、中国とマレー半島および太平洋の香料諸島の通商圏とも重なり合っていた。しかし、この時代になると、軍艦で海上を制覇することによってポルトガル人がこれらの通商網を独占するようになった。アラブ人が貿易をおこなうにはポルトガル人から通行証が必要だった、とリンスホーテンは記している。友好的な態度は見せていたものの、彼らはポルトガル人を仇敵とみなしていた。[*24] 一方、ポルトガル人もまだヨーロッパ以外の商人や金融ブローカーに頼っていた。ポルトガル領の町はグジャラートのバニヤン、タミルとテルグのチェッティ〔商人、金貸し〕、インド南西部に住むシリア人キリスト教徒であふれており、いずれも福建省の中国人や、ホルムズ海峡およびアデン〔イエメン南部〕のアラブ人と取引していた。

ゴアには「ポルトガル風に」建てられた家が並び、その周囲にはインドの果樹がたくさん植えられた庭や果樹園と、「あらゆる種類の修道院と教会」があり、インドの他の都市とは明らかに異なっていた。しかし、商業地区はインドの一般の港町となんら変わりなく見えた。リンスホーテンは通り沿いにインドの豪商の店が並んでいる様子を描写し、それぞれの通りには特定の商品だけが売られていたと書いている。ある通りでは、店に絹織物、繻子やダマスク織、中国の磁器などが山積みになっていた。別の通りには、宝石と色とりどりの漆塗りの家具があった。金銀の細工師は銅器製造職人や大工、工芸職人と同じ通りに店を構えていた。米をはじめとする穀物を扱う商人は商品を山積みにし、バラモンの商人は埃やゴミをたくみに混ぜながら香辛料を売っていた。周囲では、「非常に狡猾で悪賢い異教徒のブローカーが売り買いする」言葉が聞えた。店の上のバルコニーでは、「バラジオ……つまり太鼓腹の男」がシャツをはだけて座り、奴隷に足の爪を切らせながら、砂糖漬けをつまんだり昼寝をしたりしている。通りにはさまざまな人びと――「未開人、ムーア人〔北西アフリカのイスラーム教徒〕、ユダヤ人、ペルシア人、アラブ人、アビシニア人……アルメニア人、カンバイア〔カンバート湾一帯〕のバニヤン、グジャラート人、デカン人」が行き交っていた。それほど多様な人びとのあいだにあっては、ポルトガル人は自国の領土内ですら、多数の集団の一つにすぎなかった。[*25]
ポルトガル人の社会そのものも、多くの階層に分かれていた。上層部は、三年の短期でインドに赴任しているポルトガルの官僚の小集団から成り立っていた。彼らは「ひさしのあるバルコニーと、マドガイの殻をガラス代わりにした二階まで吹き抜けの大きな窓のある」大邸宅で贅沢な生活を楽しんでいた。[*26]外出するときはいつも、市内を「非常にゆっくり……自信たっぷりと、虚栄心に満ちた威厳ある態度で」移動し、「奴隷に大きな帽子かベールを頭上に掲げさせ、陽射しや雨を防がせていた」。[*27]役人たちはヨーロッパの手の込んだ高級服を着て、インド人の使用人を大勢雇い、ベンガル、中国、東アフリカから連れてこられた奴隷を何人も使っていた。彼らの上にはインド総督がいて、行動の規範を定めていた。総督はインドに赴任した最初の年は、ゴアにある公邸を修復して家具をそろえることに費やした。二年目は蓄財に努めた。三年目は出発の準備をした。次の総督がやってくると、公邸は「内部に腰掛けもベンチもなく、金庫に一ペニーもない」ありさまになっていた。公邸が「身包《みぐる》みはがれた」状態であることを知ると、次の総督もまた同じことを繰り返すのだった。リンスホーテンは、インドに住む者は誰一人として、「どんな総督からも利益も、公共の福祉の推進も期待」することはできないと結論している。そして、「同じことがすべての要塞の指揮官にも、インドにいるあらゆる将校にも言える」のであって、彼らはただ総督が示した手本に、規模を小さくしてしたがっているだけなのだ。[*28]

ポルトガルの役人層の下では、ソルダード〔兵士〕と船員からなる小規模な軍が交易場の守備を固め、船に乗り組んでいた。彼らの存在が、ポルトガル領インドの町を不穏で危険な場所に変えていた。六月から九月までは、モンスーンが吹くために海にでられず、給料ももらえず腹をすかせた船乗りがゴアの町をうろついていた。船員の多くはポルトガルで強制徴募されてきた物乞いや浮浪者だった者か、ポルトガルの監獄で刑に服す代わりに、インドで刑期をつとめあげるよう宣告された囚人だった。喧嘩が絶えない彼らの存在は、「夜になると誰もが抜身を下げて市内を歩き、自分の身を守る」ことを意味していた。[*29] 彼らはしばしば貴族の世話になっており、食事を与えられる代わりに私兵として利用されていた。したがって、紳士同士の争いは、彼らが従者の一団を使って最後まで戦うと武力紛争にまで発展するのだった。[*30]

インドに永住していたポルトガル人の大半は、カサド〔字義どおりには既婚者の意味〕だった。つまり、商人や金融業者、店主、職人などだ。彼らのなかには、一旗揚げられるという見込みからインドに魅せられた人もいたが、その多くは兵士や船乗りで、インドで結婚して身を固めた人びとだった。アジアへ移民したポルトガル人女性は非常に少ないので、ほとんどのカサドはキリスト教に改宗したインド女性か、ポルトガル人の父親とインド人の母親のあいだに生まれたメスティーソを妻に迎えていた。ヨーロッパからの旅行者がポルトガル人と考えつづけていたのは、こうしたカサドたちだった。もっとも、女性のほうは結婚によってポルトガル人になっただけだ。このように現地の人びとと密接にかかわりながら暮らしたため、男たちはインドの習慣や風習をいろいろと身につけていた。それどころか、彼らは「無条件で土地の悪習や風習を受け入れて」いると非難する声もあった。

あるイエズス会の司祭は、ポルトガルの移住者たちの放蕩ぶりにひどく困惑し、それはインド人の影響力のせいだとしている。移住者たちは「奴隷の集団を男女の別なく、羊の群れのように買う悪習を」身につけ、若い娘と寝たあと売ってしまう、と司祭は不満を述べた。[*31]彼らは道徳的に疑わしいだけでなく、信仰上の意識のほうも怪しかった。キリスト教徒であるにもかかわらず、ポルトガル人たちの行動にはヒンドゥーの習慣がいくらか取り入れられていることに、リンスホーテンは気づいた。たとえば、飲み物を飲むときは、器を「高くもちあげて、口が触れないようにし、それでも一滴もこぼさない」のである。[*32]この技を身につければ、決して他人の唾液に触れることはなかった。ヒンドゥー教徒にとって、唾液は不浄なのだった。ポルトガルの男たちがこうした飲み方を習得していたということは、ヒンドゥー教徒の妻の不浄観を彼らが認めていたことを示している。

異文化間の交流が見られたのは、さして驚くべきことではない。なにしろ、ポルトガル人の二世代目は、インド人の母親がインドのしきたりにしたがって切り盛りしたカサドの家庭で育てられていたからだ。リンスホーテンが述べているように、女性たちはパンよりも米を好み、スプーンを使わずに手で食べつづけた。家で客をもてなすときも、ヒンドゥーの習慣にしたがって食事は男女別に用意され、まず男性に料理がだされて、女性は残り物を食べるのだった。女性が客と一緒に食事をとろうとしないことに、イギリス東インド会社の外科医ジョン・フライヤーはいらだったが、それでもポルトガル人の妻たちの料理の腕はすばらしいと彼は思った。彼女たちがつくるマンゴー・ピクルスは最高だ、とフライヤーは感激した。「また、肉を上手に調理するので、胃に大きな負担をかけることなく楽に消化される。スープやポタージュ、さまざまなシチューが小さい陶磁器の器や皿に盛られ、食べ飽きないうちに次々と入れ替わる。通常のもてなしでは、六品ほどが供される。彼らの口直しは、われわれのピクルスのような辛さがないが、心ゆくまで味わえる。実を言えば、わたしには彼らの普段の食事の仕方が、どんな国の習慣よりも好ましく思われる」[*33]。とはいえ、ポルトガル人の家庭でだされていた料理が、すべてインド風だったわけではない。移住者はたいていみなそうだが、彼らもまた祖国の味を守りつづけ、いろいろなポルトガル料理をインドにもちこんだのだった。

ポルトガルは小さな国とはいえ、その料理には幅広い文化の影響が混ざり合っている。イベリア半島の環境は豚、羊の飼育や、小麦、オリーブ、ブドウの栽培に適しており、ブドウはマスト（ブドウ液）、ベルジュース（未熟なブドウの果汁）、ビネガー（酸っぱくなったワイン）、ワインなどさまざまなものに加工されていた。しかし、ポルトガル料理には、ほかにも多様な文化からの食材とレシピが取り入れられていた。ユダヤ人移住者やイスラーム教徒の支配者は、近東からの米、アーモンド、ザクロ、柑橘類、および砂糖を伝えた。ヨーロッパの香辛料貿易は、黒胡椒、クローブ、シナモンなどの重要なスパイスを安定供給していた。さらに、一四九二年のコロンブスの航海以降、スペインとポルトガルにはアメリカ大陸からの珍しい食材も新たにもたらされた。トマト、ジャガイモ、トウモロコシ、カシューナッツ、七面鳥などだ。クローブ、シナモン、黒胡椒、サフラン、それにワインビネガーを少々入れて煮て、アーモンドの粉でとろみをつけたチキンシチューは、十六世紀のポルトガルの定番料理だった。[*34]

一方、南インドでは米が主要産物だった。鬱蒼とした森には、カルダモンの低木や胡椒の蔓、クローブの木などが茂っていた。初めて陸路インドに達したヨーロッパ人の一人であるラルフ・フィッチは、コーチン〔インド南西部、現在はケーララ州の一部〕一帯の原野に黒胡椒が茂っている様子をこう描いている。「なんら人手をかけずとも、茂みのなかで実っており、その実が熟すと、彼らは摘みにでかける。胡椒の低木は蔦に似ている。木や支柱に絡まっていないと、垂れ下がって腐ってしまうのだ。実は摘んだ当初は緑色をしている。それを天日にさらすと黒くなる」[*35]。南インドのソースには、こうした香辛料がたっぷりと入っていた。これらのソースは、タマリンド〔マメ科の常緑高木の実〕によって酸味が効いていることも特徴的だ。タマリンドはアラブの商人によってアフリカからインドに伝えられたものだ。海岸沿いにはココヤシの木立が並び、ココナッツミルクが多くのソースのベースに使われるほか、ココナッツの果肉をすりつぶしたものは、とろみをつけるために使われた。こうした二つの料理様式が合わさったことで、ゴア料理が生みだされた。

インドで暮らすポルトガル人がとりわけ不自由したのは、パン種を入れて小麦粉でつくるパンだった。南インドの人びとも、小麦粉を使ってパン種を入れない薄いチャパーティーをつくることはあったが、彼らは米の粉とレンズ豆をこねて発酵させてつくるやわらかい米のパンを好んだ。この生地からは、驚くほど多様なパンがつくりだされた。たとえば、イドリーはやわらかくてふわふわとした（軽いドーナツのような）もので、チャツネをつけて食べる。アッパムは中心部がスポンジ状で周囲はパリッとしており、カルダモンで味付けしたココナッツミルクに浸して食べると、よい朝食になる。さらにドーサもある。米の粉の薄いパンケーキに、香辛料の効いたさまざまな野菜を載せて巻いて食べるものだ。しかし、ポルトガル人にとっては、堅い皮のあるパンの味は懐かしいだけの問題ではなかった。十六世紀のヨーロッパ人にとって、小麦粉のパンは宗教的に絶大な意味をもつものだったのだ。このパンだけが、ミサをあげる際に使える唯一のものであり、ポルトガル人の定住地にはカトリックの宣教師が大勢住んでいたのである。だからこそ、ポルトガル人はパンをつくるのが非常に困難な国で、それをつくるために大いに苦労したのだった。問題は、小麦粉の白いパンを上手に焼くうえで欠かせないイースト菌が手に入らないことだった。そこでゴアの料理人は工夫を凝らし、トディー〔ヤシの樹液からできたアルコール〕を使って生地を発酵させ、みごとに成功させたと、一六三〇年代にゴアを訪れたあるヨーロッパの旅行者は評している。ポルトガル領インドでは、「小麦でできた良質の白いパン」が手に入る、とその旅行者は報告した。[*36] それどころか、ポルトガル人はインドの食の世界に、ヨーロッパ風のさまざまなパンを加えたのだ。堅い皮のある白いロールパンに、ブルブレアットと呼ばれるやわらかいクロワッサンのようなパン、甘いミルクパンのパンデローなどである。[*37] 十九世紀にインドがイギリスの支配下におかれ、イギリスの食べ物がインドに大量にもちこまれた時代でも、インド西部ではゴアのポルトガル人が焼く種入りパンに勝るものはなかったと、[*38] 休暇中のあるイギリス兵士は書いている。

イスラーム教徒がイベリア半島を支配した時代に料理面で残された遺産は、卵と牛乳を使ったデザートをつくることに料理人がいだく自負心だった。[*39] となれば、ポルトガルのパン職人が小麦のパンのほかに、そうした菓子をインドに伝えたのは当然のことだった。ポルトガル人はダリオルのような焼き菓子を得意としていた。ダリオルは、牛乳（中世のヨーロッパの料理人は日持ちのするアーモンドミルクを使うことが多かったが）、[*40] 卵、ときには果物、魚、あるいは骨髄なども使って、焼き型に入れてつくる菓子だ。彼らが得意とするもう一つの菓子は、香り付けしたカスタードだった。インドでは通常、菓子は牛乳が固まるまで煮詰めるか、レンズ豆を挽いてギーと一緒に固めて、カルダモンのような香辛料で味付けしてつくられていたので、これはまったく新しいスタイルのデザートだった。

一六三八年に東インドを旅した若いドイツ人アルベルト・マンデルスローは、ゴアの聖パウロ学院で食事をした際に、ポルトガルの菓子を堪能した。このイエズス会の大学では、改宗した若いインド人を対象に、キリスト教の教養とラテン語、ポルトガル語、それに音楽を教えていた。[*41] 学院のテーブルには「果物とパン」が用意され、人びとは「小さな陶磁器の皿に」盛られて、「いずれもすばらしい味に調理された肉および魚のコース料理」を食べていた。食事の終わりには、「タルト、フロランタン、ポルトガル風に調理されてよい香りのする卵菓子、マジパン、砂糖漬けの干菓子と砂糖煮」というすばらしいデザートがでてきた。[*42] ポルトガルのパン職人は料理の技術をインド人妻に伝え、まもなく彼女たちは上等な菓子をつくることで評判になった。

ベンガルでは、ポルトガル人の菓子づくり技術はマグ族〔ラカイン族〕に教え込まれた。マグ族は、ベンガル湾を渡って東南アジアまで航行するアラブの商船で、昔から甲板員や料理人として雇われていたベンガルの仏教徒だった。ポルトガル人がベンガルのフーグリー川に根拠地を築き、アラブ人を貿易から締めだした際に、彼らは船上でマグ族を雇うアラブの伝統もそのまま引き継いだのだった。まもなく、マグ族の料理人は熟練したパン職人や菓子職人になった。[*43] ベンガルでは多数のパン屋が店を開き、甘いものに目がないことで知られるベンガル人に、サクサクとした軽い焼き菓子や繊細な味付けの卵菓子を売るようになった。インドの食べ物の質を一般に酷評していたフランス人のフランソワ・ベルニエですら、ベンガルは「上等なコンフィッツ〔クルミや果実の入った糖菓〕

のある場所だ。ポルトガル人のいる地域であればなおさらいい。彼らはコンフィッツづくりでは抜きんでており、この菓子で商売を繁盛させている[*44]」と述べている。二〇〇年後、ゴアのパンを褒めた例のイギリス兵もこう認めている。ポルトガル人の地位は落ちたものの、「彼らの子孫はこの一点においては、質を落としていない」、と[*45]。

時代とともに、ゴアの料理人たちはポルトガルのケーキに使われていたヨーロッパの食材を、インドで簡単に手に入るもので代用するようになった。新鮮な牛乳やアーモンドミルクの代わりに、ココナッツミルクが使われた。ヤシ樹液からつくった粗糖の堅い塊であるジャガリーが、ヨーロッパで使われる精製された砂糖に取って代わった。〔攪拌しただけの〕新鮮なバターではなく、ギーが使用されるようになった。小麦粉の代わりに、もっと手に入りやすく安い米の粉が代用された[*46]。こうして、ゴアの菓子は明らかにポルトガルのケーキや焼き菓子に由来しながら、まぎれもなくインドの味のするものになった。ベビンカは、ポルトガルのケーキづくりの伝統をゴア風に取り入れた典型例だ。これはココナッツミルクと卵、ジャガリー〔および米粉または小麦粉〕を混ぜ合わせたものからつくる。この生地を鍋に薄く伸ばして焼いて、その上にまた薄い層を加えていき、パンケーキを重ねたような一連の層ができるまでそれをつづける。理想を言えば、このケーキは土釜を使ってココナッツの殻を燃料にして焼くべきものだ。そうすることで、燻した味がでてくる。ベビンカはポルトガル人とともにマレー半島に伝わり、そこからさらにフィリピンにも渡ったが、フィリピンでは時間のかかる層づくりは省略されるようになった。フィリピンから、ベビンカは驚くような旅をつづけてハワイにまで到達し、そこでバター・モチに姿を変えた。これは米の粉を使ったファッジのようなデザートだ。[*47]

ポルトガルの料理は、極端に肉中心のものだった。なかでも、子羊、豚、牛の肉が最も好まれた。豚肉はもちろん、イスラーム教徒には禁じられており、牛肉はヒンズー教徒が食べられないうえに、インド人の多くは菜食主義者だった。土着の人びとの感情にはおかまいなしに、ポルトガル人はこれらすべての肉をできるかぎり食べつづけた。これは珍しいことではない。むしろ、驚くべきなのは、彼らがポルトガル領内にいるインド人の食習慣を逆に変えることに成功した点だった。一六五〇年代には、ジャン＝バプティスト・タヴェルニエが、「ゴアの住民の通常の食べ物」は牛肉と豚肉だったと報告しているし、今日でもゴアのキリスト教徒は豚肉を中心に、多くの肉を使う。[*48]インドのほかの地域では、ヨーロッパの植民地がこれほどの影響力をおよぼした例は見られない。イギリス人が植民地の民を説得して、肉食に関する禁忌を忘れさせたことは確かになかった。ポルトガル人がこの離れ業をなしとげたのは、一五四〇年代にインドに足場を築いてからわずか数年のうちに、キリスト教への大々的な改宗運動をおこなったからなのである。

イギリス船のアレグザンダー・ハミルトン船長によれば、十七世紀末のゴアは「インドのローマ」だった。なにしろ、ゴアはカトリックの宣教師であふれていたからだ。ハミルトンは彼らを「悪名高い偽善者の集団」で、ローマ・カトリック教会のなかで最も「熱狂的な妄信者」だと考えていた。十六世紀なかばにポルトガル人がインドに拠点を築いていたころ、ヨーロッパでは対抗宗教改革が始まったばかりだった。攻撃的なカトリック信仰のスペインから強い影響を受けていたポルトガル人は、インドにも宗教関係者を連れてやってきた。ゴアではいくつもの教団が修道院を創設し、修道士たちは一五四〇年代を通じてインドの人びとを改宗させようと懸命の努力をつづけた。祖国ポルトガルで一五三一年に設置された異端審問所は、一五六〇年になるとインドにも導入され、改宗者のあいだにキリスト教の信仰をしっかりと根づかせようと試みていた。[*49]ゴアの異端審問所は恐ろしく厳格なことで評判になり、異端審問が身近に迫ってきたという知らせは、多くのポルトガル人世帯を青ざめさせた。

ある逸話によれば、一人の男は異端審問に遭遇したのち、みごとな実のなるマンゴーの木を根こそぎにしたという。異端審問官からの使者がその男の戸口に現われたのだ。訪問そのものはなんら危害のおよぶものではなく、異端審問官はただ、その有名な木になったマンゴーを味見したかったのだ。持ち主の男は籠いっぱいのマンゴーを贈ったが、恐れおののき、二度と同じ目にはあいたくないと考えたのだった。[*50]イエズス会士は弱者を痛めつけており、おかげでゴアの平信徒は「腐りかけているか、臭い魚」ばかり食べさせられている、とハミルトン船長は主張した。漁師も聖職者が必要な分をすべて買いあげるまで、あえて一般の客に売るような真似はしなかった。その一例として、ハミルトンはある友人の紳士の話を語っている。友人は漁師から最後に残っていた新鮮な魚を買ったところ、そのすぐあとに一人の司祭がやってきて、買った魚をよこせと要求された。彼が断り、「友達と一緒に食事をするので、分けるわけにはいかない」と説明すると、司祭は「口汚い言葉」でののしった。友人が辛辣な言葉を返すと、司祭は激昂して、その紳士を破門すると脅した。ことがようやく収拾したのは、ハミルトンの友人がなんらかの金を支払い、大司教の前でひざまずいて許しを請うという屈辱を味わったのちのことだった。[*51]

異端審問所は設立されるとすぐに、ポルトガルが支配する地域で一連の厳しい措置をとって、ヒンドゥー教を一掃した。インドに異端審問所がおかれてから七年後には、ポルトガル領内にあったほぼすべてのヒンドゥー教の寺院が破壊されていた。バラモンは全員、資産を売って領土をでるようにという勅令が発せられた。あとに残ったヒンドゥー教徒も多くの宗教儀式を禁じられ、キリスト教の説教会に出席するよう命じられた。公職はすべてキリスト教徒のために確保するように命ずる布告もあった。孤児（父親が死亡している子供と定義されていたが、インド人の母親は生存していることが多かった）は教会に保護され、キリスト教徒として育てられた。これに対抗して、ヒンドゥー教徒は大挙してポルトガル領インドを離れたのだった。[*52]

居残った者は強制的にキリスト教に改宗させられた。一五五〇年には改宗者はゴアの人口の五分の一にすぎなかったが、一六五〇年には三分の二がカトリック教徒になっていた。[*53] しかし、こうした改宗が本心からのものであると錯覚していない司祭も、少なくとも一人はいた。この司祭はローマにいる指導者のイグナティオ・ロヨラ［原文ママ］に、絶望的な手紙を書き送り、こう記している。「この国でキリスト教徒になった人びとは、単に一時的な利得のためにそうしたにすぎません……ムーア人やヒンドゥー教徒の奴隷が洗礼を求めるのは、ポルトガル人の手で奴隷の身分から解放してもらうためなのです。ほかの者は圧制者からの保護を求めるか、ターバンやシャツなど、彼らが欲しがっているくだらないもののためか、絞首刑を免れるためか、キリスト教徒の女性と交際できるようになりたいために洗礼を受けています。心から信服して信仰を受け入れている人は、愚か者とみなされています。秘蹟を受けたいという意志を表わせば、いつでもどこでも、なんの教えもなしに洗礼は受けられ、多くの者はまた異教信仰に戻っていきます[*54]」

ヒンドゥー社会の底辺にいる人びとにとって、改宗はカースト制度の抑圧から逃れる手段だった。改宗者の大半は、虐げられた部族共同体や下位カースト、不可触民の出身者だった。神の前の平等というキリスト教の原理は、彼らに社会的・経済的地位を向上させる手段を与えるものに思われたのだ。動機はほかにもたくさんあった。改宗した未亡人や孤児には、夫または父の資産を相続する権利が与えられた。教会は改宗者に食料（クリスマスの昼食など）、衣服、持参金、医薬品、葬式をだす費用を提供してくれた。[*55] 彼らはまた、上位カーストの人びとは、彼らの特権と社会的地位を守るために改宗した。彼らはまた、改宗して新しいヨーロッパの支配者と近づきになれば、新たな仕事の機会が開けることにも気づいた。

当初は改宗者の数を増やすことに成功したものの、異端審問所は規則を施行するのが困難であることを悟った。教令が発布されるたびに、インドの住民が大量にポルトガル領から逃げだすため、ヨーロッパ人は農業労働者、職人、工匠、船員などに事欠くようになった。ポルトガルの統治の矛盾は、ある役人の書簡によく表われていた。この役人は、ヴァサイ港の周辺で布教活動がおこなわれているにもかかわらず、ポルトガル船はまだ乗組員を雇えるとありがたそうに報告している。通商と金融という不可欠な分野では、ポルトガル人はヒンドゥー教徒の商人、金貸し、および徴税役人に頼りきっていた。胡椒の調達に関する重要な契約ですら、エリート集団であるサラスワット・バラモンが扱っていることが多かった。[*56] 教会はしばしば（少なくとも一五五九年、一五八二年、一五九一年には）「政府の要職の多くが、王からの認可がないにもかかわらず、ヒンドゥー教徒によって占められている」と不満を述べている。しかし、経済のためには、ポルトガル人も法律に多くの例外をつくらざるをえなかったし、通商や金融上のパートナーの信仰についても、目をつぶらなければならなかった。

改宗者にキリスト教の習慣を教え込み、キリスト教徒的な生活様式を確立させる闘いは遅々として進まなかった。教会がヒンドゥー教の風習を禁止する同じ教令を二〇〇年近く定期的に発布しつづけたという事実は、その効果が部分的にしかなかったことを明らかにしている。一五八〇年代にだされたある絶望的な教令は、「多くのヒンドゥー教徒が昔ながらの儀式に逆戻りしつづけている」ことを指摘しており、一六三三年にも教会は再び、改宗者が偶像を崇拝しているのがまだ見つかっていると不満を述べている。一七三六年になってもまだ、異端審問所は何百ものヒンドゥー教の風習を非合法化する長いお触れをだしている。これらは十六世紀、十七世紀にすでにポルトガル領では禁止されたものだった。このリストは、インドの改宗者の多くが牛を崇めつづけ、牛糞を床に塗って清め、調理方法と食事の仕方に関するヒンドゥーの決まりを守りつづけていたことを明らかにしていた。教会は信者に豚肉と牛肉を避ける必要はないことを思いださせ、「料理をしに台所に入る前に、ヒンドゥー教徒のあいだで習慣になっているように、服を着たまま沐浴する」必要もないと諭したが、効果はなかった。また、米を調理する際には、「塩は使わず、ヒンドゥー教徒が習慣としているように、あとから好みに合わせて塩を加える」べきでもない、とも言い聞かせた。[*57]

ゴアの村人たちは、ひそかにカトリック教会に抵抗しつづけた。村の寺院の多くは破壊され、代わりに教会が建てられたけれども、そこに祀ってあった神々の像は村人の手で救いだされていた。こうした神々は近隣の地方にある村までこっそりと運ばれ、そこで新たな寺院に安置された。神々と元の村とのつながりは、今日でも残っている。神々の一部はのちに元の村に戻り、その他は年に一度、故郷に戻ってくる。カトリック教徒もヒンドゥー教徒も、助言や慰めを求めるときには、しばしば災難を免れたこうした神々の寺を訪れる。[*58]

ゴアの人びとは、ときには情け容赦ない弾圧を受けながらも、ヒンドゥー文化を失うことなく、キリスト教の枠組のなかで自己認識《アイデンティティ》を保ちつづけることができた。[*59]司祭たちのいらだちをよそに、インドの改宗者は得てしてカトリック教をヒンドゥー教の一形態として信奉していた。教会は一般に、檳榔子を儀式に使うような、異教的な装飾物を一掃することには成功したものの、儀式そのものはあまり弾圧できなかった。あるイエズス会士は手紙に、ディヴァールの小教区で改宗したばかりの人びとが、毎年、米の収穫に感謝の祈りを捧げるヒンドゥーの占星術師の役目を、司祭が受け継ぐべきだと主張したと記している。村人たちはイエスと聖パウロの名前が書かれた旗を掲げて教会にやってきて、祭壇の階段に稲穂の束をおいた。[*60]同様に、ヒンドゥー教徒が結婚式で新郎新婦にかける牛乳、ターメリック、ココナッツオイルを混ぜた液体は、無難なココナッツミルクに取って代わられた。通常、結婚式で新しいチョーラ〔料理用ストーブ〕の下におかれるキンマの葉と檳榔子の代わりに、ヤシの葉でつくった十字架が使われた。[*61]それでも、上位カーストの改宗者は自分たちのカースト内の人びとと付き合い、結婚しつづけたし、そのカースト名を維持して、新しい洗礼名と名字のあとに、その名を付け加えていた。

十九世紀になると、ゴアの人口の大半は日曜日のミサに出席するようになり、洋服を着て顎ひげを剃り、ポルトガル風のバンガロー（ベランダ付きの平屋）に住むようになった。何よりも驚くべきなのは、彼らが酒を飲み、豚肉と牛肉を喜んで食べるようになったことだった。実際、一八五〇年代にパンジム（ニューゴア）にやってきた人は、「通りに餌をあさるさまざまな汚らわしい豚があふれている」ことから、キリスト教徒の町に入ったことがすぐにわかったとしている。[*62] 肉食を好むポルトガル人の考え方を受け入れることは、低位カーストの改宗者のあいだでは特に驚くべきことではなかった。彼らは食事制限に関して厳格ではなかったし、改宗する前ですら、かならずしも肉を食べることを忌まわしいとは考えていなかったからだ。

しかし、特筆すべきなのは、上位カースト出身の裕福なカトリック教徒が、豚肉と牛肉を食べることを何よりも重視した点だ。これは彼らの社会のなかで、カトリック教徒がすでにアウトカースト〔カースト制度外の人、通常は不可触民を指す〕とみなされていたためだった。彼らが高い地位を保つには、ポルトガル人の支配者とできるかぎり近づきになる以外にすべがなかった。そこで、彼らは植民地支配者たちの信仰を奉じただけでなく、ポルトガルの言語、教育、衣服、食事を心から信奉したのだった。こうして、ゴアでは、豚肉や牛肉の料理が威信のオーラに包まれるようになった。[*63] インドでは異端審問所は一八一二年に廃止されたとはいえ、ついに闘いに勝ったのである。

ポルトガル人はキリスト教に改宗した人びとに、豚肉を食べるように説得しただけでなく、その料理の仕方も教えた。ゴア料理で最も有名なのは、間違いなくヴィンダルーだろう。いまやインド料理店ならほぼどこにでもある定番料理だ。イギリスの男たちは

（さらに辛いパルが出現するまでは）、パブでラガービールを数杯飲んだあと、ヴィンダルーを食べて男らしさを証明したがった。そして、一九九八年のワールドカップ・サッカーのイギリスのファンは、英国らしさの象徴として、応援コールにヴィンダルーを（紅茶、編み物、チェダーチーズとともに）含めたのだった。

イギリス人とヴィンダルーの最初の出合いは、一七九七年のゴア侵略のときだった。当時、インドではポルトガルだけでなくイギリス、オランダ、フランスが加わり、実入りのいい香辛料貿易の支配をめぐって激しく衝突していた。ポルトガル領インドを一七年にわたって支配した期間に、イギリス人はゴア料理のすばらしさを発見した。彼らはカトリック教徒の料理人であれば、煩わしいカースト制度や宗教上の制限に縛られないことを知って安堵した。ヒンドゥー教徒やイスラーム教徒は、牛肉や豚肉を料理するのを禁じられていたからだ。イギリス人は一八一三年にこの地を離れたとき、ゴアの料理人を一緒に連れていった。[*64] こうして、ヴィンダルーはイギリス領インドに広まり、そこから本国のイギリスへと伝わった。

ヴィンダルーは一般にはインドのカレーとみなされている。しかし、実際にはポルトガル料理のカルネ・デ・ヴィーニョ・エ・アリョス、つまりワインビネガーとニンニクで料理する肉をゴア風に仕立てたものなのだ。[*65] ヴィンダルーという名前は、ヴィーニョ・エ・アリョスが訛ったものにすぎない。ポルトガル人はとりわけ、ワインビネガーに漬けたあと調理した肉の、酸っぱいながらもフルーティな味を好んでいた。[*66] ところが、インドにやってきた彼らは、インド人が酢をつくらないことに気づいた。南インドでは、タマリンドと黒胡椒を合わせて使い、似たような酸味と辛味をつくりだしてはいたのだが。フランシスコ会の司祭が工夫を凝らし、ヤシ樹液を発酵させたアルコールのココナッツ・トディーから酢をつくることで、この問題は解決したと言われている。この酢をタマリンドの果肉と大量のニンニクと混ぜ合わせたところ、ポルトガルの料理人も満足のできる味になった。この基本となるソースに、彼らは黒胡椒、シナモン、クローブなどのガラムマサラ〔香りづけ用の混合香辛料〕を加えた。ヴァスコ・ダ・ガマが一四九八年にマラバル海岸にたどり着いた際に、探し求めていたのはこれらの香辛料だ。しかし、ヴィンダルーのざらざらしたソースで味の決め手となった材料は、唐辛子だった。南米のスペイン人と同様に、インドのポルトガル人も唐辛子の辛い味を好むようになっていた。ヴィンダルーでは大量の唐辛子が使われた。レシピによっては、赤唐辛子を二〇本も必要とするものもある。

ヴィンダルーもしくはビンダルーのレシピ――W・H・ドーによるインド料理の本『主婦のためのインド料理の手引き』から、ポルトガルのカリー

最高のヴィンダルーはからし油でつくる……牛、豚、あるいはアヒル肉でも、このすばらしいカレーはつくれる。材料は次のとおり。ギーを6チタック*、ラ

ードまたは油でもよい。ニンニクのすりおろしを大さじ1、ニンニクをつぶしたものを大さじ1、生姜のすりおろしを大さじ1、唐辛子を挽いたものを小さじ2、コリアンダー・シードを小さじ1、コリアンダー・シードを炒って挽いたものを小さじ½、ローリエまたはテジパットを2〜3枚、胡椒を¼チタック、クローブ6個を炒って挽いたもの、カルダモン6個を炒って挽いたもの、シナモン・スティック6本、酢を¼パイント。牛または豚を1シア用意し、大きく四角に切り分け、酢に塩と前述の挽いた香辛料を入れたものに一晩漬ける。ギー、ラードまたはからし油を、一晩漬けた材料とともに熱し、そこに肉、胡椒とローリエを入れ、肉が充分にやわらかくなるまで二時間ほど弱火で煮込む。豚肉でヴィンダルーをつくるときは、クローブ、カルダモン、シナモンは省く。[*67]

＊1チタックは約1オンス（28・35g）、1シアは約1kg、1パイントは0・47ℓ。

実際、唐辛子はゴア料理の中心的な食材となった。魚料理、野菜料理、ソーセージ、豚肉料理はほぼいずれも、唐辛子が含まれている。これらの料理の多くは、ポルトガルのレシピに手を加えたものだった。こうして、豚肉、臓物、血を煮込んだポルトガルのソルポテルは、トディービネガーと香辛料を加えることで、もっと辛い料理になった。新しい食材の発見に熱心な南インドの料理人たちは、サバ、ウナギ、サメを赤唐辛子、黒胡椒、タマリンド、酢、乾燥させた果皮などで調理したアンボット・ティック（酸っぱくて辛いという意味）をつくりだした。[*68] このように調理方法をやりとりした結果、ポルトガルの食材（たとえば豚肉）――その一部はイベリア半島の料理におけるアラブの影響に由来する（ドライフルーツなど）――とポルトガルの技法（酢に漬けて調理するなど）が、南インドの香辛料を混ぜ合わせたものと、酸っぱいタマリンドのペースト、ココナッツフレーク、ココナッツミルクとうまく融合したのだ。ただでさえコスモポリタンなこれらの料理に、新世界で発見されたばかりの唐辛子のような素材がさらに加わった。こうして、ゴア料理の辛いソースのなかで、ヨーロッパ、アジア、アメリカという三つの地域の食の歴史が結びついたのである。

唐辛子はポルトガル人が新世界からインドにもちこんだ多くの新しい食材の一つでしかない。たとえば、七面鳥は非常に珍しいものとみなされていた。ジャハーンギール帝の命令を受けゴアで購入された七面鳥はムガル宮廷に運ばれ、そこでこの珍鳥の絶妙な姿が描かれている。ただし、七面鳥の肉が一般的になったのは、イギリス人がやってきてからのことだった。

より成功をとげたのは、新世界の果物だった。ポルトガル人によってパパイヤ、カスタード・アップル〔釈迦頭、バンレイシ〕、グワヴァがアメリカ大陸から伝えられ、いずれもそれ以降インドの食生活に取り入れられている。しかし、なかでも人気があったのはパイナップルだった。コロンブスは、西インド諸島への二度目の航海（一四九三年）でこの果物に出合った。スペイン人はパイナップルに夢中になった。スペインの歴史家オビエドは『インディアス自然一般史』(一五三五年)のなかで、感動してこう記している。「食べてみると実に食欲をそそり、実においしく、たたえようにも本当に言葉がでてこない……。わたしが訪れた世界中のどの地で見た果物よりも美味である」。アメリカに渡った人びとはパイナップルの味にすっかり虜になって、この果物と苗を他国へ運んだ。[*69] ポルトガル人がインドにパイナップルを伝えたのは一五五〇年だったと言われている。一六〇五年にジャハーンギールが即位したころには、ポルトガル領の港の多くにパイナップルは植えられていた。前章で述べたように、ジャハーンギールはとりわけ果物に目がなく、アーグラにパイナップル畑をもっていて、自分の食卓に届けさせていた。[*70]

パイナップルは今日ではインドの市場で見慣れたものになったが、カナラ族〔南西部のドラヴィダ語族の一つ〕にはこれを疑いの目で見る人が多い。新しい食材は一般に、アーユルヴェーダの熱い食べ物と冷たい食べ物のカテゴリーにしたがって分類され、それによって食事のなかに組み込まれる。果物は甘いため、一般に冷たい食材に分類される。しかし、パイナップルは甘くても、熱く危険な食べ物としてみなされることが多い。乾燥した土地に肥料をまいて栽培されたため、身体を熱くすると考えられているからだ。カナラ族の村人でパイナップルを味見した人は、しばしばそのあとで口内に水泡ができたと主張する。[*71]

ポルトガル人がインドにトマトとジャガイモを伝えたのはほぼ間違いないが、これらの野菜がインドの食の世界に入り込んだのは、イギリス人が料理人にその使い方を教えたのちのことだった。もっとすんなりと受け入れられたのはカシューナッツだった。カシューの木はいまでもゴアや、さらに南のケーララ州の海岸沿いに植えられている。南インドの人びとは、このナッツを丸ごとシーフード・プラオにエビと一緒に入れたり、砕いてソースにとろみをつけたり、粉にしてカジュカトリと呼ばれる銀箔を飾った乳白色の甘い菓子をつくったり、はたまたカシューの木の花柄を砕いて果汁を絞り、それを醸造してフェニと呼ばれるきわめて強い蒸留酒をつくったりする。*72 ゴア州パンジムの裏通りには、薄暗いフェニのバーが点在しており、そこで老人たちがラジオでクリケットの試合中継を聞きながら、この強烈な酒をすすっている。

ポルトガル人がインドに伝えたあらゆる飲食物のなかでも、唐辛子は間違いなく彼らの食の遺産で最も重要なものだった。とはいえ、十七世紀末でも、唐辛子はまだ主としてインドの南部だけで使われていた。ポルトガル人がカリカットに上陸してから二世紀を経ても、唐辛子はまだヒンドゥスターンの北部の平原まで広がってはいなかったのだ。唐辛子はマラータ族とともに伝わった。彼らはインド中部のデカン高原にいた荒っぽく反抗的な一派で、ムガル人とポルトガル人の双方の勢力を衰退させる一因となった。マラータ族は、彼らが住んでいる岩山だらけの土地と同様に、落ち着きがなく危険な存在だという評判だった。十七世紀にこの一帯を訪れたあるイギリス人は、彼らを「飢えた裸のならず者たちで……粗末な食べ物とすばやい移動に慣れていて、娯楽にふけることはほとんどない」[*73]と評した。アクバルは一五九〇年代にマラータ族を征服したが、その八〇年後、彼らはムガルの支配者を追いだして、自分たちの土地と接する地域を襲撃しはじめた。ムガル帝国最盛期の最後の皇帝アウラングゼーブは、生涯の多くをマラータ族との戦いに浪費した。皇帝はマラータ族の指導者シヴァージーを「彼の山の鼠」と呼んでいた。マラータの騎馬兵はムガル軍の長い隊列や重砲に奇襲をかけて大損害を与えたあげくに、山のなかへ姿を消した。[*74]一七三五年にはマラータ族はインド中部のマールワにまで侵入し、一八一八年にイギリス軍に敗北するまで、インド中部および南部を広域にわたって支配しつづけた。

インド北部の学者で詩人でもある人物は、マラータ族が「血の気が多く、温かみのない」気質なのは、「食べるものすべてに辛い唐辛子を入れる」せいだとしている。この習慣ゆえに、彼らは好戦的で頑ななのだ、と彼は主張した。それに引き換え、ムガル人は米のプラオやアーモンド菓子や中央アジアの果物といった食事に慣れていたので、弱々しく無能になったのだ、と。これは、それなりに真実味のある見解だった。ムガル軍将校はデカン高原に配属されると、丘陵地の要塞で余儀なくされる過酷な軍隊生活に青ざめた。彼らは都会での生活を恋焦がれた。クッションの上でくつろぎワインを飲んでアヘンを吸い、プラオを食べて美文調の詩に耳を傾け、踊り子たちと戯れる生活だ。あるイギリス人は軽蔑をこめて、彼らは「夕食は得られても戦利品を逸する」だろうと述べた。ムガル人の身体は、「このような不毛で不穏な土地には不向き」だった、と彼は決めつけている。[*75]

唐辛子はいまなお強い効力のある食品と見なされている。ジャイナ教徒は唐辛子をラジャシックな食材として分類する。穀物や豆類、果物、野菜のようなサトヴィックな食品は節度あるふるまいと穏やかな感情を促進すると考えられているのにたいし、ラジャシックな食べ物は怒りと憎しみを引き起こすと言われている。[*76]

マラータ族は、ポルトガル人にとっても厄介な存在だった。彼らの怒りっぽい気質を助長したとされる香辛料を伝えた責任は、ポルトガル人にあるのだが。十七世紀を通じて、マラータ族はポルトガル人の定住地を破壊した。

一七四九年には、ポルトガルには四つの領土しか残っていなかった。ディウ、ダマン、ヴァサイ、およびゴアである。[*77]コーチンはオランダに占領されていたし、香辛料貿易の支配権は事実上、イギリスに奪われていた。ゴアそのものも、マラリアとコレラが蔓延して住民に大きな被害がでるにつれて衰退していき、十九世紀なかばには放棄された。残された人びとは近くのパンジムの定住地に移り、あとにはごく少数の修道士だけが残って、大邸宅や大寺院、教会が徐々に廃墟と化していくのを見守った。しかし、マラータ族はポルトガル人を屈服させるうえで一役買いはしたものの、彼らのほうも唐辛子というポルトガル人の遺産をインド北部の平原へ広める結果になった。血の気が多く、温かみのない彼らの気質を唐辛子を多く使う食事のせいだとした詩人は、こんな事実にも目を留めていた。「ここ一〇年間から二〇年間に、これらの人びとがインド北部へ広がっていくうちに、行った先々の住民も辛い唐辛子を使うことを覚えた。それ以前はめったに見られない習慣だったが[*78]」

ジャガリー（パーム糖）か赤砂糖　　少々
カレーリーフ（砕く）　　数枚

●翌日、大きめの鍋に油を熱し、熱くなったらマスタード・シードとシナモン・スティックを加える。

●マスタード・シードがはじけだしたら、玉ねぎを入れて茶色く色づき始めるまで中火で炒める。肉とマリネ液を加え、すべての肉に焼き目がつくまで炒める。水を加え、塩を少々入れる。蓋をして火を弱め、10分ほど煮る（豚肉の場合は長めに）。

●蓋をとり、火はごく弱火のまま、肉がやわらかくなって、ソースにとろみがでるまでゆっくりと煮る（アヒルなら約30分、豚なら1時間。焦げないように水を少々加える必要があるかもしれない）。

●肉がやわらかくなったら、ジャガリーか赤砂糖を加えて、カレーリーフを粉々にしたものを散らし、さらに3分ほど煮る。それから盛りつける。

〈p. 122の続き〉
黒胡椒　10粒
ターメリック　小さじ½
生の赤唐辛子（細かく刻むか、少量の水とともにミキサーですりつぶす）　2本
ヤシ酢またはワイン酢　大さじ1
タマリンド・ペースト　大さじ1
ニンニク（つぶす）　大1かけ
生姜（皮をむいてすりおろす）　1片

●鋳鉄のフライパンで乾燥した唐辛子、クミン・シード、ポピー・シード、クローブ、胡椒およびターメリックを1～2分炒める。これらの香辛料をコーヒーミルで挽いて細かい粉にする。生の赤唐辛子、ワイン酢、タマリンド、生姜、ニンニクとともにボウルに入れて、ペースト状のマリネ液に仕立てる。
●肉を加えて再び混ぜる。アヒル肉（または豚肉）がすべてマリネ液に浸かるようにする。蓋をして一晩冷蔵庫に寝かせる。

ソース
サラダ油　大さじ4～6
黒いマスタード・シード　小さじ1
シナモン・スティック　2cm
玉ねぎ（みじん切り）　大1個
水　300mℓ

【ヴィンダルー】

このゴア料理は、豚肉をマリネにしたあと、酢で煮込むポルトガル人の嗜好と、インド南部の香辛料と大量の唐辛子とを結びつけたものだ。ヴィンダルーのレシピのなかには、生の赤唐辛子を20本も使うものもある。ヴィンダルーをどれだけ辛くするかは好みの問題だ。このレシピは辛いが、涙がでるほどではない。非常に辛いのがお好みであれば、赤唐辛子を生でも乾燥したものでも好きなだけもっと入れて構わないし、黒胡椒を加えてもよい。最初に唐辛子の種をとると、さほど辛くなくなる。赤唐辛子を少量の水とともにミキサーで攪拌してからペーストに加えると、辛味がきわだつ。伝統的なヴィンダルーは豚肉でつくるが、イギリス人はアヒル肉のものを最も好み、わたしもそれは同感だ。ヤシ酢かジャガリー（パーム糖）が手に入れば、とりわけゴア風の味に仕上げることができる。3～4人分。

アヒルの胸肉2～4枚（またはシチュー用豚肉700g）を四角く切る。

ペースト

乾燥した大きい赤唐辛子　2本

クミン・シード　小さじ1

ポピー・シード　小さじ1

クローブ（ホール）　4～6個

〈p. 121に続く〉

〈p. 124の続き〉

●直径12センチくらいの深めのパンを用意し、溶かしバターを大さじ1入れて、予熱したオーブンに入れる。熱くなったらとりだして、1.5センチくらいの厚さになるまで、底にタネを流し込む。オーブンに入れて、しっかりと焼き目がつくまで約2分焼く。オーブンから取りだし、焼きあがった層の上に溶かしバターを小さじ2強かけ、オーブンで温める。それから、最初の層を5ミリほどの厚さでおおうように生地を入れる。生地と溶かしバターがすべてなくなるまで、この作業を繰り返す。生地の各層が同じ厚さになるようにすること。最後の層は溶かしバターにする。

●冷めたら皿の上にとりだし、最初の層を下にしておく。炒ったアーモンドを細長く割ったものを少々飾る。切り分けて食べる。

【ベビンカ】

パンケーキを重ねたゴアのレイヤーケーキ。小麦粉と牛乳を使ったポルトガルのケーキを改良したものだった。つくるのは手間がかかるが、レイヤーケーキの効果は抜群だ。本来は、ココナッツの殻を燃料にした火の上で焼くが、現代のオーブンでも充分にうまく代用できる。10〜15人分。

キャスター糖〔細かいグラニュー糖〕(手に入ればジャガリー)　1kg
ココナッツミルク　750mℓ
卵黄　20個分
上新粉　100g
ナツメグ・パウダー　小さじ½
カルダモン・エッセンス　小さじ1
(またはカルダモン・パウダーを小さじ約⅛)
溶かしバター　250mℓ

●キャスター糖をココナッツミルクに入れ、溶けるまでかき混ぜる。
●卵黄をとろりとするまで強く攪拌し、そこに上新粉を入れてなめらかになるまでよくかき混ぜる。これをココナッツミルクと砂糖を混ぜたものに加え、さらにナツメグとカルダモンを入れる。

〈p.123に続く〉

〈p. 126の続き〉
ーにかけてペースト状にする。必要であればもう少し水を加える。蓋をしてこの生地を一晩寝かせる。この生地にベーキングパウダー、砂糖、牛乳を少量入れて生地を伸ばす。

●こびりつかない加工のされた小さい中華鍋か丸底の鍋と蓋に無味無臭の油を少量塗る。鍋を高温に熱し、鍋の壁面にお玉を使って生地を塗る。お玉の¼ほどの分量を鍋の中央に流し込む。蓋をして2分間熱する。アッパムの縁はカリカリとしたごく薄い茶色に、真ん中は厚みがあってやわらかく、しっとりするまで焼く。(砂糖がカラメル化して、縁が茶色くなる。)アッパムを温めた皿の上にとり、同じ作業を生地がなくなるまでつづける。

【ヤシュ・ムサンナーのアッパム】

レシピは複雑だけれど、インド南部のやわらかい米のパンは西洋でよく知られているので、ここに含めた。アッパムはつくりたてのチャツネと一緒に食べるか、アーモンドとカルダモンで味付けした温かい牛乳に浸すととてもおいしい。汁気の多いココナッツミルクのソースを吸いとるのにも便利。要は、中心部をふんわりと厚くし、外側はパリパリと薄く仕上げるようにすることだ。これはヤシュ・ムサンナーのレシピで、彼女は子供のころ、アッパムに卵を加えて一緒に食べていた。卵をアッパムの真ん中に割り入れると、加熱されるうちに生地のなかに埋もれていったという。4～6人分。

米　450g
炊いた米　225g
ココナッツ（果肉をかきだす）　225g
ベーキングパウダー　小さじ½
砂糖　小さじ2
牛乳　少量
油　少量

●米は2時間以上水に浸けておく。水を切り、浸けた水も一部残しておく。水に浸けた米を、炊いた米とすりつぶしたココナッツとともに混ぜ、取っておいた水を少々加えてミキサ

〈p. 125に続く〉

「皇子たちがバーブルのために用意したガチョウのローストなどの正餐」(1507年)　アーサフ・ハーンがエドワード・テリーとトマス・ローのために催した饗宴にもよく似た屋外の正餐。米と肉の料理が金色の器に盛られてダスタルクワン(テーブルクロス)の上にたくさん並べられ、そのまわりに会食者があぐらをかいて座っている。東洋・インド省コレクション、Or.3714, f.260b

「カンディバダムのアーモンドの収穫」　ムガル人が建設した道路伝いに、大量のナッツとドライフルーツがインドに輸入されたおかげで、インド北部、中央アジア、およびペルシア一帯の交易は促進された。ムガル帝国時代に、インドの料理人は挽いたアーモンドでソースにとろみをつける方法を習得した。東洋・インド省コレクション、Or.3714, f.6b

「召使に本をもたせて読むポルトガルの男」（1595年頃）ポルトガルの役人はインドで贅沢な暮らしをしていた。一人の召使がこの男性のために本を支えるあいだに、別の者たちは飲み物の用意をしている。ポルトガル人のパン職人は、香りのよいカスタード、タルト、香り付けしたマジパンなどをつくることでよく知られていた。東洋インド省コレクション、J.16,6

かつてのゴアの穀類と米の商人も、現代のこの穀類売りと同じように、店の前に商品を山盛りにしていた。「プシュカルの穀物商人」(1999年)、個人蔵

菓子屋には、ファッジのようなバルフィ、ヒヨコ豆の粉と砂糖でできた粉っぽいラッドゥ、外側はカリッとしていて、内側にとろりとしたミルキーな詰めものが入っており、バラ水のシロップが塗られているグラブジャムンなどが山積みになっている。こうした菓子を特大サイズにつくったものがインド各地の寺院でつくられており、巡礼者たちに配られていた。「インド北部の菓子屋」(1980年代)、個人蔵

「ナシル・アルディィン・ハイダル（アウド王、在位1827〜37年）イギリスの文官夫妻とともに夕食の席で」（1831年頃） 歴代のアウドの太守はヨーロッパ文化を宮廷生活に取り入れようと最善をつくし、イギリス人の客を贅沢にもてなした。あるイギリス人将校の妻は太守の食卓で、フランス、イギリス、インドの三種類の料理がすべて供されたと書いている。東洋・インド省コレクション、Add.Or.2599

「できあがった料理とカバーブを焼く人」（カシミール、1850～60年）　ムガル料理のカバーブづくりの技術はラクナウで完成された。この地の料理人は実にやわらかくなめらかなカバーブをつくったので、歯を失ったアーサフ・ウッダウラ太守ですら食べることができた。東洋・インド省コレクション、Add.Or.1687

18世紀のラクナウの通りには店が建ち並び、料理人たちが「地面に炭火を起こし、片手でキーボーブをあぶりながら、もう一方の手でナツメヤシの葉束を使って蠅を追い払ったり……パンの粉を練ったり、カレー、ピロー……等々が入った種々のやかんや鍋の火の番をしながら……大皿や盆を用意している」。現代に残るそうした料理売店。
「インド北部の料理売店」（1980年代）、個人蔵（上）、「プーリーを揚げる」（1996年）、Jeremy Horner/CORBIS（下）

「われわれのバラカーナ」 イギリス人がインドで開いた夕食会は、大勢の人に囲まれた暑い催しだった。食卓の上で吊りうちわが揺れ動いても、涼しくはならなかった。それでも、客たちは牛の大きな鞍下肉や巨大な七面鳥、カレーとライスなどを夢中で食べていた。

George Franklin Atkins, *Curry and Rice on Forty Plates; or the Ingredients of Social Life at "Our Station" in India*（2nd edn. London, 1859）東洋・インド省コレクション、W2868

第4章　コルマ　東インド会社の商人と寺院、ラクナウの太守

スラト〔インド西部グジャラート州〕にあるイギリスの商館《ファクトリー》で暮らす東インド会社の貿易商たちは、毎日、正午になると、大広間にぞろぞろと向かい、年功順に食卓に着いた。召使が「銀製の大きな水差しと水盆」をもってくると、全員が手を洗った。一六八九年にインド貿易船に乗ってこのインドの港へやってきた牧師ジョン・オヴィントンは、貿易商らと食事をともにし、香りのよいムガルの名物料理を味わった。そこで供されたプラオは、「さまざまな香辛料とともに実にみごとに米が調理されているので、べたつくことなく一粒一粒がきわだっていた。真ん中にはゆでた鶏肉が入っている」。「ダムポークト」チキンは脂っこいこってりした料理で、鶏のなかに干しブドウとアーモンドを詰めてから、それがぴったり収まるくらいの大きさの鍋に入れてバターで焼いたものである。さらに、牛肉と羊肉に「塩・胡椒をして油とニンニクに浸したカバッブを、焼き串に刺して、肉と肉のあいだに甘いハーブをはさんで」焼いた料理もあった。オヴィントンによれば、「年間、数百ポンドが彼らの日常の食事に費やされており、これは英国で

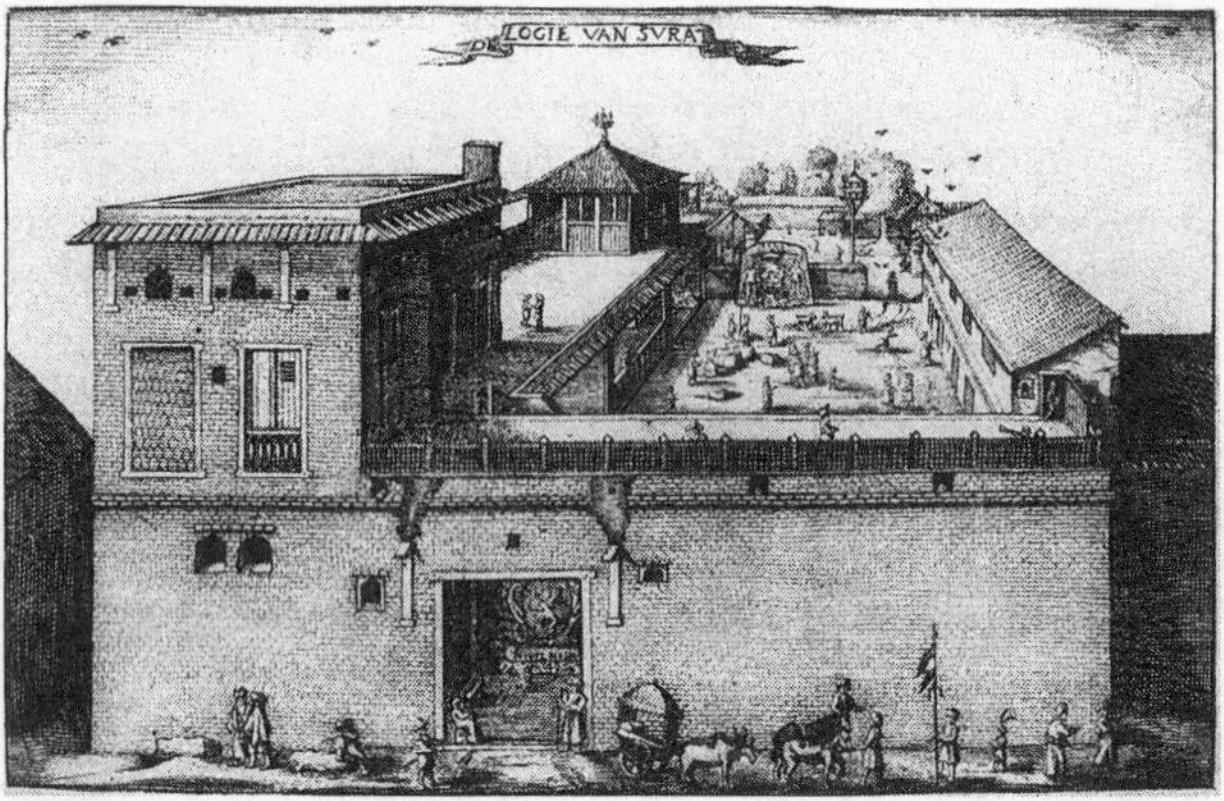

スラトのオランダ商館
Pieter van den Broecke, *Korte Historiael ende Journaelsche Aenteckyeinghe* (Amsterdam, 1634)、大英博物館、10095.aaa.49

どんな高貴な人をもてなすにも充分なほど贅をつくしたものだった」[*1]。

一六八九年に、オヴィントンがイギリスの商人らと食事をともにしていたころ、スラトはムガル帝国の主要な港だった。当時、アウラングゼーブ帝の支配下にあったこの国の領土は、そのほとんどが陸地に囲まれていた。ここは、ヨーロッパ諸国の東インド貿易における重要な中心地でもあった。この時代、ポルトガルによる香辛料貿易の独占体制はオランダ、イギリス、フランスによって崩されており、いずれの国もすでにこの町に商館を設置していた。これらの倉庫と居住区がファクトリーと呼ばれていたのは、東インドの貿易会社の代理人たちがファクターと呼ばれていたからだった。

巨額の富をもたらす東インド貿易で、ポルトガルの牙城を最初に崩したのはオランダだった。オランダはスペイン（一五八一年までオランダを支配）とポルトガルと長年深くかかわりあっていたために、有利な立場にあった。リスボン港を経由してヨーロッパに運ばれてきた貨物の流通面で、オランダの商船がつねづね重要な役割を演じてきた。また、インドでポルトガル人に仕えたヤン・ハイヘン・ファン・リンスホーテンのようなオランダ人が、海路や通商業務について詳細な情報を提供してもいた。最初のオランダ商船団は、一五九五年にジャワ島のバンタム〔現バンテン〕に向けて出航し、二年後に胡椒を積んで戻ってきた。オランダ東インド会社が設立されたのは一六〇二年のことだった。

イギリスも、競争相手のオランダにさほど遅れはとらなかった。一五九九年に貿易商のグループが投資家を募り、一六〇〇年にはイギリス東インド会社が王室からの特許状を得ている。翌年、四隻の船が太平洋の香料諸島へと出発した。この航海は成功に終わり、一一人の男たちが現地にとどまってバンタムにイギリス商館を設立し、次の船団が到着するまでに胡椒の積荷を集めることになった。

一六〇四年から一六一三年まで、イギリスはバンタム周辺の足場づくりに専念していたが、ほどなくインドに拠点を設ければ役立つのが明らかになった。ヨーロッパ人はブロード生地や毛織物、錫、鉛、銅、および剣や鏡のたぐいの「ファンシーグッズ」をもちこみ、香辛料と交換していた。しかし、本当に通用する通貨はスペインの銀貨レアル・ア・デ・オチョ（ピース・オブ・エイト）〔洋銀、メキシコ・ドルのこと〕だけであり、彼らはそれをヨーロッパの通貨市場で買っていた。ところが、彼らは香料諸島の住民がクローブ、胡椒、ナツメグをインドの織物と交換したがっていることに気づいたのである。

オランダ人はインド東海岸のマチリパトナムに、商館を設立した。ここはゴールコンダ王国の領土内だった。彼らはここで上等なチンツ〔木綿のインド更紗〕を仕入れて、それをバンタムで取引していた。イギリス人も一六一一年にマチリパトナムにやってきた。そところが、彼らはスラトの市場にも参入したがった。ここはグジャラートの内陸部で生産された「贅沢な絹織物、鳥や花が精巧に細工された金製品……ブロケード、ビロード、タフタ」、極上のモスリン、チンツ、キャラコなどが取引される中心地だった。ここには生糸や絨毯がペルシアから届き、アラビア海を越えてルバーブとアサフェティダもさかんに売買されていた。一六〇八年にイギリス船ヘクター号がスラトに寄港し、ウィリアム・ホーキンズが上陸した。ジェームズ一世からの親書をたずさえたホーキンズは、ムガル帝国の首都アーグラに向かい、そこでジャハーンギール帝に謁見して、東インド会社への勅令を請願した。貿易で有利な条件を与えてもらい、ムガルの領土内に商館の設立を許可してもらおうとするものだった。[*2]

ホーキンズは皇帝に気に入られた。彼は以前にレヴァント地方で貿易商をしていたと

インドにあったヨーロッパの貿易拠点
東インド会社の領土1804年
および1856年
0 100 200 300 400 500 miles
0 200 400 600 800 km
カシミール
インダス川
デリー
アーグラ
アウト
ラクナウ
ラージプターナ
カラチ
ガンジス川
パトナー
マールワ
アフマダーバード
カンベイ（カンバート）
マラーター
連合国家
カルカッタ
グジャラート
スラト
ディウーダマン
バセーン（ヴァサイ）
ボンベイ
ニーザム・
ハイデラーバード
ハイダラーバード
ベンガル湾
アラビア海
マスリパトナム（マチリパトナム）
ゴア
マイソール
マドラス
N
コロマンデル海岸
ポンディシェリー
マラバル海岸
カリカット
コーチン
セイロン
コロンボ
インド洋

思われ、トルコ語が話せた。つまり、通訳を介さずに皇帝と話ができたのだ。ジャハーンギール帝は彼を特使として宮中に常駐させ、充分な手当を支給した。ホーキンズは廷臣としての生活に落ち着き、ムガル風の服を着てアルメニアの女性を妻に迎え、伝えられるところによれば、「ムーア人の習慣全般を……肉食、飲酒その他の習慣においても取り入れていた」。しかし、ホーキンズもムガル宮廷の権謀術数には理解がおよばなかった。彼はしだいに皇帝の寵愛を失ったが、表向きは皇帝の面前で酒臭い息を吐いている現場を見つかったためとされた。失脚したホーキンズは、東インド会社への勅令を得られないままイギリスに帰国した。[*3]

彼の後任がサー・トマス・ローだった。ホーキンズとは反対に、ローはイギリスの習慣を守り通そうと心に決めていた。ローは深紅色や海緑色や白のダマスク織の布に、金や銀のレースで縁取りされたイギリス式の衣服に多額の金をかけた。随行員は緑色の衣装に赤いタフタのマントを着ており、牧師のエドワード・テリーは、「長い黒の司祭平服」を着て、「人前に姿を見せる」ようにと指示された。テリーはいくらかユーモアを込めて、こう書いている。「われわれの服は色も形も、彼らのものとはまるで異なっていたので、どこにいようと、人目を引こうとせずとも目立っていた」。ローは自宅ではテーブルに着いて、銀めっきの皿で食事をしていた。インド人の料理人を雇っていたとはいえ、料理人頭はイギリス人だった。[*4] ローは威厳を保とうと苦心したが、ジャハーンギールを説得して東インド会社への勅令を得ることに関しては、ホーキンズと同様に成功しなかった。しかし実際には、彼がインドに到着する以前から、イギリスはすでにインドに重要な足場を築いていた。ポルトガル船数隻を打ち払ったイギリス軍の功績を認めて、一六一四年にスラトを統治していたムガルの長官が、この地にイギリスの商館を創設する許可を与えていたのである。

香料諸島ではオランダとの小競り合いが絶えず、イギリスの代理人は困難で危険な暮らしを強いられていた。一方、インドでは、イギリス東インド会社は着実に根を下ろしていった。イギリスではインドの織物が好評を博しており、東インド会社の関心も、キャラコなどの綿製品の取引が香辛料のそれを上回るにつれて、インドへと移っていった。ジョン・オヴィントンがこの町を訪ねたころには、スラトには毎年、イギリス船が二、三隻は到着するようになっていた。スラトとマチリパトナム以外にも、イギリスはインドの海岸線沿いに多くの商館を設立した。[*5] 実際には、オヴィントンが訪れたころには、スラトの最盛期は実質的に終わりを告げていた。マラータ族が町を襲撃するようになったため、イギリス人は西海岸の活動拠点をボンベイに移していたのだ。それとともに、インドの裕福な商人も多数、移り住んでいった。[*6]

スラトへ出航する前に、オヴィントンの船はしばらくボンベイに立ち寄った。この町は、チャールズ二世が一六六一年にポルトガル人の花嫁、ブラガンサのキャサリンの持参金の一部として受け取り、東インド会社に与えたものだった。東インド会社はボンベイに要塞と「チェルシー大学を真似た兵舎」を建設した。近くには建設途中の教会があり、小さい菜園もあった。しかし、その中心を占めていたのは、イギリス人墓地だった。オヴィントンの船が寄港したわずかな期間にも、乗客二四人のうち二〇人と、一五人の船員がそこに埋葬されている。ボンベイを訪問したある人は、この町に住むイギリス人は「死体安置所を」歩いているようなもので、「気候はきわめて健康に悪く……そのため、赤痢、水腫、壊血病、象皮病……通風、結石、悪性で性質の悪い熱病などの風土病を患うことになる。なかでも最悪なのが、フール・ラック〔アラック酒〕……それにいかがわしい女たちと言えるだろう」と、評した。[*7]

東海岸では、イギリスは一六四〇年に主要な拠点をマドラスに移した。ここは沖合に砂洲があり、それがしばしば位置を変えるうえに波が荒く、船舶にとってきわめて危険な場所だった。したがって、これは賢明な選択とは言えなかった。ところが、代理人の一人がこの近くに住むインド女性を愛人にしていたため、この場所を好んだのだと言われている。イギリスはこの地にセントジョージ要塞と小さい町を建設した。この町の住民は主に織工で、彼らは商館の近くで数を増していった。さらに東のベンガルでは、イギリスは一六五〇年代から交易をおこなっていたが、カルカッタに拠点を定めたのは一六九〇年ごろだ。ここにはウィリアム要塞が堂々とそびえていたが、それ以外にはその陰にかたまった「茅葺のあばら家」のような一連のバンガローと家畜小屋、病院、兵舎、および火薬庫があるのみだった。この居住地の周囲にある「臭い水溜まり」がおそらく原因で、マラリアもはびこっていた。[*8]

当初は先行きの見えなかったボンベイ、マドラス、カルカッタの三つの居留地も、やがてインドにおけるイギリス支配の中心地となっていった。しかし、十七世紀の貿易商は、帝国の建設には無関心だった。彼らは東インド会社のためだけでなく、私腹を肥やすためにも、金儲けに明け暮れていた。九月から十二月にかけて、インド貿易船が出航できる繁忙期には、商館の中庭は騒がしい株式市場に様変わりする。貿易商らが織工と契約するために雇ったインド人ブローカーたちは、ここへやってきてイギリス人と訛りのあるポルトガル語で交渉した。代理人たちは布の品質を検査して船積みし、新たな契約書を作成する作業に追われた。会社の取引に従事するかたわら、貿易商らは自分たちの小規模な商いにも手を染めた。彼らは〝カントリー〟（つまりインドの）船を使って、麝香、香辛料、綿織物、絨毯などをベンガル湾やアラビア海を越えて輸送した。東インドの貿易商はほとんどが二年以内に疫病で命を落としたが、それを生き抜いた者たちは巨額の富を手に入れたのである。[*9]

スラトの商館での生活は、ドイツのホルスタイン公爵の宮廷で小姓として教育されたアルベルト・マンデルスローによって描かれている。一六三八年に、公爵は陸路による絹の交易を継続する方法を探そうと試みて、ペルシアに外交使節を派遣した。マンデルスローは公爵の使節団に随行を許されたのである。彼はペルシアで二人のイギリス人貿易商に会った。彼らから聞いたインドの話に刺激されたマンデルスローは旅をつづけることにし、ドイツ人の従者三人とペルシア人の案内役兼通訳一人をともなって出発した。四月に、彼はイギリス船でアラビア海を渡ってスラトに到達し、イギリス人の招きで彼らの商館に滞在した。

代理人たちは大学の学寮のような生活を送っていた。礼拝は一日に二度、朝の六時と夜の八時におこなわれ、日曜日にはそれが三度になり、誰もが出席を義務づけられた。礼拝のあと、貿易商たちは午前中いっぱい仕事に従事する。マンデルスローによれば、「個人というものはなく……ただ特定の役割があるだけであり、仕事でも娯楽でも一定の時間が割り当てられている」。代理人はみな「大広間」で一緒に食事をとり、半世紀後にオヴィントンが書いたのと同様に、マンデルスローも「デザート以外に、一五品から一六品にもなる肉料理のご馳走が並んだ」と述べている。毎晩、夕食のあと、「商館長、次長、貿易商頭、牧師、およびわたし」は、「海のさわやかな空気［に触れるため］広々としたバルコニー」に引き上げた。

貿易商たちは自由時間をムガル流に過ごしていた。「イギリス人たちは郊外にすてきな庭園をもっており、われわれは日曜日に説教のあとよくそこへでかけた。ときには平日にいくこともあった」。彼らは射撃の訓練をし、「果物や砂糖煮の軽食」を食べ、「深さ一・五メートルほどの水槽で水浴びする。すると、オランダのご婦人が実に礼儀正しく世話をし、もてなしてくれた」と、マンデルスローはその様子を描いている。商人たちはフッカー〔水タバコ〕をくゆらせ、いくらか陶酔しながら盤上ゲームを楽しんだ。

あるいはインドの愛らしい踊り子たちを眺めることもあり、ときにはうっとり見物する客に、踊り子が性的な奉仕をする場合もあった。

アラックのポンチは、いつでもたっぷりと用意されていた。これはインドの強い蒸留酒で、ジャハーンギール帝を泥酔させて、自分で食事もできないほどにまで酔わせた酒だった。〝フール・ラック〟とも呼ばれ、これを非難の目で見る人もいた。というのも、アラックは「神経に」作用し、「飲みすぎると手の震えを起こし……不治の病に冒されるようになる」からだ。そうした危険も顧みず、この酒を「ヨーロッパ人はちびちびと飲んで」いた。「イングランドを出発した日と妻たちを記念する」宴で、マンデルスローは何人かの貿易商が妻たちの健康を祝して飲むうちに、「この会合を利用して、正体をなくすほど飲みすぎて」いることに気づいた。彼らは「パレプンツという、火酒「アラック」、バラ水、レモン汁、および砂糖［と香辛料］からなる一種の飲み物」で酔っ払っていた。[*10] このカクテルが英語で言うポンチであり、この言葉は五を意味するヒンディー語の〝パーンチ〟に由来すると言われている。この飲み物は通常、五種類の材料を混ぜ合わせたからだ。しかし、ヒンディー語の〝パーンチ〟の発音は、ポンチの十七世紀の発音〝プーンチ〟とは一致しない。おそらく東インド会社の商人らは、インドへ向かう航海の途中で、ポンチョンと呼ばれていた大樽から、日々、船員らに配られていた牛乳と砂糖、ライム汁、香辛料を混ぜた強い酒の味と名前を覚えたのだろう。[*11]

ミルクポンチのレシピ

一八二〇年代にインド軍の中尉だったマシュー・キャンベルの書類より

アラック2瓶にライムの皮30個分を12時間浸す。ライムの皮を取り除き、そこにアラック10本分とブランデーまたはラムを6本分入れ、これにライム汁を2本半分、ナツメグ8個分を挽いたもの——湿った砂糖〔赤砂糖〕12ポンド[*]——沸騰させた新鮮な牛乳8クウォート、熱湯14クウォートを加え……。すべての材料を大きな容器で混ぜて30分間攪拌し、完全に冷めたら、フランネルで濾して瓶に詰める。[*12]

＊1ポンドは約453g、1クウォートは約0・9ℓ

東インド会社の商人たちがインド人から覚えた習慣の一つは間違いなく、パーンを嚙むことだ。インドへ初めてきた人は往々にして、「ほぼ誰もが血のように赤いものを吐いている」のを見てぞっとするのだった。これはパーンの汁で、「インド人が一日中、くちゃくちゃくちゃと嚙んで」いたものだった。檳榔の小さい実に消石灰を少々と香辛料を加え、それをキンマの葉に包んで口のなかに入れて嚙むのだ。ムガル人はこの習慣をヒンドゥスターンの民から覚えた。東インド会社の貿易商たちもまた、粒々で渋みのあるパーンの味が忘れられなくなった。そのうえ、これは虫歯を防ぎ、胃を強くして、頭を休めさせ、口臭を治すと言われていたのだ。[*13] これはまた性の快楽を高めるとも考えられており、あるペルシアの大使は、南部のヴィジャヤナガルの王が七〇〇人もの妃嬪からなる〝大所帯のハレム〟を維持しているのは、檳榔を嚙んでいるためだとほのめかしている。[*14]

東インドの貿易商の生活の特徴であるムガルとイギリスの習慣が入り混じった様式は、食事の席に顕著に現われていた。オヴィントンによれば、「食事のときは、珍味を求めるあらゆる人の舌をかならず喜ばせられるように、イギリス、ポルトガル、インドの料理人が肉を異なった方法で調理し、どんな人の胃袋も満足させるのだった」。[*15] インドで暮らすイギリス人は、驚くほどの量の肉を消費した。一六七〇年代にスラトを訪れた船医が計算したところによると、イギリス人の食卓に載せるために一ヵ月間につぶされた動物の数のほうが、イスラーム教徒の食用に一般に、毎年屠られる数よりも多かった。[*16] 十七世紀のインドは猟鳥や猟獣が豊富にいたため、イギリスからの訪問客は肉の種類の多さを喜んだ。獲物が豊富だったのは、「土着民の多くはどんな種類の肉も食べないからであり……さほどの価値もないかのように、手ごろな値段で買えるからだった」。[*17]

イギリスから連れてきた料理人が十七世紀イギリスの裕福な家庭でおなじみの食事――鹿の鞍下肉のローストや、猟鳥のパイ――をつくれば、インドの料理人はインドの裕福なイスラーム教徒が食べる定番料理をこしらえた。実は、この時代にはイスラーム教の世界でもキリスト教の世界でも、「濃厚なピューレに大量の香辛料、甘酸っぱいソース、温野菜……温めたワイン」といった具合に、料理のレパートリーが似通っていたうえに、セイヴォリーにもデザートにも味付けに砂糖が使われていた。[*18] イギリス人牧師のエドワード・テリーは、一六一六年に出席したムガルの饗宴で、「ポルトガル人がマンジェ・レアルと呼ぶ、王のための食べ物」を絶賛している。これは米とアーモンドを粉にして混ぜたなかで鶏の胸肉を煮込んだスープで、「バラ水と氷砂糖」で甘くし、「アンバー・グリース〔竜涎香〕で香り付け」してあった。これはむしろ、ヨーロッパの病人向けの料理で、鶏肉と米の粉、砂糖、アーモンドミルクからつくるブランマンジェ〔現在の同名のデザートとは少々異なる〕に非常によく似ていた。[*19] マンジェ・レアルがポルトガルとムガルの料理人でレシピを交換し合った成果だった可能性はある。

ムガル皇帝の権力とその帝国の領土からすれば、ムガル料理が北インドにおける支配的な料理となったのは当然のことだった。しかし、ムガルの料理が、南インド特有の料理技法とレシピの影響を受けることはほとんどなかった。[*20] 十六世紀、十七世紀の南部には、インド料理の発達の中心となる場所がほかにいくつもあったのだ。ヴィシュヌ派のヒンドゥー寺院もそうした一つである。

ヴィシュヌ派のヒンドゥー寺院は、周辺の地域の「地主、雇用者……銀行、学校、博物館……病院、［および］劇場」としての役割をはたしていた。寺院のそばには町がつくられ、僧侶や寄進者、寺の使用人などが住んでいた。聖堂は丘のてっぺんにつくられていることが多く、そこへ通じる長い階段では巡礼者が列をなしていた。[*21] それらの細道と、両側に並ぶ建物の壁は、何よりも石のレシピ本としての役割を担っていた。影響力と財力を誇る人びとはお金、土地、牛小屋、食料などを寺に寄進した。寄付した内容は、聖堂までつづく道に敷かれた銘版や、縁に並べられた石に細かく刻まれた。銘版には寄進者の太っ腹ぶりだけでなく、寺の料理人たちの技法も記録されている。今日それを読めば、寺院の厨房で手の込んだ菜食料理が発達した過程を追うことができる。[*22] 寄進者の名前とともに、ときおりその人が寄贈した食料の量や、その調理法の詳細が記されているのだ。リトル・コンジーヴェラムにある寺院では、多数の銘版の一つに、ある民間人が米と野菜の供物を捧げた記録がある。そこには、この人物が味付けのために大量の塩と胡椒、辛子、クミン、砂糖も寄付したことが記載されている。これらのお供えには、さらにプランテーン〔料理用バナナ〕と凝乳、および米の菓子をつくるための大量の氷砂糖とカルダモンも添えられていた。かまどにくべる薪から、食後に噛むパーンをつくる檳榔子とキンマにいたるまで、あらゆるものが提供されていた。[*23]

材料として使えるものが限られているなかで、寺院の料理人たちは工夫を凝らして、多種多様な料理をつくりだした。そのなかにはさまざまな種類の米の料理やソース、デザート、セイヴォリー、飲み物などが含まれていた。食事はまず神前に供えられ、神々がたらふく食べたと考えられたあと、地元の人びととのあいだに配られた。ソースや牛乳を使った飲み物は小分けしにくいので、僧侶や寺の使用人、および日々、寺に集まってくる大勢の巡礼者の食事として使われた。今日でも、寺院の食堂用の食事をまかなう厨房には、こうした昔ながらの菜食主義食の伝統が残されている。南インドのレストランではたらく料理人の多くは、寺院の広い厨房で修行を積む。ウディピ地方の寺では、レンズ豆のとろりとしたスープに、タマリンド水で煮たトウガンを加えた食事が巡礼者にふるまわれる。ダール〔豆料理〕の味付けには、赤唐辛子、ヒヨコ豆の粉、コリアンダー、フェヌグリーク〔和名はコロハ、マメ科の植物の種子〕、マスタード・シード、およびカレーリーフ〔ミカン科オオバゲッキツの茎葉〕を油で炒めたものが使われた。料理は大鍋でつくられ、バナナの葉に盛られて、長い食堂の床におかれる。腹をすかせた巡礼者が入れ替わりで食事をとり、彼らが食堂からでていくと、寺の神聖な牛が室内に連れてこられてバナナの葉を平らげる。牛が食べ終わると、食堂の床は大急ぎで掃除され、また次の巡礼者の一団が案内されてくるのである。*24

寺院のもう一つの特産品は菓子だった。ムガルの徴税制度は、サトウキビのような換金作物の栽培を奨励していた。かつては非常に貴重だったこの作物が簡単に手に入るようになると、大量のサトウキビが寺院に寄付されるようになった。*25 菓子は汁物のダールよりも容易に小分けできるし、運ぶのも楽だ。そのため、食料を寄進した人は、しばしば菓子のかたちで自分の分け前を受けとることになった。寄進者はもらった菓子を一族郎党に分け与えたほか、さまざまな修道院や宗派にも配った。こうすることで、寄進者は勢力を主張し、重要な社会的集団とのつながりを形成して、貧者への慈悲心を示すことができたのだ。寄進された食料の分配は、南インドでいまなお社会的な地位を表明する重要な手段として残されている。一九五〇年代に、マドラスのスリ・パルタサラティ・スワミ寺院で、立腹したある寄進者が当局にこんな苦情を寄せている。ドーサ（米の粉のパンケーキ）二枚、ヴァダイ（もしくはワダ、小麦粉でできたスパイシーなドーナッツ）二つ、およびラッドゥ（ヒヨコ豆の粉、ギー、砂糖でつくった菓子）二つが「寺院の関係者の手で公然と盗まれて、別のところに保管されてしまい」、一般の人びとには配られなかった、というものだ。[*26]

寺院でつくられる菓子は、北インドでは祈禱に使われる重要な食べ物にもなった。イギリス船のアレグザンダー・ハミルトン船長は、（東部のオリッサ州にある）ジャゲリナットの寺院で、次のようなことに目を留めている。「総勢、五〇〇〇人ほど［の僧侶］がこの寺に所属しており、彼らは日々、神に供えるために米と豆を煮ている。毎日、五つの砂糖菓子もつくられ、それぞれ重さが一六〇〇ポンド〔七二六キロ〕あった。その一部は神像の前に運ばれる。煙がその口と鼻まで立ちのぼると、残りの部分は小さく分けてそれを買おうとする人に手ごろな値段で売られ、余りは寺院に信仰心が篤いふりをして繰り返し参拝する貧しい人びとに分け与えられた[*27]」

巡礼者にしてみれば、寺院におけるこうした菓子づくりは、食べ物のかたちで具現化された宗教的な力を家にもち帰れることを意味していた。菓子に使われた大量の砂糖とタマリンドが保存料の役目をはたすので、長期間、腐らせずに保存することもできた。寺の菓子を巡礼者に配るこの伝統は、今日もつづいている。たとえば、南部のアーンドラ・プラデーシュ州のティルパティ寺院では、料理人はウラド豆〔ブラックグラム、毛蔓アズキ〕を三トン、砂糖を六トン、ギーを二トン半使ったうえに、大量の干しブドウ、カシューナッツ、カルダモンを入れて、堅くてぽろぽろ崩れる甘いラッドゥを七万個つくり、毎日、巡礼者に配っている。[*28]

南インドは、はるか昔から海外の食文化の影響を受けてきた。西暦一世紀ごろマドラス近くのサントメに定住したシリア系のキリスト教徒は、シチューのレシピをもちこんだと言われている。彼らはそのつくり方をアイルランドの修道士から学んだのだった。西海岸沿いでは、アラブの商人がインド女性を妻に迎え、シーフード・プラオのつくり方を教えた。ユダヤ教徒の移住者はコーチンに中東の味を伝え、米とナッツへの嗜好と、マンゴーのピクルスと燻したタマリンドを組み合わせた。[*29] 内陸部のデカン地方と呼ばれる場所では、十四世紀に、ペルシアのシーア派がバフマニー朝のスルタンのもとで働き口を見つけた。バフマニー朝の王国はやがていくつもの衛星国家に分裂し、その一つがゴールコンダ王国となり、のちにハイダラーバードと呼ばれるようになる。ここで、ペルシアのプラオとデカン地方のヒンドゥー料理とが結びついた。ヒンドゥー料理では、ココナッツ・フレークとココナッツミルクは欠かせない材料であり、カレーリーフの辛味と新鮮なフェヌグリークの葉の渋さ、それにタマリンドの鋭い酸味が風味をかもしだしていた。この二つの様式の出合いによって、豆とタマリンドと一緒に調理した仔羊肉など、珍しい食材を組み合わせた優雅な料理が誕生した。

やがて、ムガル料理も南部に広まった。シャー・ジャハーン帝は一六三〇年代に南部を征服すると、ムガルの長官を就任させている。しかし、ムガルの支配も南部では短命に終わり、一世紀後にはムガル帝国は衛星国家に分裂しはじめた。ニーザム・アルムルク長官がハイダラーバードを再び独立させ、新たな王朝を創始した。もっとも、このころには、ムガル料理の中央アジア的な強い特色がハイダラーバードにも伝わり、混ざり合っていた。香辛料入りのヨーグルトを絡めたカバーブや、ムガルのビリヤーニーを辛くして、南部風にカレーリーフと唐辛子、タマリンド、およびココナッツで味付けした料理が、この地方の料理のレパートリーに組み込まれていたのだ。[*30]

ムガル料理が頂点をきわめたのは、実際、ハイダラーバードにおいてだったと主張する人もいるだろう。十八世紀に、ムガル皇帝が徐々に帝国の統制能力を失うにつれて、皇帝の厨房は料理改革の主動力としての役目を終えたのだった。さまざまな後継国家がムガル帝国をしのぐようになり、そこが新たな改革の中心地となったのだ。ハイダラーバードはそうした国家の一つであり、北インドのアウド藩王国もやはり同様だった。〔主都の〕ラクナウでは、アウドの最後の太守《ナワーブ》、ワジ・アリー・シャー（一八四七〜五六年）がデリーからミルザ・アスマン・カダール王子を招いて、一緒に食事をしたときの話が語りつがれている。食通で知られたこの王子は、目の前に並べられた数多くの料理から、野菜を香辛料とともに砂糖漬けしたムラッバと呼ばれるものを選んだ。ところが驚いたことに、王子はそれを噛みはじめてから、自分が肉料理の〝コーラマ〟を食べていることに気づいた。ワジ・アリー・シャーの料理長が苦心してコーラマの見た目を変えていたのだ。デリー有数の美食家を騙すことに成功し、太守は喜んだ。ミルザ・カダールはうまくかつがれて、ひどく恥ずかしい思いをしながら故郷へ戻った。彼はすぐに報復におよんだ。ワジ・アリー・シャーは当然ながらお返しの招待を受けた。料理を代わるがわる味見してみた太守は、どの食べ物も――プラオもビリヤーニーも、肉のカレー、カバーブ、チャツネ、ピクルス、そのうえパンまで――すべてがカラメル化した砂糖でできているのを知って啞然とした。これは太守の負けだった。[*31]

太守と王子のあいだで演じられた食べ物による騙し合いは、政治的なパワーゲームの一環だった。太守はラクナウに独自の宮廷文化が存在し、デリーにあるムガルの宮廷にも勝るほど充分に洗練されたものであることを客人に示したいと考えたのだ。このときは、王子を代表とするデリー側が争いに勝った。しかし、砂糖でできた料理をめぐって、二人が争っていたころには、実際にはアウドの太守が戦いに勝利をおさめていた。十八世紀にムガル帝国が分裂しはじめると、アウドの太守は、ラクナウをムガルの古い首都にも劣らない高度な文化の中心地に仕立てる事業に着手していた。当初は懐疑的な人も多かった。デリーの詩人メール・タキ・メールはこう断言した。「デリーの廃墟ですらラクナウの十倍は価値がある／ラクナウにくるくらいなら死んでいればよかった」[*32]。しかし、ラクナウの人びとが差しだした桁違いの報酬の誘惑は抗しがたいものになった。画家、詩人、音楽家はみなアウドの宮廷に引き寄せられていった。ここはムガルのデリーを再現したような都市になり、独特な建築様式が発達し、詩と音楽の独自の流派が生みだされた[*33]。料理人も大勢ラクナウに詰めかけ、充分な報酬をもらった。ある貴族は一ヵ月に一二〇〇ルピーを料理人に支払っていると噂された。「これはインド史上、最も格式の高い宮廷で雇われていたどの料理人よりも高額の給料だった」[*34]。一七七〇年代には、太守は救貧院に費やした額の四倍を調理室に割りあてるようになった[*35]。難色を示していたメール・タキ・メールですら考えを変えざるをえず、ついにはこう認めた。「ラクナウはデリーに劣らずすばらしい／だからわたしの心はここへとさまよってきた」[*36]

　ムガル料理は、アウドの豊かな農業地帯からの産物を組み入れることによって、ラクナウで変貌をとげた。ラクナウの人びとはクリームを好み、十八世紀にそれを使ってムガル料理のコーラマ、もしくは今日コルマと呼ばれるものを完成させた。コーラマは最も柔らかい仔羊か鶏の肉だけを使ってつくられる。この名前は、肉を油で炒めてから少量の汁でゆっくりと蒸し煮にする料理方法に由来するものだ。ムガル時代には、ペルシアの料理方法が応用された。まずヨーグルトに生姜、ニンニク、玉ねぎ、香辛料を混ぜたもののなかに肉を漬け、それからヨーグルトソースのなかでゆっくりと煮る。このソースに、アーモンドの粉を入れてとろみをつける。これもまたペルシア伝来の技だ。ラクナウでは、このソースにクリームをたっぷりと入れ、すばらしく濃厚な味の料理をつくりだした。[*37]シンプルなレンズ豆のダール料理ですら、ラクナウでは牛乳、ヨーグルト、クリームを混ぜ、サフランで風味を添えた、まったりとした味のものに変わった。[*38]乳製品のほかにも、アウドはこの地で採れる米の「白さ、優美さ、香り、栄養価」で有名だった。ラクナウの人びとが最も自慢する料理がプラオだったのは、驚くに値しない。デリーでは、ビリヤーニー〔香辛料をたっぷり効かせたムガル風のプラオ〕が最も評判の料理だった。ラクナウでは、「ビリヤーニーも上手につくれば、ごく普通のプラオよりおいしい」ことは認めたとしても、ビリヤーニーはあまりにも香辛料が強すぎて、米のほのかな芳しさを台無しにしてしまうと考えられていた。ラクナウの美食家はビリヤーニーなど、「本当においしいプラオとくらべれば洗練されておらず、下手な思いつきによる料理」だと考えていた。[*39]一八二〇年代にインドを旅してまわったレジナルド・ハーバー司教も、それには同感せざるをえなかった。アウドの太守と朝食をともにしたとき、ハーバーはプラオを食べてみるようにと勧められた。ダッカの太守から献納された油っぽい料理の記憶が生々しかったので、司教は「内心渋々と」それに従った。「ところが、これはギーもニンニクも使わず、本当にすばらしい料理であることを知って驚いた。欠点と言えば、おそらくさっぱりしすぎていて、鶏と米、香辛料しか入っていないことくらいだろう」。ハーバーはこう記している。「インドのこの地方の高貴な家柄のイスラーム教徒は、ベンガル人やヒンドゥー教徒の料理を香辛料が強くて油っぽく低俗だとして、ひどく嫌悪してみせる。彼らの料理が目指すところは、さっぱりしていながら刺激もあり、香りのいいものなのだ」[*40]

刺激と香りを追求するあまり、ラクナウの料理人はプラオの米を調理するだし汁を、麝香とサフランを与えて育てた鶏でとることもあった。呆れるほど高価なこのスープの香りは、部屋の隅々にまで漂ったと言われている。ラクナウの支配者は食卓で彼らの富と贅沢ぶりを誇示し、料理人たちにさらに工夫を凝らした料理を考えだすよう奨励した。彼らがこしらえるプラオは、ご飯もの料理ではなく、さながら宝石を載せた皿がテーブルの上におかれたように見えるべきだとされた。バグダッドのカリフの厨房で編みだされた技術を使って、彼らは米を炊く前に、その一部を塩水に浸けて水晶のように輝かせた。残りの米は燃え立つような赤や鮮やかな緑に染められ、ルビーやエメラルドに見立てられた。簡素なものでは飽き足らず、料理人たちは質素な農民の食事であるキチャリを、凝った遊びに変えたのだった。アーモンドは米粒に見えるように丁寧に刻まれ、ピスタチオはレンズ豆そっくりに削られた。この料理は「一度口にしたら……決して忘れられない」と言われた。[*41]

ムガル料理が農民の料理法を宮廷のレパートリーに加えたように、ラクナウの宮廷の厨房もアウドの民衆の食事を取り入れた。ヒヨコ豆やレンズ豆の粉からつくられたさまざまな種類のパンケーキや揚げパンを濃厚なグレービーソースで料理したものは、この地方の農民の料理から取り入れたものだ。[*42] ラクナウで最も有名な料理方法の一つは、貧困者に食事を提供しなければならなくなった結果、完成されたものだった。一七八四年にアウドは飢饉に見舞われた。アーサフ・ウッダウラ太守は飢えた人びとを雇って、大イマームバラー（シーア派のモスク）の建設に従事させることで対応した。こうすることで、彼は民衆が路上で行き倒れになるのを防ぎつつ、都市を美化しつづけて自らの名声を高めたのだった。ナンバイ（バザールの料理人）たちは昼夜を問わず、温かい食事を労働者に提供するという難題を課された。そこで彼らが利用したのは、ムガルのダンプック（呼吸し料理するという意味）の技だった。『アクバル会典』にも、それを使ったレシピがある。ジョン・オヴィントンがスラトの商館でイギリスの商人らと食事をした際にも、インドの料理人は「ダムポークト」した鶏の料理をだしている。ラクナウでは、ナンバイたちは肉と野菜を鍋に入れ、練り粉できっちりと蓋をして熱い炭の上においた。こうすると食材はゆっくりと煮えるので、腹をすかせた労働者たちは骨から落ちたやわらかい肉の塊にすぐさまありつけるのだった。太守が作業現場を視察した折に、コトコトと煮える鍋から実においしそうなにおいが立ちのぼっているのに気づき、宮殿の料理人に命じてナンバイたちからレシピを学ばせたのだ、と言われている。ダンプックトの技法は、羊肉とカブの料理にも応用されて効果をあげた。この料理は、ムガルの宮廷が衰退してきたために、代わりの働き口を探していたカシミールの人びとがラクナウに伝えたものだった。ラクナウの料理人は羊肉でミートボールをつくり、それをデッグと呼ばれる鍋にカブと一緒に入れた。鍋は練り粉で蓋をして、一晩中（シュッブ）とろ火にかけられた。ラクナウの人はいまでも、一晩じっくりと煮込まれてやわらかくなったシュップ・デッグを朝食に食べる。

アーサフ・ウッダウラ太守の食道楽は、シャミカバーブが考案されるきっかけとなったとも言われている。これはラクナウがカバーブ料理〔串焼き〕におよぼした多くの影響の一つだ。ムガル帝国の歴代の皇帝は概して質素な食生活を送っていたが、かたやアウドの太守は大食いだった。それどころか、アーサフ・ウッダウラは太りすぎて馬にも乗れなかった。[*43]歯を失って咀嚼能力が衰えていたにもかかわらず、彼は驚くほど体重を増やしていた。シャミカバーブはこの問題に対処すべく考案された、と考えられている。これはキーマと呼ばれる、細かく刻んですりつぶした肉を使ってつくられていた。

欧米人は下等な肉を利用する手段として挽肉にすることが多いが、ムガルではしばしば特上の切り身が挽肉に使われた。キーマはアクバルの廷臣のアブール・ファズルが集めたレシピのなかにも、プラオの材料としてよく登場する。[*44]ムガル人は牛の挽肉を好んだが、ラクナウではやわらかい挽肉ができる仔羊肉のほうが重宝された。彼らは肉をなめらかなペースト状にすりつぶし、生姜とニンニク、けしの実、さまざまな香辛料を加えて、それを団子状にするか菱形にまとめ、串に刺して火の上であぶるのだった。こうしてできたカバーブは、外側はカリッとしていながら、内側はやわらかくなめらかなので、歯のないアーサフ・ウッダウラですらおいしく食べることができたのだ。[*45]最高のカバーブはナンバイたちの手によるものだった。両親と何人かの息子、およびその妻子たちが一軒の家に一緒に暮らしているようなムスリムの大家族は、人数が多すぎて一つの台所では食事をまかないきれなかった。そこで、家庭では数品の料理のみが用意され、それ以外のものは馴染みのバザールの料理人に出前を頼んだ。できあがった料理は大きな盆に載せてドーム型の覆いをかぶせ、道中いたずらされないように、しっかりと封をされて、各家庭へ届けられた。ナンバイにはそれぞれ得意料理があった。ラクナウの通りには店が建ち並び、料理人たちが「地面に炭火を起こし、片手でキーボーブをあぶりながら、もう一方の手でナツメヤシの葉束を使って蠅を追い払ったり、シーアモールなどのパンの粉を練ったり、カレー、ピロー……等々が入った種々のやかんや鍋の火の番をしながら、約束の時間にどこかの大人数の集まりにご馳走を届けるために、大皿や盆を用意している」光景が見られた。[*46]

パンはどんな食事にも欠かせないものであり、マフムドゥという名のナンバイが一八三〇年代にラクナウ人のお気に入りのシルマルを発明した、と言われている。このパンは、インドとペルシアのパンづくりの技法をうまく掛け合わせたものだ。インド人はあらゆるものにギーを加えるのが好きだった。ムスリムの料理人はインド人がチャパーティーをギーで揚げてふくらませて（プーリーをつくって）いることを知り、焼く前にパンの練り粉のなかにギーを加えてみた。この生地を鉄板で焼いたものがパラタになり、タンドール〔円筒形の土釜〕で焼いたものはバカールカニになった。マフムドゥは後者を改良して、ギーのほかに牛乳と卵を練り粉に加えて、紙のように薄く伸ばした。それを一枚一枚重ねてタンドールで焼くと、しっとりしながらサクサクしたおいしいパンに変わった。ラクナウの人びとは野菜や肉の料理から甘い米のプディングまで、どんな料理のときもシルマルを食べ、「これをほかの場所でつくろうと試みても、同じものにはならない」と主張した。[*47] 食後は誰か家族の者を使いにやって、通りにいる行商人からザクロやバラ水でほのかに味付けしたアイスクリームやシャーベットを買ったりする。[*48] ナンバイたちはいまでも屋台でラクナウ料理の伝統を守っており、ラクナウの人びとは夕食にいく途中でも、サクサクとしたシルマルや舌触りのいいやわらかいシャミカバーブを味わうために、そうした屋台にしばしば寄るのである。

十九世紀の初め、ラクナウに立ち寄ったイギリス軍将校の妻は、太守の食卓で「三つの異なった夕食」が供されていることに気づいた。「一方の端ではイギリスの料理人が、もう一方の端ではフランスの料理人が料理をだした。そして、真ん中では（そこに彼はいつも座った）ヒンドゥスターンの料理人が料理をだした」。これはその後に起こることの予兆だった。当初、東インド会社の商人は帝国の建設には関心がなかった。しかし、貿易活動をつづけるうちに、彼らはしだいにインドの経済的枠組のなかに巻き込まれていった。その結果として、彼らはインドの政治の世界にも引き込まれていった。初めのうち、自分たちの商業利権を守ろうと動いていた彼らも、徐々に領土を獲得することの利点に目を向けるようになった。そうすれば税収が得られるようになり、それまでインドの織物に文払われていた貴重な金塊を使わずにすむようになるからだ。

十八世紀の初めには、ベンガルは商業の一大中心地になっていた。一七一七年に、ムガル皇帝ファッルフシヤルはついに説得されて、東インド会社に勅許を与えていた。年間三〇〇〇ルピーと引き換えに、貿易商らにベンガルとビハール、オリッサで非課税貿易をする権利を与えたのだ。ベンガルの織工たちが南部や西部の職人にも劣らず有能であることがわかると、代理人らはガンジス川沿いで個人的に、実入りのいい〝カントリー〟貿易に従事するようになった。一七五六年にカルカッタがベンガル太守のシラージュ・ウッダウラに占領されたころには、この都市はとうてい手放せないほど貴重になっていた。数ヵ月後にはロバート・クライヴがカルカッタを奪回し、プラッシーの戦いでシラージュ・ウッダウラを敗北させた。それ以降、東インド会社は策略のなかに巻き込まれていき、充分な謝礼の見返りに、次々に太守の首を挿《す》げ替えるようになった。彼らはまた、常備軍を維持して紛争に備えはじめた。没落しかけているバラモンやラージプートの地主一族から兵を集め、イギリス将校の一団がそれを率いたのだ。ベンガルにおける陰謀が最高潮に達したのは、東インド会社がブクサールの戦いでミール・カーシムを敗北させたときだった。ミール・カーシムは、実際には東インド会社がベンガル太守の地位に就かせた人物だった。イギリス軍が勝利した見返りに、皇帝はベンガルのディワン（長官の職）をイギリス人に与えた。

こうなると、東インド会社は貿易会社としては特異な立場におかれるようになった。

この会社は、インドでも有数の豊かな地方で、実質的に自治権をもつ支配勢力となったのだ。貿易商たちは文官に様変わりして、徴税や法の施行を担当するようになった。東インド会社の私兵は増強して一七九〇年代には約一五万五〇〇〇人にまでふくれあがり、世界でも最大級のヨーロッパ式の軍隊となった。会社の影響力は、公式に統治している地域の境界線を越えて広がり、インド各地の宮廷にイギリス人弁務官《レジデント》のネットワークが敷かれた。ラクナウには一七七四年に一人の弁務官が到着し、やがて太守たちの鼻先で、実質的には対抗勢力である宮廷が徐々に形成されていった。インドに新しい勢力が到来したのは明らかだった。太守たちは最善をつくしてイギリス文化の要素を宮中の暮らしに取り入れることで、それに屈しまいとした。しかし、一八五六年にイギリスはワジ・アリー・シャー太守を退陣させて、アウドを併合した。

南部では、英仏両国がヨーロッパの本国間の競争をインドの地で繰り広げたため、ことは複雑になった。フランスは東インドの貿易に遅れて参入した。フランスの東インド会社が設立されたのは、一六六四年になってからだった。しかし一七四〇年代以降、南インドの主権をめぐって、彼らはイギリスと争うようになった。ハイダラーバード藩王国の君主《ニーザム》とマイソール王国の君主《スルタン》は権力争いに引きずりこまれた。ハイダラーバードは最終的にイギリスと同盟を結んだが、マイソールのハイダル・アリーと息子のティプー・スルターンはフランスの支援を得て、東インド会社に抵抗しつづけた。しかし、一七九八年にアーサー・ウェルズリーがインド総督として着任すると、インドにおける大英帝国の基盤は確固たるものになった。ウェルズリーは一七九九年にティプー・スルターンを破ったのを皮切りに、一連の軍事行動にでた。この一撃で、フランスの抵抗勢力は根絶され、南インドのほぼ全域が東インド会社の支配下におかれた。このときの攻撃で満足することなく、ウェルズリーは一八〇三年から〇四年にはマラータ族と戦争を始め、デリー、アーグラおよび周辺の地域をイギリスの支配圏に組み入れた。あからさまに戦争を挑発するそうした姿勢は、戦費もかさみ、ロンドンにいる東インド会社の重役たちの好みには合わなかった。領土支配は費用のかかる戦闘に発展すべきではなく、収入をもたらすべきものなのだった。それでも、一八〇五年にウェルズリーが罷免されたころには、インドの広大な領土は彼らの直接の統治下にあるか、宮廷で地位を確立した弁務官を通じて間接的に支配されるようになっていた。

【ベサン・ラッドゥ】

これは、ティルパティの寺院で巡礼者がもち帰れるようにつくられていた寺院の菓子の簡単なつくり方である。お好みしだいで、干しブドウかナッツを混ぜてもいい。10～15個分。

ギー（または溶かしバター）　250g
ベサン（ヒヨコ豆の粉）　500g
アイシング用粉砂糖　500g
カルダモン・パウダー　小さじ½

●ギーまたは溶かしバターを温める。ベサンを加えて炒める。火から下ろして砂糖とカルダモン・パウダーを加えて混ぜる。団子状に丸めてから冷まし、固まるまで待つ。

め、そのあとアーモンドを加える。5〜6分間よく炒めたあと、火から下ろして冷ます。
●ボウルに入れたヨーグルトにこれを加え、仔羊肉に絡める。蓋をして一晩、冷蔵庫で寝かせる。

ソース
植物油　大さじ4〜6
生姜のすりおろし　1片分
ニンニク（つぶす）　6かけ
青唐辛子（みじん切り）　2本
コリアンダー・パウダー　小さじ1
クミン・パウダー　小さじ1
ガラムマサラ　小さじ½
塩　少々
生クリーム（乳脂肪分18%前後）　250mℓ

●翌日、冷蔵庫から肉を取りだして室温に戻す。鍋に油を熱し、生姜、ニンニク、青唐辛子を加え、10分ほど炒める。クミン、コリアンダー、ガラムマサラを加えて、さらに1〜2分炒める。
●仔羊肉とマリネ液を鍋に入れて、1分ほど強火で炒める。塩と砂糖を加える。火を弱めて羊肉がやわらかくなるまでとろ火で煮る。焦げるようであれば、ヨーグルトをもう数杯、または水を少々加える。
●肉がやわらかくなったら生クリームを加え、さらに10分間煮る。

【ラムコルマ】

ペルシアの料理人は、肉をヨーグルトに漬ける技法をインドに伝えた。ムガルの宮廷でこのマリネ液に香辛料が加えられ、ラクナウではさらにシェフたちがクリームを少々加えるようになった。ムガル人はもともと唐辛子は使っていなかったが、18世紀になると、唐辛子はマラータ族によって広まり、インド北部でも普及するようになった。唐辛子はやがてムガル料理やラクナウ料理にも取り入れられるようになった。4～5人分。

やわらかい仔羊肉（小さく切る）　800g

マリネ液
植物油　大さじ3
シナモン・スティック　2cm
カルダモン（ホール）　10個
クローブ（ホール）　10個
ローリエ　2枚
玉ねぎ大（みじん切り）　1個
アーモンド・パウダー　50g
ヨーグルト　大さじ6

●鍋で油を熱し、熱くなったらシナモン・スティック、カルダモン、クローブ、ローリエを入れる。30秒間、強火で炒める。火を弱めてから玉ねぎを加える。キツネ色になるまで炒

塩　　少々
干しブドウ　　大さじ1
アーモンド・スライス　　大さじ1

●フライパンで油を熱し、玉ねぎが透明になるまで炒める。クミン・シード、クローブ、胡椒、シナモン、カルダモン、および赤唐辛子を入れる。3～4分炒めて別皿に取っておく。
●レンズ豆と水を鍋に入れて、やわらかくなるまで煮る（約20分）。
●挽き肉、玉ねぎ、香辛料、レンズ豆、生姜、青唐辛子、ミント、香菜をフードプロセッサーに入れてすりつぶす。ヨーグルトと塩を加え、もう一度プロセッサーにかける。
●干しブドウとアーモンドを混ぜておく。
●混ぜた材料を団子状に丸める。アーモンドと干しブドウをそれぞれの団子に押し込む。
●肉団子を串に刺して、オーブンで焼くかバーベキューにする。ときどきひっくり返して、肉に完全に火が通るまで焼く。外側はパリッとして、内側はやわらかくなるようにする。

【シャミカバーブ】

これはバーブルが食べた中央アジアやアフガニスタンのカバーブを、もっと洗練させたものだ。このカバーブはやわらかく細かくした挽肉（理想的にはベルベットのようになめらかなもの）でつくられていたので、ラクナウのアーサフ・ウッダウラ太守は歯をすべて失っていたにもかかわらず、これを食べることができたと言われている。4～6人分。

ごく細かい挽肉（ムガル人は牛肉を、ラクナウ人は仔羊を好んだ）　500g
植物油　大さじ2
玉ねぎ（薄切り）　2個分
クミン・シード　小さじ1
クローブ（ホール）　4個
黒胡椒　小さじ1
シナモン・スティック　1cm
カルダモン（ホール）　4個
乾燥赤唐辛子　2本
挽き割り赤レンズ豆　50g
生姜（みじん切り）　1片分
青唐辛子　2本
ミント　1枝
香菜（刻む）　適宜
ヨーグルト　大さじ3

第5章　マドラス・カレー　イギリス人によるカレーの発明

一八二四年に、東インド会社の文官である夫とその妻ファニー・パークスは、夕食に何人かの友人を招いた。「わたしたち自身を含めて、わずか八人の集まり」だったにもかかわらず、「使用人が二四人も付き添っていました！」と、夫人は書いた。「殿方がそれぞれ一人から六人の使用人を連れてきており、ご婦人も好きなだけの数のメイドを連れてくるのです」。一八一〇年に、トマス・ウィリアムソンが書いたインドの暮らしのハンドブック、『栄えある東インド会社で、文官職および陸・海の軍務に就かれる紳士への手引』と題された書は、新たに赴任する人にこう伝える。アウブダー（冷水係）は一般にパーティが始まる時間よりずっと早く到着し、水、シャンパン、マデイラ・ワイン、クラレット〔ボルドーの赤ワイン〕、ペール・エールなどがすべてよく冷えているように配慮する。カルカッタでは、パーティを開く人は充分な数の陶磁器と銀器を用意し、食卓を整えることが期待されるだろう、と。しかし、ウィリアムソンによれば、「軍の駐屯地であれば、それぞれの客が使用人に皿二枚、スープ皿一枚、骨などを入れる小鉢、コップ、マデイラ用のグラス、〔食卓用のナイフやフォーク〕……およびナプキン」を運ばせる。夕食の席では、「全身に白いモスリンを優雅にまとい、白または細かい模様のあるターバンを巻き、大きな金の耳飾りをつけた」召使たちが、それぞれの主人の椅子の後ろに立って必要な場合に備えた。カーンサマー（執事）なら皿を取替え、料理をまわしただろう。下働きの召使であれば、孔雀の羽根でつくった小さいチャウリ（扇）を使って、蝿を追い払っていたかもしれない。

皿がぶつかる音や会話の背後では、フッカー〔水タバコ〕がシューシュー、ゴボゴボと音を立てるのが聞えただろう。ファニー・パークスはこう書いている。「当時、カルカッタでは、フークーはごく一般的に吸われており、夕食が終わる前から、どの男性の椅子の後ろにもパイプがおかれていました」。各席の横ではフッカー係《ブルダー》たちが身をかがめ、タバ

紳士に夕食を運ぶキッドマトガー（給仕係）たち
Charles D'Oyly, *The European in India* (London, 1813), plate VII, 東洋・インド省コレクション、W625

コを切らさず、パイプがうまく機能するように目を光らせている。暑いインドの気候と、「料理からの湯気、ランプの熱、従者らの人いきれ」があいまって、その場の空気はうだるようだっただろう。さらに事態を悪くしていたのは、使用人が肌にすり込んでいたココナッツオイルの悪臭だった。運悪くモーファスル（田舎）からきた人と隣り合わせにでもなれば、〝カントリー〟の召使がフッカーのタバコに使う香辛料の煙もまた不快なものになっただろう。そのほかに、パーティがインドで開かれていることを思いださせられるものがあるとすれば、それは虫と砂塵だった。上品なファニー・パークスは、こうしたものについて触れるのをはばかっていたが、トマス・ウィリアムソンは楽しげにこう書いている。「食事の席で、顔にゴキブリがぶつかってくる」のは日常茶飯事であり、目をつぶらなければならないものだ、と。その彼も、「ソースのなかにときおり多数の蠅が見つかれば、どうやってそこに入り、またいつやってきたのか、と問いたい気分になるだろう！」と認めている。しかし、蠅なら食べ物からつまみだせばいい。総じて、「真昼間にどこからともなく飛んでくる大量の砂塵」のほうが、はるかに厄介だとウィリアムソンは思ったようだ。そのせいで、「夕食がすべて手のつけられないものになって」しまうことが多いからだ。暑さをしのぐためには、吊りうちわが使われた。ファニーはこれを「長さが三メートル、もしくは六ないし九メートルもある布でおおった木枠からなる巨大な」扇と呼び、「部屋の天井から吊りさげられていて、ロープと滑車を使い、壁の穴にそのロープを通して、外から人手で前後に動かされる」と説明している。吊りうちわで風が送られたとはいえ、「インドの夕食の憂鬱な儀式のあいだ、最後まで座りつづけるのはとうてい不可能」だ、という不満もしばしば聞かれた。*1

東インド会社がインドの広大な地域を事実上、支配するようになると、マドラス、ボンベイ、カルカッタの商館は本格的な町へと発展し、イギリスの支配力はそこからインドの他の地域にまで広がっていった。一八〇〇年には同社は六八一人の文官を採用しており、それまでのムガルの行政官に彼らが取って代わっていた。文官は税金を徴収し、インドの法廷で裁判をおこなった。ファニー・パークスはインドに赴任する夫に同行した数少ない女性の一人だった。会社が新たな領土を征服するにつれて、以前にも増して大きな軍隊が必要になった。インド人のセポイ〔傭兵、ウルドゥー語で兵士を意味するシパーヒーが転訛〕だけでなく、会社が独自に徴募したイギリス人部隊が補充され、さらにインドで勤務期間を過ごしているイギリス軍また女王軍の連隊も加わった。こうして、十九世紀の初めには、インドに二万から三万人のイギリス兵が駐留することになった。ということは、プレジデンシー・タウンと呼ばれたこれらの町が、この時代にはかなり大きなイギリス人社会の本拠地となっていたことを意味していた。

十七世紀にカルカッタへやってきた人は、ウィリアム要塞の商館周囲にみすぼらしい茅葺屋根のバンガローがかたまっている光景にぶつかったが、この時代にはそれらもみな、優雅な広い通りや広場に沿って建ち並ぶ「ギリシャ風の柱のある豪邸」と教会に取って代わられていた。そのすべてを見下ろすように、「立派な列柱とドーム屋根のあるインド総督の邸宅」がそびえていた。[*2] 日が暮れて涼しくなると、マイダーンと呼ばれる埃っぽい練兵場は、馬で散歩するイギリスの紳士たちでにぎわい、トンジョン（屋根のない輿で、四人から六人で長い棒を担ぐ）に乗った婦人の姿もときおり見られた。背後にインドの掘建て小屋が見えなければ、あるいは屋根の上からインドハゲコウが陰気な様子で周囲をうかがっていたり、大勢のインド人従者や物売りがうろついたりしていなければ、よそからきた人は、ジェーン・オースティン時代のバースの社交場に入りこんだと勘違いしたことだろう。実際、一八一八年の十一月にカルカッタに到着した十九歳のフレデリック・ショアは、ここの社会は「イングランドの田舎町」とよく似ていると感じている。

フレデリック・ショアは文官として人生のスタートを切り、フォート・ウィリアム大学で一年間、まじめにペルシア語とヒンドゥスターニー語を学び、宗教とよい統治に関する講義を受けた。故郷のイングランドにいる伯母に宛てた手紙のなかで、彼は「この土地にいくらでもいる怠け者たちに名を連ねるつもり」はない、と述べている。カルカッタには、イギリスの町にある誘惑物がなんでもそろっていた。「あらゆる種類の酒、銃、拳銃、ガラス器……陶磁器、文具、靴や長靴、靴下、食料品をはじめ、限りない品々」を売るヨーロッパ人経営の店があり、若者はいくらでも金を浪費することができた。友人たちに見栄えのする夕食をふるまえる居酒屋もあったし、酩酊するまで飲み、

「黒い美人」の魅力にとりつかれそうな店もあった。快楽の園もあれば舞踏会場もあり、若い男性は、ショアが言うように、「〔結婚〕市場に」でている若い女性たちと踊ったりふざけ合ったりして楽しめるのだった。ショアは充分な資金が貯まらないうちから結婚の罠におちいりたくなかったので、ダンスには加わらなかった。あるいは、トランプや競馬などの賭け事——若い新参者が最も好んだ二つの楽しみ——に耽ることもなかった。こうした「頭のいかれた」連中が馬を一六頭も購入して途方もない賭けをし、将来を台無しにしている無鉄砲さに彼は仰天していた。

イギリス人は、僻地にある軍の駐屯地にいたるまで、あらゆる居留地でイギリスを模した社会をつくりだした。しかし、インド各地のこうしたリトル・イングランドの社会はいつの時代も堅固なものではなく、日常生活のあらゆる側面でインド的なものが徐々に入り込んできていた。イギリス人の人種的、文化的な傲慢さは、インドの社会と文化を自分たちの目的に合わせてつくり変えるべく着手させることになった。しかし、かつてのムガル人と同様に、彼らもまたインドがその支配者の文化に避けがたい影響をおよぼすことに気づいたのである。当初、イギリス人はこの問題にはさほど関心がなく、ある程度はインドを受け入れ、インドが自分たちのアイデンティティのなかの不可欠な要素となるに任せていた。東インド会社の職員は自分たちをインド人、東インド人、あるいはアングロ・インディアン〔イギリス系インド人〕などと称していた。この最後の名称が定着した。本書ではインドで暮らしていたイギリス人を指して、アングロ・インディアンという言葉を使っている。この言葉の意味が変わるのは一九一一年になってからだった。それ以降、この名称はイギリスとインドの双方の血を引いた人びと、つまりそれまでユーラシア人〔欧亜混血児〕と呼ばれていた人びとを指すようになった。

十八世紀末から十九世紀の初めになると、会社の職員たちはインドの水タバコをふかすことに熱中するだけでなく、バングと呼ばれるインドの大麻を吸い、アラックを飲み、「パカ」(本物の)や「バンダバスト」(契約)といったインドの言葉を会話に混ぜ、頻繁にシャワーを浴び、薄手のナンキン木綿の上着に白いリネンのベストを着て、ときにはインド式のゆったりしたズボンを穿くことすらあった。暑い国では、そのほうが快適だったからだ。実際、彼らはインドにすっかり染まり、イギリス人でもインド人でもない、双方が混ざり合った人間に変わっていった。

この時代、インドにはヨーロッパの女性がほとんどいなかったため、イギリスの男たちの多くはインド人情婦となかばインド式に暮らしていた。こうしたカップルは、心の通わない便宜上のものだったわけはなく、多くの男性は連れ合いと深い愛情で結ばれ、敷地内の隔離《パルダー》された一画でくつろぎのひとときを過ごしていた。インド女性とこうして親密にかかわったことによって、イギリス人は「現地の生活体系」のなかで教育され、インド女性からその土地の言葉や習慣、インド料理の楽しみ方を教えられたのだった。[*3]
こうしたカップルの子供たちもまた、会社の文官たちとインドのあいだに堅い絆を築いた。彼らのライフスタイルは、インドのイギリス人社会に派手好きで、いくらか自堕落な雰囲気をもたらした。もっとも、職員たちの多くはそのせいで戸惑うこともなかったようだ。

　むしろ、東インド会社がインドを支配しはじめた当初、イギリスの行政官は自分たちを新しいインド人貴族階級として位置づけようと積極的な動きにでていた。イギリス人はムガル人に代わる支配階級となっても、インドの民の目からすれば下層階級の商人にすぎないことに、彼らは気づいていたのだ。そこで彼らは、堂々とした支配階級というイメージを植えつけることに専念した。一八二〇年代にインドを訪れたジェームズ・コーディナー師はこう書いている。「ここではどんな階級の人間も贅沢に暮らしており、多くの人は所帯を維持するのに年間二〇〇〇ポンドから一万ポンドを使っている」。イギリスでは、これほどの出費は上流階級の最富裕層でなければ、とてもまかないきれないものだった。たとえこの数字が誇張だったにしても、インドでは中流階級の一般の商人や没落したジェントリー階級の子弟が、貴族のように暮らせたというのは事実だった。ジェームズ・マンロー・マクナブは、生まれ故郷のスコットランド低地地方にとどまっていたら、牧師か医者になって年収五〇〇ポンドから一〇〇〇ポンドを稼いでいたことだろう。使用人は四人から六人雇い、月々二〇ポンドから三〇ポンドを食費に費やせたかもしれない。[*4] 一方、カルカッタでは、造幣局長代理および市の行政長官として、彼は「造幣局に併設された……三階建ての豪邸」で暮らし、市内を輿《パランキーン》（棺桶に似た箱に乗り手が横になり、四人から六人で棒を担ぐもの）で運ばせるための担ぎ手を一〇人、地位の象徴である銀の棒をもってその前を走るハーカラを二人雇っていた。彼は馬車を所有し御者を雇ってもいたほか、馬の世話をするサイス（馬丁）も六人おいていた。夕食会を開き客をもてなすことは、カルカッタの社会で地位を維持するためには不可欠なものであり、彼が雇っている四一人の使用人の大多数が食事に関連する仕事に就いていた。料理人と助手、マサルチ（香辛料挽きおよび皿洗い）のほか、ジェームズ・マクナブは給仕のためにカーンサマーともう一人執事を雇い、アウブダーとキッドマトガー（給仕係）がそれを補佐した。彼はバザールで買う食べ物のほか、パンとバター、料理用の薪、ワインとビールに月々四〇〇ルピー（約五五ポンド）を費やしていた。これは気前のよい額であり、おかげで彼の食卓にはつねに「おいしい塩漬けハム、胸肉、タン……すばらしいカレーにマリガトーニ・スープ」が並んでいた。[*5]

　バラカーナ（豪勢な食事）は、〝アングロ・インディアン〟の社交生活における中心だった。インド在住のイギリス人は正餐の席で富と地位をここぞとばかりにひけらかした。料理がありすぎて「テーブルクロスがのぞいている部分がない」ほどだったと、驚嘆して述べた人もいる。[*6]「インドで夕食会を開く方法は、仔牛か羊をつぶして招待客の前に大きなロースト肉を一度にだし、さらに鶏肉なども同じだけ供すること」のようだ、といつも辛口のエマ・ロバーツは書いている。彼女は嫁いだ姉の話し相手として、インドに滞在していた。当人も言うように、それはまさしく退屈な立場であり、おそらくそのせいで彼女の口調はいつも辛辣だ。[*7]

東インド会社の商人は、イギリスの地主階級の食習慣をインドにもちこんだ。イギリスでは、身分のある人は一年間に七四キロもの肉を消費しており（平均の消費量は約四〇キロ）、なかには一二五四キロという信じがたい体重にまで達した人も一人か二人いた。上流社会の食生活の実態は、肥満や痛風を患った人を描いた風刺画に反映されていた。[*8]特大の肉のパイ、羊の鞍下肉、巨大なハムが山盛りになった食卓は、貴重な資源を大量に確保できる上流社会の力をはっきりと見せつけるものだった。アングロ・インディアンは、菜食主義のインド人とは対照的に、あるいは肉食のムガル貴族と比較しても、膨大な量の肉を消費することで評判となった。イギリス人はインドに定住すると、祖国で富裕層がおこなっていた消費パターンを繰り返し、食卓には「向こう側が見えないほどの七面鳥――牛の腿肉、ローストビーフ、ビーフシチュー、副菜の仔牛の腰肉、七面鳥の雌ほどの大きさのある去勢鶏をローストしたもの」などが並んでいた。しかも、これは最初の料理にすぎない。特大のローストが片づけられると、次にビーフステーキ、鳩肉のパイ、鶏のドラムスティック、カレーとライス、「山盛りになったウズラとズアオホオジロ」、および果物とナッツがテーブルの上に並べられた。[*9]

そのうえ、東インド会社の職員たちはこれほど料理が満載された食卓に、一日に二度も着いていたのだ。フレデリック・ショアは辟易した。彼は姉妹のアンナに、「この国で広くおこなわれているばかげた慣習」について説明している。「つまり、ティフィン〔昼食〕と呼ばれる食事を三時にとるけれど、これは通常の夕食と変わらない。その後、夜になると彼らはまた夕食の席に着く。もちろん、何も食べられないが、いつでもワインとビールはかなり飲む。こうしたことを一日に二度も繰り返せば、健康的であるはずがない」[*10]。ある陸軍大尉も、ショアの感想を裏づけてこう書いている。ティフィンを食べすぎるせいで、ほとんどの人は「ただうわべだけ食事をとっているのであり……ヨークシャー・ハムと羊のわき腹肉……辛いカレーとイギリス製のチーズを少し味わっているにすぎない」。目の前に用意されたものをすべて食べつくすのは不可能だった。カルカッタでは、残飯がキリスト教徒の貧民にまわされたが、ほかの場所では食べ物は捨てるしかなかった。最下層カーストのインド人以外は、不浄なイギリス人の残したものを食べようとはしなかったし、インドの気候では翌日まで食べ物を保存するのは難しかったからだ。したがって、バラカーナは途方もない無駄を生みだしていたのである。

非難されるのは、決まって使用人たちだった。コーディナー師は、インド人は「夕食の良さを、食卓の上に並び立てた食事の量で決めて」いたと不満を述べている。エマ・ロバーツもこう同意する。料理の品数が減る、あるいは小さめの肉の切り身が選ばれるなどして「主人が面目を失えば、使用人は恥じて死を覚悟することになる」。もっとも、彼女は低俗で華々しいバラカーナを好むアングロ・インディアンのほうも、優雅さと洗練さが欠けていると指摘していた。インド人の使用人は、食卓で財力をひけらかそうとする主人夫妻に確かに協力していた。雇い主の地位はインド社会における使用人自身の立場にも、直接影響をおよぼしていたからだ。夕食会のあいだ、ひたすら服従しているように見えた招待客の使用人たちは、実際には食卓で繰り広げられる富を黙って値踏みしていたのであり、またそれによって使用人同士をランク付けしてもいたのだった。マドラス在住の判事の妻エリザベス・グウィリム〔インドの鳥の画家として知られる〕は、彼女の使用人たちが「たいへん誇らしげに夕食を並べていました」と書いている。幸い、エリザベスの「皿と陶磁器人形は彼らの好みにぴったりでした」。「陶磁器のデザートセットを買っておいたのは賢明でした。このセットとわたしのウェッジウッドはどちらも、何よりも賞賛されていました」と、彼女は書いた。

エリザベスは、使用人たちが正餐の支度に誇りをいだいているために、困った問題が起きることにも気づいていた。あるとき、彼女は野ウサギを手に入れて喜び、料理人にどうやって調理するか細かく指示をだした。夕食会のあいだ、野ウサギはとうとう食卓に上らず、執事にもってくるように命じたものの、彼女は無視された。あとから釈明を求めると、「執事は、たいへん申し訳ないが、料理人も彼もこれほど立派な夕食会に野原でつかまえたウサギを運んできたら、来客全員に笑われるだろうと意見が一致したのだと言うのです……わたしがそんなことを命じたのはケチだからだ、と彼らはすっかり信じていたようです。いまのところまだ、来客に野ウサギをだせるほど説得に成功していません」。野ウサギは飼いウサギよりも安かったので、品質も劣ると考えられていたのだ。エリザベスは充分にユーモアを解する人だったので、使用人たちの「高尚さに関する突飛な考え」を単に笑ってすませていた。

グウィリム家では、使用人たちが食材を高級なものと低級なもので区別する場面に遭遇しつづけた。夫妻はどちらも魚がとりわけ好きだったので、エリザベスは漁師が獲れた魚をもちよる海辺まで、たびたびでかけていった。そこで見たことのない種類の魚に出合うと、彼女と夫はそれを夕食に食べてみるのだった。しかし、インド人がまるごと油で揚げた小魚をはじめ、彼らが気に入った料理の多くは、ほかのイギリス人家庭の食卓では決して見ることがなかった。彼女の使用人の説明によれば、「紳士はあの魚は食べられない」のだった。「そこで、彼らなら食べられるのかと尋ねると、そうだという答えが返ってきました。土着の人間はその魚をよく好むけれども、紳士は食べられないし、紳士にこれをだす習慣はない、と言うのです」。使用人たちはイギリス人に、かつての支配階級の料理をだしていた。つまり、ムガルのプラオと、スラトで東インド会社の商人が食べていた「ダムポークト」チキンだ。これらは、通常、アングロ・インディアンが雇ったムスリムの料理人がよく知っていた高級な料理だったのである。[11]

インド在住のイギリス人が朝、昼、晩と食べたのは、カレーとライスだった。[12] アングロ・インディアンの食卓には、かならず何種類かのカレーがあった。これらを辛いピクルスやスパイシーなラグー〔味の濃いシチュー〕代わりにして、あまり味のないゆでた肉やローストした肉に辛味を加えた。しかし、インド人は誰も自分たちの食べ物がカレーだとは思っていなかっただろう。じつは、カレーというものは、ヨーロッパ人がインドの食文化に押しつけた概念だったのだ。インド人はそれぞれの料理を固有の名称で呼んでいたし、召使たちはイギリス人に、ローガンジョシュとかドーピアーザー、あるいはコーラマと彼らが呼んでいた料理を給仕していたのだろう。ところが、イギリス人はこれらをひっくるめてカレーという名前で一括りにしてしまったのである。

イギリス人がこの名称を学んだのは、ポルトガル人からだった。インド人が「バター、インドの木の実の果肉……カルダモンや生姜をはじめ、ありとあらゆる香辛料を入れ……さらにハーブ、果物、および千種類ほどの調味料を加えてつくり……炊いた米の上にたっぷりとかける」〝スープ〟を、ポルトガル人は〝カリル〟または〝カリー〟と呼んでいた。[*13] ポルトガル人はこうした言葉を、インド南部の言語にあるいくつかの単語から借用した。カンナダ語とマラヤーラム語では、カリル（karil）という言葉は味付けのための香辛料を表わすのに使われていたほか、野菜や肉の炒め物を指すこともあった。タミル語には、同じような意味のカリ（kari）という言葉があった（ただし現在では、ソースまたはグレービーソースを意味する言葉として使われている）。カリルとカリという言葉がポルトガル語と英語のなかでかたちを変えるにつれて、綴り字も caril と caree に変わり、やがて、カレー（curry）という言葉になった。イギリス人は当時この言葉を、とろみのあるソースかグレービーソースを使う、インド各地の香辛料の効いたあらゆる料理の総称として使っていた。[*14]

イギリス人はインド全域の料理を表わす言葉として、カレーの名称を使っていたとはいえ、インド亜大陸の料理には地域ごとに違いがあることには気づいていた。ジョゼフ・エドマンズは『カレーとその作り方』（一九〇三年）と題した料理の本のなかで、次のように明言している。「インドには少なくとも三つの異なったカレーがある。ベンガル、マドラス、ボンベイである」。料理本は一般に、このほかインド国境外のカレーをあと二種類含めて、セイロンとマレーのカレーのレシピを掲載していた。しかし、地域ごとの違いに関するアングロ・インディアンの理解は、いささか大雑把だった。彼らは各地の料理のなかで、きわだってはいても、かならずしも一般的でない特徴に目を向けがちであり、その名前で分類したすべてのカレーに、そうした特色を一様に当てはめてしまうのだった。「ベンガルの職人は魚と野菜のカレーに長《た》けている」と、エドマンズは書いた。「ボンベイは、ボメロン魚〔バマローのこと、和名はテナガミズテング〕とパパドムの絶妙な味を自慢にしている」[*15]。セイロンのカレーはおおむね辛く、ココナッツミルクでできているといった具合だ。

　こうした大まかな分類は、各地方内の異なった料理のあいだに見られる微妙な違いをほぼ見過ごしていたし、地域ごとの食べ物の差異が、往々にしてわずかであっても、インド人には強く感じられることも考慮していなかった。同じ地方内でも、土地ごとに土壌、水、空気が違えば、穀類も野菜も、牧草を食べる家畜も、それとなく異なった味になると考えられているのだ。だから、パンジャーブ人が「パンジャーブ地方の知らない場所へ移れば……亡命者のように［自らを見なし］、空気や水、牛乳、野菜、キャベツやカリフラワーの大きさや甘さ、方言、その他あらゆるものが、［彼らが］慣れ親しんできたものとは違うと言うのだ」[*16]。基本的な食材の調理方法に見られるわずかな違いなどは、外部の者には大したことなく思われても、食べ物の微妙な味にうるさいインド人には大問題なのだ。カンナダ南部の村人に、近隣の村人とどこが違うのかと尋ねれば、たいがい「彼らは……米をそのまま食べる」けれど、「われわれはパーボイルド米［熱湯に浸け蒸したあと乾燥させた強化米］を食べる」という説明が返ってくるだろう[*17]。

イギリス人はこうした細かいことに無頓着であるのと同じくらい、異なった組み合わせの香辛料を、調理のそれぞれの段階で加えることによって生みだされる、限りなく多様な味にも鈍感だった。これは一つには、インドの料理人が徐々につくり方を変えて単純化し、イギリス人の好みに合わせていった結果でもあった。たとえば、ラクナウのコーラマはアングロ・インディアンの〝コーレマ〟つまり〝コルマ〟へと姿を変え、これは名前と同様に中身のほうも異なったものになった。インド料理の本を書いた「インド在住歴三五年の弁務官」は、コルマは「例外なく、ヒンドゥスターンのカレーのなかでも特に栄養たっぷりのものだが、本来のレシピどおりにつくると、ヨーロッパ人の嗜好にはまったく合わない」。彼は伝統的なレシピとイギリス風に薄味にしたカレーの双方を載せている。後者のレシピは、ギーとヨーグルトの量がずっと少なく、クローブやカルダモンなど香りの強い香辛料も減らされている。クリームは完全に省略され、その代わりにイギリスのカレーの基本的な材料であるコリアンダー、生姜、胡椒を加えることで、より一般的なカレーソースになっていた。

クルマもしくはコーレマ・カレーの〝オリジナル〟レシピとイギリス風レシピ

インド在住歴三五年の弁務官による『インド料理の本』より

オリジナル・レシピ：

羊肉を2ポンド、タイアまたはダヒー［ヨーグルト］1ポンド、ニンニク2チタック、カルダモン1ダム、つぶしたアーモンド1チタック、サフラン4マーシャー*、レモン5個分の果汁、ギー1ポンド、薄切りした玉ねぎ4チタック、クローブ1ダム、胡椒1チタック、クリーム4チタック、ニンニクのすりおろし小さじ¼を用意する。

通常、紳士の食卓にだされるコーレマ・カレーのレシピは以下のとおりである。

ギー2チタック半もしくは5オンス、良質の濃いタイアを1カップまたは8オンス、すりつぶした唐辛子小さじ1、玉ねぎのすりおろし小さじ4、コリアンダー・シード小さじ1、シナモン・スティックを挽いたもの小6本、レモングラス2〜3本、塩小さじ1½、生姜のすりおろし小さじ½、ニンニクのすりおろし小さじ¼、胡椒8〜10粒、クローブ4〜5個、カルダモン5〜6個分を挽いたもの、ローリエ2〜3枚、水¼カップ、レモン汁1個分、玉ねぎ大12個分を縦に薄切りしたもの。

よく脂肪の乗った羊肉2ポンド分を1インチ半ほどの四角に切る。ギーを熱して玉ねぎの薄切りを炒め、別皿に取っておく。それから挽いた辛い香辛料を含め、すりおろした薬味を炒める。かなり茶色くなってきたら、羊肉と塩を入れて焼き色をつける。その後、タイア、胡椒などの辛い香辛料とローリエ、レモングラス、水、炒めた玉ねぎをみじん切りにしたものを加える。鍋に蓋をして、1時間半から2時間煮る。そのころにはクルマはかなりできあがっている。レモングラスの葉は引き上げなくてよい。[*18]

＊1マーシャーは約1g、1カップは約240mℓ、1インチは約2・5センチ

カレーは、イギリス人がインドの一連の見慣れないシチューとラグーを言い表わすのに用いた用語だっただけでなく、インド在住のイギリス人のためにつくりだされた独自の料理でもあったのだ。ある軍医はカレーをこう描写している。「生姜、ナツメグ、シ

ナモン、クローブ、カルダモン、コリアンダー、カイエンペッパー、玉ねぎ、ニンニク、ターメリックを乳棒と乳鉢で粉に挽いて、ギーを入れることでペースト状にし……それを仔ヤギか家禽の肉を煮込んだものに加えたもの」、と。[*19] これはアングロ・インディアンのカレーの基本的なつくり方であり、その多くはこの基本レシピの変形版だった。マドラス・カレーは、インドの食べ物にたいするこうした姿勢の縮図といえるものだった。このカレーは肉にかける香辛料の効いたソースにすぎず、スプーン一杯分のカレーパウダーと、玉ねぎとトマトからできていた。ジョゼフ・エドマンズはそれを、「完璧な仕上がりの最高のカレー」と表現した。

マドラス・カリーのレシピ

W・H・ドーによるインド料理の本『主婦のためのインド料理の手引き』より

羊の首の肉から骨を除き、小さく切る。肉の脂で焦げ目がつくまで炒める。水またはよいだし汁で2時間煮込む。炒めた玉ねぎを加え、胡椒と塩少々で味付けし、盛り付ける少し前に肉にカレー粉を小さじ1入れてよく混ぜ、5分ほど煮込む。[*20]

洗練されたものではなかったにしろ、アングロ・インディアンの料理方法は、本当の意味で初めて全インドの料理と言えるものだった。ムガル料理は決してインド全土に広がる現象にはならなかった。インドの多くの地方の料理様式がそのレパートリーに組み込まれることはなかったし、広まった範囲も限られていた。それに反して、イギリス人はインド亜大陸の各地からレシピや食材、技法、付け合わせなどを受け入れて、それを一連のまとまった料理のなかで結びつけたのだ。実際、アングロ・インディアンの料理法できわだっていた特徴の一つは、特定の地方の料理の優れた点を、あらゆる種類のカレーに応用したことだった。こうして、南部の海岸沿いの地方でときおり魚のカレーに加えられていたマンゴーが、ベンガルのエビのカレーにも伝わった。あるいは、ムガル料理にとってココナッツは異質の素材だったが、それも加えられるようになった。同じように、アングロ・インディアンたちはインドで見つけたさまざまな口直しや付け合わせを、どれもこれも一緒くたにしてあらゆるカレーに添えてしまった。カレーとライスの皿とともにでてくるのは、固ゆで卵を刻んだペルシアの付け合わせだったり、パンジャーブのレモンのピクルスや、南インドの薄切りした生の玉ねぎ、乾燥したココナッツ、きれいに積みあげたパパドム、あるいは炒めた玉ねぎとベーコンをカリカリに焼いたものだったりもした。*21 付け合わせにかけるアングロ・インディアンの情熱は、米とレンズ豆でつくる素朴な料理キチャリにも向けられた。庶民の大半が食べる日常食であり、ムガルの皇帝たちが断食日に好んで食べた料理でもある。アングロ・インディアンの家庭では、キチャリはよく朝食にだされた。これは、やはりよく朝食に登場した魚と相性がよいからだ。というのも、「暑い季節には、早朝に獲れた魚は夕食の時間にはほとんど腐っている」からだった。[*22] 付け合わせとして好まれたのは、固ゆで卵と炒めた玉ねぎで、これら三品（魚、卵、玉ねぎ）はおいしいケジャリーには欠かせないものと考えられるようになった。

エドワード・パーマーの『インド料理』からケジャリーのレシピ

調理してある魚（身をほぐしやすい魚が好ましい）
パトナーの炊いた米
バター
玉ねぎのみじん切り
ニンニクの薄切り
固ゆで卵
胡椒
塩
青または赤の唐辛子

玉ねぎとニンニクをたっぷりのバターで数分間（焦がさないように）炒める。それから挽いたターメリックを小さじ1加え、さらに数分間これを炒める。ご飯とほぐした魚を加えて、充分に温まるまで全体をごく軽く揺する。胡椒と塩で味付けする。

皿に盛り、固ゆで卵を薄切りにしたものと、青と赤の唐辛子を縦に切ったもので飾り付けしてだす。*23

アングロ・インディアンの料理で特に人気のある料理は、マドラスで考案されたと言われている。イギリス人には料理人にスープを食事の最初にだすように頼んだのだろう。これはインド人には馴染みのない考え方だった。彼らは料理を一度にすべて食卓に並べ、汁物料理をご飯にかけて食べるからだ。マドラスの料理人が知っていたスープに一番近いものと言えば、黒胡椒か唐辛子と、タマリンドと水でつくる水っぽいラサム（スープ）だった。これはタミルでは、モロタニーと呼ばれる胡椒汁だ。アーユルヴェーダの医師は胡椒汁を「神がこの世にお与えになった最大の贈り物の一つ」と考えており、マラリアなどの間欠熱、痔、消化不良、およびコレラの患者に処方していた。今日でも、南インドでは胃痛を回復するために胡椒汁が飲まれているし、この種のラサムは消化を促進させるものとして、よくご飯にかけられている。マドラスの料理人は工夫を凝らして、米を少々と若干の野菜、少量の肉を加えて、このスープをマリガトーニ・スープに変えた。マドラスのアングロ・インディアンはこのスープを大量に飲んだため、〝マル〟と呼ばれるようになった[*24]。マリガトーニ・スープは、インドでイギリス人が発達させた新しい折衷料理から生まれた初期の一品だった。料理がどう供されるべきか（たとえば、スープやシチューとして）に関するイギリス流の概念と、インドのレシピを組み合わせたものだ。このスープは亜大陸各地に点在する他のイギリスの居留地にもたちまち広がり、「とても辛いマリガタニスープ」は、アングロ・インディアンの夕食会や舞踏会でかならずだされる料理となった[*25]。

『若い主婦のための「現地の」インド料理法』から、チキン・マリガトーニのレシピ

鶏一羽を12から16個に切り分け、ティーカップ2杯分の水でゆでる。黒胡椒を5〜6粒、ターメリックと生姜をそれぞれ$1/8$オンス、ニンニクの薄切りを5〜6枚、香菜をデザート用スプーン1杯〔約4・5g〕、赤唐辛子1本を用意し、すべて一緒にすりつぶしてなめらかなペースト状にする。このペーストを鶏のだし汁と混ぜ、沸騰させる。沸騰したら、モスリンでこのスープを濾す。小さじ山盛り1のギーをシチュー鍋で温め、薄切りにした玉ねぎを炒め、肉とスープを一緒に入れてかきまぜ、このカレーを沸騰させる。カレーには酸味を入れ

—ず、別皿に酸っぱいライムのスライスを載せてだす。—

マドラスのイギリス人がモロタニーのよさを見出したように、ボンベイのイギリス人もこの地域の特産を好むようになった。テナガミズテングは、ボンベイの住民がアサフエティダを染み込ませてから吊るして日干しにする魚だった。これをキツネ色になるまで揚げて、崩しながら食べ物の上にかけると、イギリス人好みの塩辛い味がする。この魚は水面近くを泳ぐことで知られていたので、彼らはこの薬味をボンベイ・ダックと呼んでいた。古くは十七世紀から、ボンベイに住むイギリス人はこの珍味を好んだために、ダックと呼ばれていた[*26]。ボンベイ一帯の住民はパパドも食べた。これはレンズ豆を粉にしてペースト状にしたものを薄い円盤状に伸ばして焙り、油で揚げたもので、パンのように、食事のときの添え料理として使われた。イギリス人はこれをパパドムと呼んだ。

七世紀から八世紀にかけて、火を祀るゾロアスター教徒がアラブ人に侵略されたため、ペルシアから逃れてきて、インドの西海岸沿いに定住した。彼らはパールシーと呼ばれるようになり、新しい環境に順応してインドの多くの習慣を身につけた。ヨーロッパ人が到着しはじめると、パールシーはまたもや順応して英語を学び、海運業に乗りだして中国貿易で財を成した。ボンベイにいた東インド会社の貿易商は、会社の設立当初はパールシーと親しくつきあい、支配体制が確立したのちには、家庭でしばしばパールシーの執事を雇った。こうして、パールシーの料理であるダンサクはイギリス人のあいだでよく知られるようになった。これは四種類の豆でつくるダール料理で、鶏か羊肉を入れ、野菜と一緒に煮込んだものだ。ダンサクは香辛料の効いた濃厚なスープで、パールシー流にカラメルで煮た茶色いライスと炒めた玉ねぎと一緒に食べるとおいしい。[*27] この料理にはタマリンドとジャガリーが使われているが、グジャラート人の甘酸っぱいもの好きの嗜好がパールシーの料理にも影響しているのがそこからわかる。ダンサクはアングロ・インディアンの食卓によく登場した〝カレー〟の一つであり、のちにこれはイギリスのインド料理店の定番料理となった。

インドの料理にたいするアングロ・インディアンの折衷主義的なアプローチは、亜大陸全土からの影響を一つのキッチンにもち寄っただけでなく、この折衷料理をインドのあちこちへ運ぶ役割もはたした。十九世紀なかばには、イギリスの影響力はセイロンの南端から北西部のアフガニスタンとの国境まで、さらには東部のビルマの密林にまで感じられるようになった。アングロ・インディアンは、どこへいくにもカレーをたずさえていった。

インドに住むイギリス人は年中、移動しつづけていた。東インド会社の職員（文官も軍の関係者も）は二年から三年おきに新しい任地へ派遣されたため、一家全員が、途方もない距離を移動する必要があった。エマ・ロバーツは「これ以上に不安定で落ち着きのない、流動的な共同体は想像できない」と考えていた。[*28] フレデリック・ショアはカルカッタのフォート・ウィリアム大学で一年間学んだあと、ベンガルの文官として過ごした一九年間に、少なくとも七回は引越しした。最初の赴任地はファルカーバードで、インド監督局での補佐官としての職だった。カルカッタからファルカーバードまで八〇〇キロあまりを旅するのに、彼には二つの選択肢があった。一つはバッジロウと呼ばれる不恰好な大型の平底舟で、川をゆっくりとさかのぼる行き方だ。この方法だと、旅は四ヵ月ほどかかる。もう一つの道は、駅伝夫が使うルート沿いに、ダック（駅伝輸送）を利用して旅する方法だ。ダックの利用客は、六人から八人の人が担ぐ籠に乗って移動し、担ぎ手はヨーロッパの駅馬車の馬のように数キロごとに交替する。この方法なら半分の日数で旅ができるが、これは決して快適な乗り物ではなかった。ある陸軍将校はこう忠告している。

よく知られたこの東洋の贅沢を味わうことに、多くの楽しみを保証することはできない。頭と灼熱の太陽のあいだには、厚さ半インチもない板があるばかりだ。それに薄いマットがかぶせてあるのだが、これは水で濡らすべきなのに、決して濡らしてはもらえない。一日か二日もたてば、より忌むべきはどちらか決めかねることになるだろう。すなわち、担ぎ手たちが元気なときに聞こえる単調で物悲しく、不満げなうなり声のような掛け声なのか、あるいは彼らが疲れたときにがたがたと揺すぶられ、よろよろと歩く足取りなのか。微熱のある状態がつづき、食べることも飲むことも眠ることもできない。口のなかは乾き、頭痛がし、腰は痛み、気分は爆発寸前になる。[*29]

そのような長旅では、食料などの必需品をしっかりと準備する必要があった。インドを旅した昔の人びとは、充分な装備で旅にでるのがいちばんだと学んでいた。さもなければ、つましい食事に耐えなければならない。インドの民衆の大半は菜食主義であるため、買えるものと言えば、少量のレンズ豆と米、それにバターを少々くらいだった。そのため、イギリス人は必要と思われるほぼすべてのものを持参していった。一六三八年に、アルベルト・ド・マンデルスローはイギリスの商人たちと旅をし、スラトからアーグラまでの道筋に点在する商館に、銀などの交易品を運んだ。途中、彼らは野生の鴨を撃ったほか、「きわめて多くの鹿と猪」に遭遇したので、「よい食事にありつくのは少しも難しいことではなかった」。彼らは自分たちの料理人まで連れて旅をし、肉を好みに合わせて調理させていた。[*30]オークランド卿も、一八三七年にカルカッタからシムラに旅したときに同じことをした。このインド総督はフランス人シェフのサン・クルーを同行させていた。このシェフの指揮のもとで料理人の一団が、アウドの太守をはじめ、彼が招く客人のために、贅沢な朝食やすばらしい夕食をつくりだした。一行は、小さい都市がそっくり移動したほどの規模だった。ラクダ八五〇頭、象一四〇頭、馬二五〇頭、それに一万二〇〇〇人の随行員が全長一六キロにわたって平原に連なって砂埃をあげる様子は、何キロ先からでも見えたにちがいない。これはムガル皇帝と同じようなスタイルの旅で、一行の通過がもたらす影響は、イナゴの異常発生となんら変わりなかった。農地に与えた被害のほかに、ムガルの野営地では随行員のために手に入るあらゆる食料を徴用したので、あとには飢えと困窮が残されるばかりだった。オークランド卿の従者は、農民が提供したどんな食料にも代金を支払うように指示されていたが、それでも農民は彼らの蓄えを快く手放したわけではない。彼らが通過した地域の多くは、すでに飢饉で苦しんでいたから、なおさらである。[*31]

バッジロウやダックを利用した旅の場合、さほど多くの被害はもたらさなかった。こうした旅でも、「陶製の壺に入れて沸かして燻した牛乳、［および］鮮度が疑わしいごく小さい卵」を村人から買うことはあったが、通常、バッジロウで移動する乗客には、食事時間になると食堂舟が近づいてきて、朝食には熱いロールパンを、夕食には肉のカレーをだしてくれるのだった。[*32]しかし、本船にもつねにいくらかの食料（および紅茶をいれるのに必要なもの一式）を備えておくほうが賢明だった。というのも、食堂舟はときおり遅れてきたし、夕食がとれないこともあったからだ。[*33]ダックによる旅は、日中の暑さを避けて移動は夜間におこなわれた。昼間は野営地で過ごし、小さい携帯用料理ストーブで料理人が手早く食事を用意した。一八四〇年代になると、駅伝用の宿泊所が各地に建てられ、旅人に食事と休憩場所が提供されるようになった。こうした宿は、その料理のまずさですぐに知られるようになった。「［ダックの］宿泊所のカーンサマー〔執事〕は、空腹の旅人にだせる薬味や調味料がないのを承知で、尋ねられると平然として、季節のあらゆる珍味を用意できると明言するのだ。ところが彼がやってきて料理の覆いをとると、そこには鶏肉があるばかりだ。あらゆる月齢と大きさで、硬さの度合いも異なる鶏肉しかない」[*34]。鶏肉はその場で簡単に用意できる唯一の肉だった。アングロ・インディアンはよくこんな冗談を言った。遠方に旅人があげる砂埃が見えると、宿泊所の料理人は急いで外にでて、庭を掘り返している痩せた鶏を一羽つかまえて殺すのだ、と。どこにでもいる鶏は、〝カントリー・キャプテン〟という有名なアングロ・インディアンのカレー料理となってよく旅人に供された。この料理にはいくつもの異なった調理方法があるが、基本的には殺したばかりの鶏でつくるカレーで、よく保存のきく食材であるターメリックと唐辛子で味付けしてある。このカレーがなぜその名前で呼ばれるようになったか誰も知らないが、これは〝カントリー〟（つまりインド）船の船長によって考えだされた料理だ、と言う人もいる。これは確かに、バッジロウやダックに乗って旅をしながら奥地《アップカントリー》に向かうイギリス人に、しばしばだされた料理だった[*35]。このカレーには、ほとんどのアングロ・インディアンが嫌う〝カントリー〟パンがついてきた。しかし、いろいろ不満はこぼされたものの、「オートミールのようなきめの粗い小麦粉でつくった熱々のおいしいチャッパティで、充分に「ヨーロッパ式パンの」代用品になった……新鮮なヤギの乳も手に入り、旅行者はつねに紅茶を持参していたので、栄養もあり満足のできる食事をとることは充分に可能だった」[*36]。

インド在住歴三五年の弁務官による『インド料理の本』から、カントリー・キャプテンのレシピ

ときには、冷えた肉とカレーでこの料理をつくることもある。必要な調味料は以下のとおりである。ギー2チタックまたは4オンス、すりつぶした唐辛子小さじ½、塩小さじ1、挽いたターメリック小さじ¼、および玉ねぎ20個分を縦に薄切りしたもの。

一般のカレー用鶏肉をふつうに切り分ける。ギーを温めて薄切りにした玉ねぎを炒め、キツネ色になったら別皿にとっておく。挽いたターメリックと唐辛子を炒めて、そこに鶏肉と塩を入れ、鶏肉がやわらかくなるまで、全体をかきまぜながら炒めつづける。盛りつけて、炒めた玉ねぎを上に散らす。[*37]

野営地の料理としてまとめられる一連のカレーもある。十月から五月までの寒い季節に、文官たちは管轄地区を旅してまわり、「その土地を調査し、灌漑事業を視察および推進し……徴税地主《ザミーンダール》と税金を精算し」、裁判をおこなった。こうした野営生活は、ダックやバッジロウによる旅よりはるかに贅沢なもので、野営地は行く先々で「大きくて立派な」テント村に姿を変えた。それぞれのテントにはガラスのドアとストーブが取りつけられていた。エマ・ロバーツは、野営地にいる「インド人召使たちが、ふだんどおり

していることを残念がるような思いを主人にさせまいとしていること」に感激している。彼らは「新鮮なものから干物まで、あるいは酢漬けや塩漬け、ブリキの容器に密閉したものまで、あらゆる種類の魚」をつくりだしたほか、「おいしいフリカッセ、リッソール、コロッケ、オムレツ、さまざまな種類のカレーに、いろいろな猟鳥、猟獣の肉や冷肉、ゼリー、ロンドンやラクナウからのジャム、果物に菓子、数え切れないほどの種類のケーキなどを、陶磁器、ガラス製品、および銀器を使ってみごとに並べるのだった」[*38]。文官にはしばしば一団の男女が同行し、アングロ・インディアンたちのお気に入りの娯楽であるシカール（狩猟）に興じた。ここから油で炒めたあと蒸し煮したウズラ、鴨、ウサギのカレーなど、アングロ・インディアンのカレーという一大部門が生みだされたのだった[*39]。これらに添えるものとして、料理人たちは塩または発酵させた魚、唐辛子、カイエンペッパー、アサフェティダ、きのこにワインを使って辛いシカーリ・ソースをつくった。ロバーツはこれを「獣肉や鶏肉に添えるものとして、これまで食通の天才がこしらえたなかで明らかに最も辛いもの」だと考えた[*40]。

イギリス人は、以前のムガル人やポルトガル人と同様に、インドの食べ物を彼らの好みに合わせてつくり変え、インド料理に独立した一部門を生みだした。アングロ・インディアンの料理は、本当の意味で初めて全インドの料理と呼べるものでもあった。これはインド各地の技と食材を取り入れたものであり、亜大陸全土でくまなく食べられていたからだ。しかし、アングロ・インディアンの料理を、本当のインドの国民的料理と呼ぶことは決してできない。こうして生みだされた折衷料理は、インド在住のイギリス人のあいだでしか食べられていなかったからだ。ムガル人やポルトガル人とは異なり、イギリス人はその他の民衆にも広まる新たな料理部門を生みだすことはできなかったのである。

マトと青唐辛子を加える。さらに2分間炒める。鶏肉を加えて、すべてに焼き色がつくまで炒める。

●鶏肉と香辛料を豆に加え、塩で味付けする。鶏のだし汁300mℓ、ジャガリー、レモンまたはライム果汁を加えて煮る。肉に完全に火が通ったら盛りつけ、ざく切りにした香菜を飾る。

〈p. 204の続き〉
クミン・パウダー　小さじ1
コリアンダー・パウダー　小さじ1
チリ・パウダー　小さじ½
ブラック・カルダモン（ホール）　2個
シナモン・スティック　1cm
黒いマスタード・シード　小さじ1
フェヌグリーク・シード　小さじ½
トマト（刻む）　3個
青唐辛子（刻む）　2本
鶏肉（一口大に切る）　1kg
鶏のだし汁　300mℓ
ジャガリーまたは赤砂糖　小さじ1〜2
レモンまたはライムの果汁　1個分

●豆を洗って一晩塩水に浸しておく。
●水を切って、大きめの鍋に水750mℓ、玉ねぎ、ターメリックとともに入れる。沸騰させて20分ほど煮る。野菜と生姜のみじん切り½片分、ニンニク2かけ、および香菜のほとんどを加えて、豆がやわらかくなるまで煮る。火から下ろして冷ます。この中身をマッシャーでつぶすか、フードプロセッサーにかける。
●鍋で油大さじ4〜6を温め、すりおろした生姜、つぶしたニンニクを入れて5分間炒める。クミン、コリアンダー、チリ・パウダー、カルダモン、シナモン、マスタード・シード、フェヌグリーク・シードを加えてさらに炒める。数分後にト

【ダンサク】

これはイギリス人が最も好むパールシーの料理だ。パールシーは肉と野菜、あるいは肉と果物を一緒に調理するのを好み、彼らのこうした嗜好はインドの西海岸に伝えられ、そこでグジャラートの甘酸っぱいものへの好みと、インドのさまざまな香辛料の影響を受けた。伝統的なダンサクは４種類の豆でつくられ、カラメルで煮た茶色のライスと炒めた玉ねぎとともに食べる。６〜８人分。

挽き割り赤レンズ豆（マスール・ダル）　75g
挽き割りムング豆〔緑豆〕（ムング・ダル）　75g
皮むき樹豆（トゥール・ダル）　75g
皮むき挽き割りヒヨコ豆（チャナ・ダル）　75g
玉ねぎ大（薄切り）　２個
ターメリック　小さじ½
一口サイズに切ったお好みの野菜　500g
（カボチャ、ナス、ジャガイモ、ピーマン、ホウレンソウなど）
生姜（みじん切り）　½片
ニンニク　２かけ
香菜（刻む）　適宜
植物油　大さじ４〜６
生姜のすりおろし　１片
ニンニク（つぶす）　６かけ

〈p. 203に続く〉

第6章　カレー粉　インドをイギリスにもちかえって

一八一一年三月二十七日、『タイムズ』紙にこんな広告がでた。退職してロンドンに住む東インド会社の関係者に、今後は新しく開業したヒンドスターニー・コーヒーハウスで「申し分のない完成度のインド料理」を楽しめることを知らせる内容だった。チャールズ通りとジョージ通りの交差点の角にあるこのコーヒー店は、立地条件に恵まれていた。ポートマンスクエア〔ハイドパークの北東〕付近のこの一帯は、当時、帰国したアングロ・インディアンのあいだで人気があったからだ。古くからのインド通たちは、特注した竹製の椅子に座り、インドの風景画に囲まれ、かつての暮らしの思い出にふけりながら、「最高の美食家たちから、イングランドでこれまでつくられたどんな料理にも劣らないと認められた」カレーを堪能した。別室の喫煙室では、水タバコをくゆらすこともできた。有名な常連客の一人チャールズ・スチュアートは、噂ではインド人の妻が一六人もいて、カルカッタにいたころは毎朝ガンジス川で沐浴していたという人物だったが、彼はこの店を「フッカー・クラブ」と呼んでいた。インド人経営者のセイク・デ

〝女帝《エンプレス》〟カリー・パウダーは最高級の香辛料を使った古いインドのレシピをもとにつくられている。瓶詰は各々4ペンス、6ペンス、1シリング、1シリング6ペンス、および2シリング。缶詰は容量¼ポンド、½ポンド、1ポンド、2ポンド、4ポンド、および7ポンドのものがあり、1ポンドにつき2シリング。
Joseph Edmunds, *Curries and How to Prepare Them. Recipes by some of the most eminent chefs de cuisine, including E. Francatelli... and C. H. Senn* (London, 1903) のなかの広告。

イーン・マホメッドは顧客に、カレー用でもフッカーのタバコ用でも、香辛料や油、ハーブはすべてインドから特別に調達したものだと請合っていた。だからこそ〝本場の〟味が保証されるのであり、顧客はかつてのたまり場に戻ったような気分に浸れるのだった。[*1]

セイク・ディーン・マホメッドはイギリスにつくられた最初のカレー専門店を、ウィリアム・メイクピース・サッカリー――この名前をもった初代の人――のような人びとに気に入られる店にしようと考えた。シルヘット〔現バングラデシュ東部〕地区の徴税官として財を成した人物である。サッカリーはベンガルの森が広がるこの未開の地で、年収六二ポンドほどの給料をもらいながら、東インド会社の税収入を宝貝で集めていた。これはとても金持ちになれる額ではない。しかし、シルヘットには象がたくさん生息していたので、サッカリーは象を生け捕りにして高額で会社に売りつけることにした。おかげで、インドにわずか一〇年滞在しただけで、彼はきれいな花嫁をもらい、二十七歳の若さで引退することができた。一七七六年にイギリスへ帰国すると、彼はその財産でミドルセックス州ハドリーに小さい田舎の屋敷を購入して落ち着き、庭いじりをしながら平穏な暮らしを送った。*2

東インド会社を引退した文官は、このころにはロンドンでもよく見かけるようになった。彼らはネイボップと呼ばれていたが、これは各地区の行政官または支配者を意味する太守《ナワーブ》が、イギリス風に訛った言葉だった。サッカリーと同様、こうした人びとは儲けた財産で田舎に屋敷を購入した。彼らの多くは国会の議席も手に入れ、それによってイギリスの上流社会における地位も買い取っていた。昔ながらの貴族は、自分たちの権力の座が脅かされていると感じ、こうしたインド帰りの富豪を成り上がり者として攻撃し、彼らは勤勉で実直なイギリスを東洋の贅沢品で腐敗させていると非難した。他方、彼らを不器用ながらも、人好きのする愉快な人物として描く人びともいた。ネイボップはこの時代の数多くの戯曲、書物、および新聞に、たいていは脇役として登場した。ウィリアム・メイクピース・サッカリーと同姓同名の孫は、小説のなかによくネイボップを登場させていた。『虚栄の市』にでてくるジョス・セドリーは、ボグリー・ワラーの徴税官だ。この人物は、「肝臓の病気と……あり余る脂肪……怠惰と贅沢な暮らしへの愛着」に苦しんでいる。愚かで貪欲な男なので、彼はヒロインらしからぬ女主人公のベッキー・シャープにころりと騙されてしまう。サッカリーの『ニューカム家の人びと』では、ベンガル騎兵隊のニューカム大佐の「ゆったりとしたズボンに、長い口ひげと黄色い顔」から、この温和な人物がネイボッブであることがわかる。この大佐はブンデルカンド銀行の倒産で財産を失う。

ディーン・マホメッドによるカレーへの投機も、ニューカム大佐のインドの銀行への冒険的事業と同じくらい不首尾に終わった。ヒンドスターニー・コーヒーハウスを開業してから二年もたたないうちに、彼は破産の申し立てを余儀なくされた。料理も店の雰囲気も『食通年鑑』では好評だったにもかかわらず、ヒンドスターニーは、ロンドンのシティに近い場所で、事業を軌道に乗せていた多数の他のコーヒー店とは競い合えなかった。ヘイマーケットにあるノリスストリート・コーヒーハウスは、少なくとも一七七三年からカレー料理をだしているし、コーンヒルのエルサレム・コーヒーハウスはすでに東インド会社の貿易商と職員が集まる拠点となっていた。[*3] この事業はマホメッドの共同経営者によって継続されたものの、インド風の雰囲気が維持されたかどうかは定かではない。マホメッドはブライトンに蒸し風呂の施設を開業し、この事業ではより成功して、摂政の宮〔のちのジョージ四世〕にも「シャンプー」を味わってもらった。これはヘチマのような手袋をはめて、頭皮を強くマッサージするサービスを含むものだった。

ポートマンスクエア付近に落ち着いたネイボッブの多くは、自宅でインド人料理人を雇うだけの余裕があったので、マホメッドのカレーを食べにでかける必要がなかったのだろう。帰国したアングロ・インディアンは、インド人召使の従順さと引き換えに、イギリスの家政婦の辛辣さを受け入れるのを嫌がり、よく自分たちのアヤ（乳母）、下男、料理人をともなってイギリスに戻ってきたからだ。

リンガ・スワミーは、ベナレス〔現ヴァラナシ〕で旦那《サーヒブ》に雇われたことをひどく後悔した。このイギリス人が「一五年前、わたしをイングランドに連れてきたあと他界し、わたしは途方に暮れたまま取り残された」からだ。リンガ・スワミーとイギリス人の妻および子供は、物乞いをするはめになった。寄る辺のないアジア人に布教活動をつづけたジョゼフ・ソルターは、著書『イングランドのアジア人』のなかで、奉公人の多くがイギリスへの旅でいかに悲惨な末路を迎えたかを描いている。新聞にはよく、インドへ戻る一家に働き口を見つけて、そのような運命から逃れようとするインド人がだした広告が掲載されていた。

逃亡したインド人の目撃情報を求める広告もあった。逃げだした奉公人は、東インドの貿易によってロンドンに生みだされた東洋の暗黒街に姿を消すこともあった。ホワイトチャペルとシャドウェルの本通り付近にあった〝東洋人街〟には、薄汚い下宿屋がひしめいていた。ここでラスカー（インド人水夫）たちは、船が出港するまで待機するのだった。ジョゼフ・ソルターは一八五〇年代にこうした下宿屋の一軒を訪れた。そこは、「ボンベイに近い、スラト生まれのアブドゥール・レーモン」が経営する宿で、「同胞から金を巻きあげて繁盛している」下宿屋だった。レーモンは、セントポール大聖堂の庭で十字路を掃除する仕事から身を起こしたと言われている。ネパールの大使に目を留められたおかげで、彼は自分の事業を始めることができた。「彼はこのあたりに家を二軒もっていた……どちらも一階は阿片を吸引する場所に当てられていた。ラスカーたちが陸に上がると、これらの家は占領され……。二階へ上がれば……彼らがベッドに横になり、危険な阿片を吸っている姿が見られるだろう」[*4]。下宿屋の多くは、「イギリス人の愛人が手助けしており、彼女たちのなかには、こうした環境にあまりにも長くいたため、東洋の言葉で話し……ミセス・マホメッドとか……カルカッタ・ルイーズ、ラスカー・サリーといった名前で呼ばれている」人もいた。船乗りの多くは船から脱走し、物乞いや盗み、道路清掃、安物の行商などをして暮らしていた。ソルターは「郊外に住む上流の人びとにカレー粉」を売って、生活をやりくりしている元水夫に出会っているが、通常はインドに戻る東インド会社の商人の家で、料理人としての勤め口を見つけていたにちがいない[*5]。

インド人の料理人をともなって帰国するだけの費用がまかなえず、イギリスではインド人の働き手が見つからなかった場合、古くからのインド通たちは、インドでカレーづくりを習ったセーラ・シェイドのような女性を雇った。セーラは軍人の妻として、冒険に満ちた生涯を送った。自身の体験談のなかで、彼女は虎の舌の根元をつかまえて撃退した話や、ひどい下痢に見舞われて衰弱したあと、自分の身に何が起こっているのか完全に理解しているのに、埋葬されかけた逸話などを語った。インド南部で起きた英仏間の戦争に巻き込まれた彼女は、顔面を撃たれたうえにサーベルで腕を切られ、マイソール軍のスルタンに捕らえられた。このとき、セーラのインド料理の知識が役に立った。セーラを捕虜にした一人が、現地の言葉を話し、インド料理ができる彼女の才能に感銘を受け、夫とともに脱出させてくれたのだ。軍人たちのインド人妻や欧亜混血の妻たちのあいだで、セーラが料理の技と言葉を身につけたのは間違いない。多くのイギリス兵が「きれいな混血娘」と結婚しており、一八一三年にはある陸軍将校が、「この国に在住する人びとの三分の一は、現地の人間と結婚するか、ヒンドゥスターンの女性に子供を育てさせている」と推計したほどだったからだ。[*6] セーラ・シェイドはインドに夫を残して一七八〇年代にイギリスに帰国した。そこで、彼女のインド料理の知識が再び役に立った。「東インド関係のさまざまな家庭でカレーをつくることによって」、救貧院に入ることなく生き延びられたのである。[*7]

イギリスの家庭では、台所でカレーをつくるのに、かならずしもインド人の料理人を必要としていたわけではなかった。インド料理は多様な経路をたどってイギリスの食文化に入ってきた。祖国では、息子や兄弟がインドで送っている風変わりな生活について家族が知りたがっていたし、若者はよく手紙のなかにレシピを同封していた。たとえば、ダンフリッシャー〔スコットランド南部〕のバーンフットにある実家に、取り残されていた未婚のウィレルミーナとステファナ・マルコム姉妹は、一〇人の兄弟と定期的に文通をつづけていた。そのうちの何人かは、一旗揚げようとインドに赴いていた。姉妹は「マルガトーイ」スープやインドのピクルスのつくり方について兄弟が教えてくれたことを、ブラウンウィンザー・スープやポテトパフなどの伝統的なレシピとともに、料理手帳に書き写している[*8]。

夫とともにインドに赴任し、自宅のインド人料理人から学んだ女性たちも、同じくらい変化に富んだレシピを集めていた。アングロ・インディアンたちは引退したり休暇で帰国したりすると、イギリス人料理人においしいカレーのつくり方を教え込んだ。サッカリーの『虚栄の市』では、ジョス・セドリーの母親が、その晩の夕食は、息子好みにカレーをつくるよう料理人に命じておいたと述べる。結婚できそうな相手として、ジョスに狙いを定めていたベッキー・シャープは、この料理を食べて彼に気に入られようと考える。彼女は「カイエンペッパーによる拷問」に苦しむが、ジョスと父親はいたずら心から唐辛子《チリ》を勧めて、彼女にさらに悲惨な思いをさせる。「何やら冷たそう」に聞こえる名前〔英語のチリーはひんやりするの意味〕に惑わされ、彼女はほっとして食べてみたのだが、それがさらに辛いことを知ったのだ。もはや気取っている場合ではなくなり、ベッキーは水を求め、セドリー氏とその息子に爆笑されるのである。しかし、現実の世界では、アングロ・インディアンは故郷の親戚や友人に、むしろインド料理のすばらしさを伝えることに成功していた。サッカリーはインドで生まれたとはいえ、アングロ・インディアンのほとんどの子供と同様、四歳で祖国に送り返されイギリスで教育を受けていたため、インドの食事を好むようになる前にこの国を離れていた。しかし、彼はインドで暮らしたことのある何人もの親戚の家で、カレーの味を知った。実際、彼はカレーに夢中になり、カレーに捧げた詩まで書いたと言われている。

三ポンドの仔牛肉をぼくの可愛い娘が下ごしらえし、
上手に小さな四角に切り分ける。
次に五つの玉ねぎを生意気な小娘は手に入れる。
（大きいのがいちばん、と彼女のサミエルは考える。）
それにエッピング・バターを半ポンド近く、
鍋に入れて、こんがり色づくまでとろ火にかける。
次にぼくの器用な娘は何をする？
肉をいい香りのシチューに放り込み、
カレー粉を大さじ三杯入れ、
牛乳を一パイント（そうすれば濃厚な味に）
そして、三〇分間ぐつぐつ煮込んだら、
レモン汁を絞って上からかける。
さあ、いいぞ！　それから、彼女はこの豪勢な料理を
ごく弱火で煮て、そして熱々のうちに盛り分ける。

追記——牛肉、羊肉、ウサギ、お好みなら
ロブスターや小エビ、あるいはどんな魚でも、
カレーならよく合う。できあがれば、
皇帝にだってだせる料理なのさ。[*9]

専門的なレシピ本も、帰国後にインド料理を再現したいと考えるアングロ・インディアンの要望に応えて、登場するようになった。一八三一年に東洋翻訳委員会〔英国王の後援で一八二八年に創設〕が「インド料理」と題された小冊子を、「この国に住む相当数の個人や家族で、東洋に長く暮らしたため、インド風の生活様式をことのほか好むようになった人びと」のために発行した。[*10]この冊子には、アングロ・インディアンの定番料理——プラオ、コルマ、ドーピアーザー、キチャリ、カバーブ、マンゴーの砂糖煮——のつくり方が含まれていた。もっとも、ここに掲載されたレシピは、のちのイギリスのレシピよりはずっと、インド本来の味に近いものだったが。

イギリス料理の単調な味付けが、人びとをいっそうカレーに夢中にさせたのは間違いない。『虚栄の市』で、ベッキー・シャープがカイエンペッパーと唐辛子に見せた反応から、当時のイギリス人がいかに香辛料の効いた料理に慣れていなかったかがわかる。そもそもイギリス人をインドに向かわせたのが、胡椒と香辛料への渇望だったことを考えれば、これは奇妙なことに思われる。だが、このころ香辛料は西洋では徐々に人気が

なくなっていたのだ。十七世紀のあいだ、ヨーロッパ人は古典的な建築と彫刻の優雅さと美しさに魅せられ、古代ギリシャやローマの社会への憧れを募らせていた。そのため、古典的な料理が探求されるようになった。ローマ人は胡椒を愛用し、それどころか、スパイシーな食べ物を好んでいたのだが、十七世紀、十八世紀の料理人が注目したのは、オリーブとケッパーとアンチョビ〔カタクチイワシ〕を基本にした、古典的な料理の塩味と酸味の組み合わせだった。この料理スタイルは、消化を燃焼よりも発酵の過程とみなす新しい科学理論にもよく合致していた。それ以前は避けられていた食用きのこ、アンチョビ、牡蠣といった食べ物も、発酵しやすいことから健康的なものとして見直されるようになった。胃の炎をかきたてる有益な燃料とみなされていた香辛料は、このころにはあまり重視されなくなっていた。フランスとイタリアでは、中世の最盛期にはアーモンドをふんだんに使い、甘さと酸味の組み合わせを大切にする香りのよいスパイシーな料理が中心だったが、この時代にはそれが新しい料理法に取って代わられていた。こうして口直しの料理《セイヴォリー》から甘味が除かれ、バターと油をベースにしたソースが中心になった。発酵の最後に生じる化学物質と塩分を結びつけるのに役立つと考えられていたものだ。その結果、ヨーロッパの料理はいっそう風味のないものになっていった。[*11]

　イギリスが料理の世界における主導権をフランスから奪うと、ナツメグやクローブ、シナモンなどの香辛料は、プディングやケーキの領域に追いやられた。クミン、コリアンダー、カルダモン、およびサフランの箱は、かつては貴重な贅沢品と考えられていたのに、食料貯蔵室の棚で埃をかぶるようになった。辛いスパイシーな食べ物は刺激が強すぎて、危険な情熱や性欲をかきたてがちだとして非難された。[12] こうした偏見は、野菜への不信感と結びついていた。玉ねぎ、ニンニク、リーキ〔セイヨウネギ〕は息が臭くなり、消化が悪いと考えられたため、疑いの目で見られていた。十八世紀末には、「安全な」野菜の範囲はおなじみのジャガイモ、カリフラワー、ブロッコリー、サヤインゲン、アスパラガスに限られるようになった。こうした状況下で、フランスの新しい料理法もイギリスの料理人の腕にかかって形無しになった。一七八二年にあるスイス人牧師が、コーヒー店でだされる一般の食事について、こんな不満を述べている。「生ゆで、または生焼きの肉と、ただ湯でゆがいただけのキャベツ数枚に、小麦粉とバターでつくるソースをかけて食べる。イングランドでは、これが野菜に味付けをする普通のやり方なのだ[13]」。カレーがもたらした変化は、さぞかし歓迎されたにちがいない。

香辛料の需要が減ったとはいえ、イギリス人は相変わらず東洋からの物資を貪欲に求めていた。十七世紀に、中国から茶を飲む習慣が上流社会にもたらされ、それによって優雅な茶碗と上等な中国の磁器への需要が高まった。ロンドンには、東洋の品々を専門に扱う小さい店がいくつも出現した。レドゥンホール通りにあるピーター・モットーの店では、贅沢品を好む人びとが、中国からきた丈の高い染付けの壺や、豪華なブロケード、光沢のある金の飾り棚などを買うことができた。[14] 女性のファッションは東洋的な要素を取り入れ、ターバン、カシミールのやわらかいパシュミナ、銀糸や金糸が織り込まれたインドのモスリンなどが大流行した。帰国したネイボッブたちは、インドの建築技術をイギリスにもちこんだ。建築家のチャールズ・コッカレルは、コッツウォールド丘陵のセジンコートに、ドームや装飾的な柱がある東洋風の自宅を建てている。家の両端に彼は東屋をつくり、その天井に星を描いた。こうして、インドの夜空のもとに屋外で寝た経験を再び味わえるようにしたのだ。摂政の宮もそれにならい、ブライトンの離宮を東洋風のドームと柱のある幻想的な建物につくりかえた（一八一五年から二三年）。異国情緒豊かなものへのこうした熱中ぶりと並行して、東洋の料理方法への関心も高まった。インドとはなんらかかわりのない普通のイギリス紳士や婦人までもが、こうした流行のカレーに好奇心をいだきはじめたのだ。

一八四〇年代には、多くのインド製品が売られるようになっていた。そして、これらの生産者があらゆる努力を惜しまずイギリスの大衆を説得し、食生活のなかにカレーを取り入れさせたのだ。セリムのカレーを製造するエドマンド・ホワイトは、カレーを健康食品として紹介した。彼はヴィクトリア時代の広告手法にしたがい、「カレー――その健康的特徴と薬効、家庭、商業、および国家的な見地からの重要性」という題名の仰々しい小冊子を書いた。このなかで彼は、セリムの本場インドカレー・ペーストでつくった魚のカレーを食べると、胃を刺激して消化を助け、それがさらに血液の循環をうながし、精神的にも活気に満ちてくると主張した。[*15] カレーは命も救うと彼は言い、エルサレム・コーヒーハウス（東インドの商人たちの有名なたまり場）のハーパー氏という人物の信じがたい症例を引用した。この人はあらゆる薬を試したものの効目がなく、絶望的になっていたところ、ホワイト氏がカレー・ペーストによって投与した香料によってようやく救われた、というのである。[*16]

おそらく、こうした広告戦略に腹を立てたのだろう。ノーフォーク公は、カレーにこれほどの効能があるなら、当時、ジャガイモ飢饉の影響で苦しんでいたアイルランドの貧民も、飢えの苦痛をしのぐために、カレーが利用できるのではないかと提案した。この無神経な発言は当然ながら『パンチ』誌で揶揄され、ノーフォーク公はまもなく、「ひとつまみのカレー粉で暮らす方法」と題した、「資本スープ」のレシピ付きの小冊子を発行するだろう、などと書かれた。こんなレシピである。「シチュー鍋を用意する。それない場合は、借りること。きれいな水を一ガロン入れ、沸騰するまで火にかける。それからカレー粉を用意し、ひとつまみ取りだす。この粉は、お好みなら、かぎタバコ入れに保管しておいてもよい。ひとつまみのカレー粉を湯のなかに入れたら、寝る前に腹をすかせた子供たちに分け与える」[*17]

一般大衆のあいだにも、カレーが健康によいと固く信じている人びとがいた。女性誌『クィーン』のある読者は、一八六三年にこう報告している。「大伯母は、暑い季節には献立にカレーを加えると得する、というすばらしい考えの持ち主でした。カレーは消化によい、と言うのです。だからこそインドでは辛い食べ物がこれだけ好まれているのだ、と。身体に熱がこもりすぎると、生命維持の機能を阻害するし、暑さで弱っているときは消化力も刺激が必要になります。大伯母は自家製のカレー粉をとても自慢にしていました。そのレシピは、若いころ彼女が東洋の友人からもらったものなのです[*18]」

イギリスの料理の本で、最初にインド料理のレシピが掲載されたのは、一七四七年に発行されたハンナ・グラスの『料理の技』だった。そこでは三種類の異なったプラオのつくり方が紹介されている。のちの版には、家禽またはウサギのカレーと、インドのピクルスのつくり方も含まれていた。ハンナは冒険心に富んだ料理人で、ジャガイモのレシピと、トマトを使った「コダラのスペイン風仕上げ」のつくり方も説明している[*19]。コロンブスによるアメリカへの航海以降、新世界の野菜はイギリス人に知られていたとはいえ、これらはまだ金持ちの家で試験的に食べられていたにすぎなかった。ハンナの手引書は、こうした家の使用人の教育を意図したものだったのだ。

カレーは当初、シチューの一種として見られたせいで割を食っていた。シチューは、下層階級の肉の調理方法と見なされていたからだ[*20]。十九世紀前半に、中流階級が社会および経済の勢力として台頭するまで、カレーがイギリス人の食生活に本格的に入ってくることはなかった。

貞淑な主婦を賛美する中流階級の家庭の考え方は、倹約を美徳のしるしに変えた。料理の本も家事の手引書も、効率よく経済的に家庭を切り盛りし、食費をやりくりできる中流階級の女性たちをたたえていた。カレーは残り物の冷めた肉を使いきるすばらしい方法として、もてはやされるようになった。インドに住むイギリス人は、ときおり余った肉をカレー粉で調理しており、これがジャルフレジを生みだすもとになった。この料理は、アングロ・インディアンの料理本では、たくさんの玉ねぎと少量の唐辛子とともに、冷めた肉《コールドミート》を揚げたものとして登場する[*21]。ビートン夫人の中流階級向けレシピの決定版では、牛肉と鶏肉のカレーはいずれも、「冷めた肉の料理」に適しているとされている。カレーを食べるイギリス人で、この状況の皮肉さを認識している人はあまりいなかった。ヒンドゥー教徒のあいだでは、残り物を食べるのがおおむねタブーであることに、彼らは気づいていなかったのだ。

その味のせいか、実用性あるいは栄養価ゆえにか、カレーは一八五〇年代にはイギリスの食の世界の一部としてしっかりと根づいていた。『現代の家庭料理』（一八五二年）の著者は、カレーについてこう述べている。「かつては、インドに長年、在住していた人びとの食卓にしかほとんど上らなかった料理だが、いまでは完全に定着しており、食卓にカレー料理が一品もなければ、きちんとした正餐とは言えないと考えられるほどになった[*22]」。これらの料理の本を信じるとすれば、イギリス人がカレーソースで煮込まない食材はまずなかったと言えるだろう。一般的な肉の切り身から、仔牛の足、雄牛の口蓋、羊の頭、ロブスター、タマキビガイまで、なんでも利用された。中流階級は十八世紀の暴食の習慣をやめはじめており、すべての料理を同時に並べて贅沢ぶりを誇示することはなくなっていた。フランスからの新しい流行にならって、上流階級は〝ロシア式に〝食事をするようになった。これはつまり、料理がサイドボードにおかれ、使用人が一人ひとりに給仕することを意味していた。食事はいくつかのコースに分けられ、スープ、魚、アントレ、ロースト肉、それにデザートと、ときにはセイヴォリーからなる標準的なパターンができあがった。以前は食べ物の量に重点がおかれていたが、このころにはむしろ洗練度が重視されるようになった。味にうるさい人にとっては、軽いながらも工夫の凝らされたアントレが、いちばん重要な料理なのだった。カレー料理はシェフにとって、〝取り合わせ〟料理の腕前を発揮する機会となり、それは単純に肉の切り身を調理することとは対称をなすものだった。カレーは残り物を使う手段としての評判をかなぐり捨てて、夕食会にも登場しはじめた。一八五〇年代に、さまざまな規模の夕食に勧められる幅広い献立が、『夕食は何にしましょうか？』と題された本となって出版された。著者はレディ・マリア・クラッターバックとなっているが、本当の執筆者はチャールズ・ディケンズの妻キャサリンだったと考えられており、ディケンズ本人も出版に関与していた可能性もある。メニューには、ガチョウのロースト、ウナギのシチューのオイスターソースがけ、冷たいピジョン・パイと並んで、カレー味のロブスター、カレー味の牡蠣、マトン・カレーライスなどが含まれていた。[*23]

イギリス人のあいだでカレー嗜好が広まるにつれて、女性誌の読者からの手紙欄でも、討論のテーマとしてとりあげられるようになった。『クィーン』誌のなかで、バースに住むW・M・Bという読者はこう書いている。「マダム、このように優れたレシピをときおりご提供くださっているのですから、今度はインドのカレー粉を使った肉料理のよい方法を教えていただければ幸いです」。すると別の読者が、それぞれのお気に入りのカレー・レシピを送り、ライスはどのようにだすべきか（別々にか、カレーソースを上にかけるべきか）をめぐって長々と議論がつづき、さらにそれをどうやって食べるべきか（スプーンが好まれた）、カロライナ米よりパトナ米のほうが適しているのか、といった話題もあった。投稿者はしばしば自分のレシピが「本場のもの」であることを自慢げに強調し、それを現地の料理人から伝授されたと主張していた。ある読者は、悪名高いティプー・サーヒブ〔スルターン〕の息子の一人のもとにいた執事から、「本物のマドラスカレー粉」をつくる秘法を習った、と自慢さえした。[*24] オリエンタル・クラブ〔会員制の紳士のクラブ〕で料理長をしていたリチャード・テリーですら、彼の『インド料理』に掲載したレシピは、「わたしの料理の知識だけでなく、現地の料理人から集めた」ものだと強調する必要性を感じていた。

こうした公言がなされているにもかかわらず、一八四〇年代から五〇年代にロンドン大学ユニヴァーシティ・カレッジでサンスクリット語を教えていたラカール・ハルダールによれば、「わたしがインド人であることを考慮して」、招く側のイギリス人がわざわざ注文してくれたカレーは、「本物のインドのカレーとは、これ以上に異なった料理にはなりえないほど、まるで違ったもの」だった。[*25] そしてもちろん、十九世紀にイギリスのキッチンでつくられていたカレーやプラオは、インドでアングロ・インディアン用に料理されていたもの以上に、イギリス風になっていたのである。

　インドでつくられていたイギリス式カレーは、ある基本的な調理方法にしたがっていた。まず香辛料、玉ねぎ、ニンニクをすりおろしたものをギーでまとめ、それからこのペーストに肉を加え、それを煮込むのだ。サッカリーがカレーに捧げた詩が示すように、イギリスでは似たような一つのレシピが使われていた。まず玉ねぎと肉をバターで炒め、そこにカレー粉を加え、さらにだし汁か牛乳を入れて、この混ぜ合わせたものを煮込む。皿によそう直前にレモン汁を少々加える。イギリスの料理本に見られるカレーは、いずれもこのタイプの変形版だ。同じレシピでもソースにベンガル・チャツネをさじ一杯とライムとマンゴーのピクルスを加えれば、〝ベンガル・チキンカレー〟に変わるし、ココナッツを軽くすりつぶしたものを入れれば、〝マレー・カレー〟になる。[*26] イギリスでつくられているカレーと、アングロ・インディアンのカレーの違いは、カレー粉に頼るかどうかだった。これは、自尊心のあるインドの料理人なら、誰も厨房にもちこまなかっただろう代物だ。インドの台所は平らで重い石のすり台がなければ、きちんと設備が整っているとは言えない。この上で、香辛料は延べ棒状の石で丹念にすりつぶされた。一日に使用する香辛料は、毎朝、新たに挽かれるので、裕福な家庭ではマサルチという特別な手伝いが、香辛料を挽くために雇われていた。[*27] こうしたすり台は、玉ねぎ、ニンニク、唐辛子、コリアンダーの葉〔香菜〕などの生のハーブをつぶすためにも使われ、料理用のペーストやチャツネがつくられた。すりつぶしたばかりの香辛料がかもしだす風味は、あらかじめ粉にして、戸棚にしまわれている香辛料とはくらべものにならない。

リチャード・テリーの『インド料理』から、ベンガル・チキンカレーのレシピ

玉ねぎ2個を小さく賽の目に切り、バターの小塊2つ分とともに炒める。小さく切り分けた鶏肉を入れ、カレーペースト大さじ1、カレー粉½、ベンガル・チャツネ½、ライムのピクルス½、マンゴーのピクルス½を加える。全体を弱火で10分間炒め、鶏の上からだし汁または水を入れ、1時間半煮込む。そのころには、カレーはほとんど水気がなくなっている。クリームを小さじ1入れて盛りつけ、ライスを別皿によそう。[*28]

イギリス人の雇い主のためにつくるときでも、インドの料理人は挽きたての香辛料を、調理のそれぞれの段階で入れていく原則は守りつづけただろう。アングロ・インディアンが最初にインドのレシピを集めて、祖国にもちかえったときは、彼らもこの原則にしたがっていた。十八世紀のイギリスでは、ネイボッブたちはコリアンダーやクミン、カルダモンの種子やシナモンの樹皮を地元の薬種屋で購入していた。イギリスの料理本にカレーが最初に登場したころは、カレー粉に関する記載はなかった。一七四七年に、ハ

ンナ・グラスは読者にこう指示している。「コリアンダーの種子は清潔なシャベルに入れて、茶色くなるまで火にかざし」てから、たたいて粉にするように、と。これはインドのマサルチがおこなっていたような方法だ。[*29] 東洋翻訳委員会が一八三一年にだした「インド料理」の冊子は、それぞれのレシピに合わせて特定の香辛料のリストを載せ、調理工程の別々の段階でそれらを加える原則にしたがっていた。

ところが、アングロ・インディアンがさまざまなカレー料理を一つのテーマの変形版として考えはじめると、彼らは香辛料を調合するレシピを集めだし、それを単純に〝カレー粉〟と名づけたのである。一八五〇年代になると、イギリスの料理本はほとんどのインド料理について、カレー粉を一さじ入れるようにと指示するようになった。ときには、料理人があらかじめ準備できるカレー粉のレシピが書かれていることもあったが、カレーの人気が高まるにつれて、カレー・ミックスを買うほうが簡単になった。一七八四年にはすでに、ピカディリーにあるソーリーの香料卸売り店が、今後は調合済みのカレー粉を売ると宣伝している。[*30] 一八二〇年から四〇年のあいだに、イギリスのカレー粉の主成分であるターメリックの輸入量は、三九三六キロから一万二〇一〇キロへと三倍に増加した。[*31] それでも、イギリス人はインドでつくられた製品のほうを好み、ある女性誌への投稿者は、イギリスでつくられたカレー粉やピクルス（クロス&ブラックウェル社の製品も含めて）はどれも、ボンベイのマノークジー・プージャジーの製品とはくらべものにならないと不満を述べている。[*32] 一八六〇年代には、リージェント通りとモーテイマー通りの角にあったペインのオリエンタル卸売り店は、この店のカレー粉やペースト、チャツネ、マンゴーのピクルス、タマリンド漬けの魚、唐辛子のエキス、生姜の漬物などはすべて、カルカッタのビラティー・バンガローでつくられたと宣伝している。レスタースクエア・オリエンタル倉庫は、ロンドンを離れて田舎の屋敷で暮らしている人のために、商品を地方発送する用意ができていると宣伝した。十九世紀末には、一般の食料品店ですら三種類のカレー粉を常備するようになった。黄色、茶色、それに唐辛子が効いた辛い赤いタイプだ。[*33] カレーをつくるのに必要な調味料は簡単に手に入るようになったが、インド料理の繊細な味は失われてしまった。

イライザ・アクトンの『現代の料理』より、アーノッツ氏のカリー粉

ターメリック	8オンス
コリアンダー・シード	2オンス
クミン・シード	2オンス
フェヌグリーク・シード	2オンス
カイエン	½オンス

香辛料を購入する際は、300ハイホルボーンのコービン商会をお勧めする。

カレー粉に頼りすぎたために、イギリスのカレーは〝ハヤシ肉料理〟のようなものに成り下がる傾向にあった。[*34] 一八四五年には、エドマンド・ホワイトがイギリスのカレーを、こう嘲笑している。「まずいシチューと大して変わらず、どうしても皿のなかに浮いてくる黄緑色の大量の脂肪のせいで、さらに不快で不健康なものになっている。そんな料理を……本物のインドのカレーと呼んだり、その健康増進の特性について語ったりするのはばかげているだろう。これらは単に、イングランドで一般につくられている料理の一種としか考えられない[*35]」

あらかじめ配合された香辛料は、インドではマサラと呼ばれている。インド亜大陸でも、こうしたものはときおり使われるけれども、通常は調理の最終段階で加えられている。カシミールでは、いまでも女性たちがヴェルをつくっている。これはからし油とニンニク、唐辛子に、香辛料を混ぜ合わせたものをすりつぶしてペースト状にし、ドーナツ状に形を整えたものだ。これを陰干しして乾燥させ、それから紐を通して台所の天井からつりさげる。小さいヴェルは、料理を食卓に並べたあと、ポロポロと崩してかけて食べ物に辛味をつける。グジャラートの旅人は、ニンニク、赤唐辛子、塩をつぶして、油で固めたものを、焚き火でつくる食事の上からかける。[*36] あらかじめ調合されたマサラを、インド人が料理の基本的な味付けにはまず利用しないことについては、もっともな理由がある。香辛料は、それぞれ風味がでるまでにかかる時間が異なるからだ。したがって、徐々に香りがでるコリアンダーは、すぐに芳香を放つターメリックよりも前に、あるいは焦げやすいクミンよりも前に料理用油に入れたほうがいい。香辛料を熱した油に同時に入れると火の通りにむらができるので、焦げた味や生っぽい味が料理に加わるはめになる。ボンベイやバセーン〔ヴァサイ〕のキリスト教徒は、カレー粉をつくる際に、それぞれの香辛料を必要な時間だけ炒ってから挽き、その他のものと混ぜることによって、この問題をうまく処理している。彼らの香辛料ミックスは「瓶詰めマサラ」として知られている。長細い緑色の瓶に入れて保存されているからだ。[*37]

もう一つ、イギリス人の典型的な習慣は、カレー粉をだし汁または水を加えるのと同時に入れることだった。実は、香辛料の風味が最もよくでるのは、初めに熱した油で炒めるときなのだ。だからこそ、インドの料理鍋は丸底になっていることが多い。そうすれば、底に油がたまって、香辛料は余計な脂肪を使わずに最初に炒められるからだ。[*38] 香辛料の風味は、料理に加える前に、どう処理されるかによっても変わる。たとえば、クミンは炒ってからすりつぶすと木の実のような味になるが、熱い油で丸ごと揚げると、まろやかなリコリス〔スペインカンゾウの根〕のような味をかもしだす。[*39] 水っぽいソースに加えた香辛料は、揚げたものにくらべて、あまり香りのしない異なった風味を料理に添えることになる。

第三点目として、イギリスの料理人はつねづねカレー粉を小麦粉と混ぜたルーを入れて、カレーにとろみをつけていた。シチューやキャセロール料理にとろみをつけるときに使われる手法だ。インド料理では、小麦粉がこうした方法で使われることはなく、粘性を増すにはアーモンドの粉か、ココナッツクリーム、または玉ねぎのペーストが利用される。

イギリスの権威ある料理ライターの一人であるイライザ・アクトンは、「一般にイギリスでつくられているカレーよりも、東洋のカレーのほうがはるかに優れている」と嘆いている。彼女はそれを、「食材の多くが新鮮で生の状態にあるために、わたしたちには手の届かないほど、優れた味になっている」ためだとした。インドの料理人が料理ごとに変化をつけていることにも、彼女は気づいており、次のように述べている。「限りなく創意工夫を凝らし、異なった風味のたくさんの調味料をきわめてうまく調合させ、最高の辛味と風味を引きだしている……。わたしたちの場合は、ターメリックとカイエンペッパーの風味があまりにも勝ちすぎている」。しかし、カレー粉を使い、イギリスのカレーづくりの技法を使いながらも、アクトンはいくつかの方法を勧めており、そうすればイギリスのカレーも香辛料で味付けしたキャセロール料理にはならずにすむと提案している。「傷んでいない甘いココナッツを数十グラム軽くすりおろし……カレーのグレイビーに入れると……風味は大いに増す」と、彼女は断言した。これは、南インドの料理でよく使われていたココナッツミルクの味を再現しようとする試みだった。アクトンは「莢ごと輸入されたタマリンド——砂糖漬けになっていないもの」も、イギリスのカレーに本場の味を与える方法として考えられると指摘している。しかし、イギリスの料理人の多くは、手に入らないタマリンドの代用品として、レモン汁（ときにはセイヨウスグリ）に頼るしかなかった。調理の最後に加えられるレモン汁は、イギリスのカレーの標準的な材料となった。マンゴーの代わりによくリンゴが使われ、ニガウリの代わりにキュウリやペポカボチャが代用された。ニガウリはベンガル料理に欠かせない食材だった。ムガルのプラオにときおり入っているサルタナ干しブドウも、カレーのなかに加えられるようになった。サルタナはいくらか異国風の味を添え、おそらくリンゴに足りないものを補うと考えられたのだろう。時代とともに、こうした食材はより本場の食材の代用品としては見なされなくなり、むしろよいカレーをつくるための「不可欠な成分」と考えられるようになった。一九五〇年代に、レオン・プティがカルカッタのスペンシズ・ホテルでレストランを経営していたころ、「西洋のカレーにリンゴ［とサルタナ］は欠かせないものだと説明しようとすると、インド人の料理人たちは愛想笑いを浮かべながら、信じがたいという目でこちらを見ていた[*40]」。

ジョゼフ・エドマンズ『カレーとそのつくり方』から、仔牛肉のカレー料理のレシピ

仔牛肉ローストの冷めて残った肉、玉ねぎ4個、リンゴ（薄切り）2個分、〃エンプレス〃カレー粉大さじ2、小麦粉デザート用スプーン1、だし汁または水½パイント、レモン汁大さじ1。

玉ねぎとリンゴを薄切りし、少量のバターで炒める。それを取りだしたあと、きちんと薄切りした肉をほんのり焦げ目がつくまで焼く。カレー粉と小麦粉を加え、玉ねぎとリンゴを入れ、だし汁か水を少々加えて、かなりやわらかくなるまでとろ火で煮る。レモン汁を加えてから盛りつけ、かたわらにライスをよそう。カレーの上に、ピクルス、唐辛子、小キュウリをきれいに飾りつけてもよい。[*41]

マティ・ロビンソンは一八五八年に、イギリス陸軍の将校の妻としてボンベイにやってきた。彼女はそこでアングロ・インディアンのカレーが、これまで食べ慣れていたイギリスのカレーとはまったく異なっていることを知った。「彼らが実においしいと言うインドの果物も魚も、わたしは手をつけられません。それにカレーときたら、考えるだけでも気分が悪くなります。イギリスのカレーを下さい！」と、彼女は書いた。[*42] イライザ・アクトンは自著『現代の料理』にアーノット氏の本場のアングロ・インディアン・カレーを含めるに当たって、こんな注意書きをしている。「イギリス人の一般的な好みからすれば、酸味が強すぎると思われるだろうし、玉ねぎとニンニクの割合も、よほどアングロ・インディアンの味に慣れた人以外は、その半分でもよいくらいに思われるだろう」、と。[*43] アングロ・インディアンは激辛のカレーも好んだ。カレー粉を売る人は、たいへんな労力をかけてイギリス人の顧客を説得し、「東洋の調味料のおいしさを堪能するのに、過剰な辛味によってもたらされた不快感を味わう」必要はないのだと説いた。[*44]

ヴィクトリア時代の食文化にカレーがすっかり定着すると、タイムやマジョラム〔マヨラナ〕などヨーロッパ特有のハーブも、インドのレシピに登場しだした。マリガトーニやケジャリーなどのアングロ・インディアン料理は、イギリスの料理人の手にかかって、さらにイギリス風に変わっていった。オリエンタル・クラブのリチャード・テリーは、いまではおなじみのリンゴをマリガトーニに加えただけでなく、ベイリーフ〔月桂樹の葉〕にハムとカブも追加した。ビートン夫人はレシピにベーコンを含めたし、イライザ・アクトンは「マンゴーのピクルスを少々」とすりつぶしたココナッツで本場の味をだそうと努めつつも、「調理済みの仔牛の頭部と臓物」および「濃いクリームを大きなカップに一杯」加えてみてはどうかと提案して、馬脚を現わしている。[*45] その間に、もともと応用範囲の広いキチャリも変貌をとげつづけた。アングロ・インディアンはすでに米とレンズ豆の料理に、炒めた玉ねぎと魚と固ゆで卵を加えていた。この時代には、田舎の屋敷で週末を過ごす日の朝食にケジャリーを食べていた貴族は、ライスに添える魚はかならずコダラの燻製と決め、レンズ豆はほぼ決まって省略するようになった。

リチャード・テリーの『インド料理』からイギリス風マリガトーニのレシピ

スープのだし汁

鶏1羽と赤身の仔牛肉7ポンドを小さく切り、赤身のハム1オンス、ニンジン2本、カブ2個、クローブ4個、オールスパイス2個、メース1片、および混合香辛料を少量とともにシチュー鍋に入れ、水1パイントを加える。鍋を火にかけ、水がすべてなくなるまで煮込み、それから鍋にまた水を入れて4時間弱火で煮込み、それを別の鍋に濾して入れる。さらに別のシチュー鍋を用意して、ニンジン小1本、玉ねぎ2個、リンゴ4個分の薄切り、カブ½個分の薄切り、赤身のハム2オンス、ローリエ1枚、セロリ1本、タイム2枝、クローブ3個、メース1片、バター4オンスを加え、すべての材料を10分間弱火で煮る。そこへカレー粉大さじ5とカレーペースト大さじ1を加え、再び2分間かき混ぜながら煮込む。片栗粉大さじ4、アロールート〔葛ウコン〕大さじ2、小麦粉¼ポンドを加えてよく混ぜ、そこにだし汁を入れてかきまぜながら沸騰させる。えんどう豆大のニンニクを入れ、すべての材料を2時間煮込む。濃すぎるようであれば、だし汁を加える。どんなものでもよい。それからスープはタミス〔濾過布〕で濾し、再びシチュー鍋に入れる。だし汁を少々加えて、かきまぜながら沸騰させ、1時間ほど料理用ストーブの端でとろ火で煮て、灰汁をよくとる。塩大さじ1と砂糖大さじ½で味付けする。スープの味が辛すぎるようであれば、片栗粉をもう少し入れる。できあがったスープはさほど濃厚なものではなく、鶏肉の小片とともにスープを取り分け、別皿にライスを盛りつける。

イギリス人は他の植民地にも、自分たちのカレーをたずさえていった。オーストラリアの気候は引退するアングロ・インディアたちに好まれ、彼らはインドの食習慣をもってこの地に移住した。イギリスの会社はカレー粉とペーストをオーストラリア各地に輸出し、一八六四年に出版されたオーストラリアの最初の料理本には、「カレーの材料と、自分で配合することの大切さに関する短いエッセイが掲載」されていた。この本には、アングロ・インディアンの一般的なカレー――マドラス、ベンガル、およびボンベイ――のレシピが含まれ、マンゴーをリンゴで代用する典型的なイギリスの裏技が伝えられていた。カレー粉を小麦粉と混ぜてソースにとろみをつける、イギリス流のやり方も使われた。オーストラリア人は、ミミダレミツスイ属の鳥とカンガルーの尾をイギリス式カレー料理に利用できる長い肉のリストに加えて、カレーの発展に独自の貢献をした。[*46]

十七世紀にインドを訪れたヨーロッパ人は、インド人が食事のとき実にさまざまなアチャール（ピクルス）とチャツネを食べることに気づいた。これらの多くは毎朝、新しくつくられていた。主菜の香辛料を用意しているあいだに、マサルチは新鮮な香菜とコナッツ、青唐辛子を一緒にすりつぶして、鮮やかな緑色をした強い風味の辛いペーストをつくっていたのだろう。イドリーと呼ばれる南インドのやわらかくてスポンジのような米粉のパンと一緒に食べると、よく合うものだ。その他のピクルスやチャツネは塩漬けや砂糖漬けのようなもので、ヨーロッパ人は広大な亜大陸を旅する際に、これらを重宝していた。インドを旅しているあいだ、口に合うものを探すのに大いに苦労したピエトロ・デッラ・ヴァッレは、「インディアン・ケーン、つまりバンブー〔竹〕の若芽の髄質を砂糖漬けしたもの（こうして食べると実においしい）や、青唐辛子、キュウリ、およびそれらとよく漬物にされる果物などが入った多数の容器」を集めて、旅支度をした。[*47] ヨーロッパの船乗りは、航海にでる際によくアチャールの瓶詰めを買い集めていた。おかげで、よく虫のわいている乾燥したビスケットと硬い塩漬け肉という彼らの食事もかなり改善されたにちがいない。[*48]

ピクルスやチャツネのこうした瓶詰めが、東インド会社の商人と船員とともにイギリスに入ってくると、イギリスの料理人はカレーのときと同様、その味を再現してみようと熱心に試み、結果的に、これらもまた同じような変貌の過程をとげることになった。インド人はめったに酢を使わず、彼らのピクルスは瓶や壺のなかに野菜や果物を油または水とともに浸けてつくられていた。これに塩と香辛料で味付けし、壺を強い日差しのもとに置いて発酵させるのだ。イギリスには、インドのような灼熱の太陽がないので、料理人は酢を使ってピクルスづくりを試みた。マンゴーや竹の子は手に入らなかったので、マンゴーの代わりにペポカボチャやリンゴ、トマトを、そしてニワトコの新芽を竹の子の代わりにするなどして、彼らはさまざまな代用物を試した。サルタナは、イギリス人の頭のなかで相変わらずスパイシーなものと関連づけられていたので、これもまた加えられた。唐辛子による辛味を再現するために、西洋わさびや粉からしなどのヨーロッパの調味料も加えた。[*49]ピカリリーと呼ばれる、カリフラワー、玉ねぎ、からしからなる鮮やかな黄色い漬物が、このレシピから生まれたのはほぼ間違いない。カレーはイギリスの労働者家庭にはあまり浸透しなかったものの、ピクルスの瓶詰めはイギリス中の食料貯蔵棚で見られるものになり、一九二〇年代、三〇年代になると、主婦は七面鳥の冷えた残り肉を活用する手段として、クリスマス用にトマトやペポカボチャのチャツネをつくるようになった。

ハンナ・グラスの『簡単につくれる料理の技』より、インドのピクルスのつくり方

酢1ガロン当たりニンニク1ポンド、インドナガコショウ[*]¾ポンド、マスタード・シード1パイント、生姜1ポンド、ターメリック2オンス、ニンニクは3日間塩に漬けておき、そのあときれいに拭いて日干しにする。インドナガコショウはちぎり、マスタード・シードはつぶす。すべてを酢のなかで混ぜ、しっかりしたキャベツ大2個、カリフラワー2株を4つ割にし、よく塩をまぶす。そのまま3日間おいてよく日干しにする。

（注）生姜は塩水に24時間浸けてから小さく切り、3日間塩に漬ける。[*50]

＊1ガロンは約4・54ℓ

中国では、東インド会社の貿易商らは醤油と、カットサップ〔ケチャップ〕として知られるさまざまな調味料を発見した。彼らはこうした調味料をインドにもちかえった。一六八九年にスラトでイギリス東インド会社の商人とともに、プラオと「ダムポークト」チキンを食べたジョン・オヴィントンは、商館の食卓に「いつも竹の子とマンゴーのアチャール、最高のソースであるソーイが用意されていて、食欲をかきたてている」ことに目を留めた。こうした調味料は驚くほど長く保存できるという利点があり、船乗りは長い航海に備えて醤油とカットサップを樽で仕入れた。これらの役立つ調味料のつくり方が、イギリスで出回りはじめた。ハンナ・グラスは「船長」のために「二〇年間は保存できるカチャップ」のレシピを提供している。これは気の抜けたビールとアンチョビ、メース、クローブ、胡椒、生姜、きのこを混ぜたものだ。彼女はこんな役立つ指摘をしている。「これをインド諸国へもっていってもよい。新鮮なバター一ポンド〔四五三グラム〕を溶かしたものに、これを匙一杯加えると、上等な魚のソースができる。あるいは、グレイビーソースの代わりにもなる」[*51]

　十九世紀にトマトがよく使われるようになるまで、最も一般的なカットサップはきのこからつくられていた。トマトは十六世紀からイギリスで栽培されていたが、多くの人はトマトには毒があると考えていた。というのも、トマトはナス科の植物で、この科にはベラドンナをはじめとする有毒植物があるからだ。しかし、イタリア人がオリーブオイルをかけてトマトを食べることは知られていたので、十八世紀になると、イギリス人も勇気をだして、これを日常の食べ物のなかにとりいれるようになった。一七五二年に、チェルシー植物園の管理者であるフィリップ・ミラーは、トマトは「イングランドではよくスープに使われている」と記している。おそらく、トマトはスペインやポルトガルからきたユダヤ人によって、イギリスの日常の飲食物に加えられたのだろう。ユダヤ人はカリブ海やアメリカ大陸と交易上で強いつながりをもっており、トマトはこれらの地域で日常的に食べられていたからだ。十九世紀になると、イギリスの料理人はスープをつくる際に、トマトが酸味ととろみを加える食材として非常に役立つことを発見していたし、カットサップの主原料として利用するようにもなった。[*52] 今日、トマト・ケチャップは間違いなく世界各地で愛用されている調味料だが、その起源が東洋にあることは忘れられている。

インドでは、カットサップは辛いシカーリ・ソースを生みだすもととなった。これはアングロ・インディアンが猟鳥や猟獣の肉にかけて食べたもので、こうしたソースの一つが、のちにイギリスでよく知られた調味料になった。一八三〇年代のあるとき、元ベンガル総督のマーカス・サンズ卿が田舎の地所から近くのウスター市にやってきて、薬種屋と食料品店を兼ねた店、リー＆ペリンズに立ち寄った。ブロード通りにあるその店は食品、化粧品、それにあらゆる薬品を売っていて、アジアとアメリカ大陸から特別に輸入した香辛料とドライフルーツを扱っていることで知られていた。サンズ卿は紙切れに書かれたレシピをもって来店し、リー＆ペリンズで自分のお気に入りのインドのソースをつくってもらえないかと注文した。リーとペリンズの両氏がそのとおりに配合してみると、出来上がったものはあまりにも辛くて涙がでるほどだった。しかし、エマ・ロバーツもすでに書いているように、このソースは「確かに獣肉や鶏肉に添えるものとして、これまで食通の天才がこしらえたなかで明らかに最も辛いもの」だったのだ。サンズは出来上がりに満足した。しかし、薬種屋のほうは辟易していた。彼らは自分たち用に余分につくった樽を地下室にしまい、そのまま忘れてしまった。ところが、春の大掃除のとき、放置された樽からおいしそうなにおいが立ちこめていることに気づき、その中身を味見してみたリーとペリンズは、この調合物が熟成して香辛料の効いたすばらしいソースになっていることに気づいた。起業心に富んだ二人はすぐさま生産にとりかかった。一八四五年には、彼らはウスターに工場を建て、一八五五年には年間三万本以上の瓶入りソースを売るようになっていた。ウスター・ソースはインドに再輸出されるようにすらなったのである。*53

一八五八年に東インド会社は廃止され、インドはイギリス女王の統治下におかれるようになった。その前年、インドの兵士がイギリスの将校にたいして反乱を起こし、それが北インド各地でイギリスにたいする民衆の蜂起を引き起こしていた。インドの反乱軍側にしてみれば、大英帝国のきわめて重要な一部が商社によって支配されているのは不適切なことに思われたのだった。王室の人気を回復させるべくディズレーリ首相が考えたプロジェクトの一環として、ヴィクトリア女王は一八七七年にインド女帝として戴冠した。帝国と王室はともに、政治社会的な戦略における象徴となり、労働者階級のあいだで愛国心をつちかうものとなった。ミュージックホールの歌も大衆演劇も、子供の冒険物語も、すべてが大英帝国を賛美し、労働者も大きな帝国プロジェクトを担う一員なのだと思わせることによって、イギリス社会における不平等から彼らの関心をそらしていた。十九世紀の最後の四半世紀に、イギリス国内で高まった帝国への熱狂ぶりは、市販された多数のソースや薬味につけられたネイボッブズ、マンダリン、あるいはインドの女帝といった異国風の名称にも表わされている。[*54]

帝国にたいする庶民の関心は、一八五一年の大博覧会――このために建設された水晶宮《クリスタルパレス》で開かれた――に始まった一連の博覧会によって高められた。これは祭りの雰囲気と、芸術、科学、博物学、および産業の各分野の教育的な展示を結びつけたものだった。[*55] 大博覧会が目覚しい成功をおさめると、ロンドンとパリ、そしてイギリスの地方都市でも多くの博覧会がつづいた。これらの催しには、帝国にたいするイギリス人の意識の変化が記されていた。魔法のような贅沢品――香辛料、パシュミナ、陶磁器の壺など――の源泉から、より産業中心で、露骨な商業的関心へと変わったのだ。博覧会の会場には帝国各地から輸入されたさまざまな物資が展示され、イギリスの産業革命にとって植民地がいかに有益かが示されていた。麻やジュートの梱と茶の大袋と対照をなしていたのは、運命の逆転で、このころにはイギリスからインドなど各地へ輸出されていた綿製品だった。こうして、イギリス産業の輸出市場としての、帝国の重要性が入場者に印象づけられたのである。

ヴィクトリア女王ですら帝国熱に浮かされていた。彼女はとりわけインドに魅せられた。女王と夫のアルバート公がワイト島に建てたオズボーン・ハウスにはインドの家具、絵画や美術品を収集するために特別につくられた翼があった。そこには花と孔雀をかたどった白と金のしっくい仕上げのダーバー・ルーム〔インド土侯の宮廷、謁見の間の意味〕もあった。ここで女王は、マハーラーニ〔インドの王妃、王女〕のように宝石で身を飾りたて、客人をもてなすのだった。王室の厨房ではインドのカレーがつくられ、女王はインド人召使を雇って豪華な衣装を着せ、給仕をさせた。彼女はこれらの使用人が特にお気に入りだった。彼女のあらゆる用事を黙々とこなしてくれ、静かに部屋を出入りしながら、年老いていささか体重過多の女王が立ちあがったり、歩き回ったりするのを補助してくれるからだ。こうしたインド人の一人で、アブドゥル・カリムという名の二十四歳の美青年は、女王に危険なほどの影響力をおよぼすようになった。書記を意味するムーンシというインド名の肩書きで呼ばれた彼は、女王の個人秘書を自称するまでになった。彼は女王にヒンドゥスターニー語の簡単な読み書きや会話を教え、筆談を交わしていた他の召使とは異なり、個人的に女王に接することができた。[56] しまいには、他の召使たちの恨みと官僚たちの懸念が極度に達し、女王はこのお気に入りのインド人を降格するように説得されるまでにいたった。それでも、ヴィクトリア女王は終生、はるか彼方の帝国で暮らすインドの臣民に、漠然とながら強い愛情をいだきつづけたのである。

インドが女王の想像のなかで突出した役割を担っていたとすれば、大衆の空想の世界におけるその地位は、一八九五年と九六年にロンドンのアールズコートで開かれたインド帝国博覧会によって、確固たるものとなった。商業的な事業であるこの博覧会の主たる目的は、教育ではなくむしろ娯楽にあった。主要な呼び物の一つは、インドの町のレプリカだった。かつてプーナ〔インド中西部、マラータ王国の中心地だった〕の町に建っていた木造の建物が再建され、主催者の一人が「誠に典型的で、現実的なインドの村」と呼んだものが再現されていた。しかし、その中央につくられたインドの偽物の密林と、そこに飾られた虎、クロコダイル、蛇、象の実物大の模型によって、いくぶん非現実的な雰囲気がかもしだされていたにちがいない。狭い通りには店が並び、インドから連れてきた「絹や絨毯の織工をはじめとする、八五人のインド職人」が、そこに住まわされていた。さらに、通りでは一〇〇人を超える曲芸師や踊り子が芸を披露し、動物使いが特別に輸入したラクダ、象、牛などをしたがえて、歩きまわっていた。[57] インドの町の外では、インドの花や木が植えられたムガル風の観賞用の庭が見られ、蛇使い、苦行僧、ライオン使いが余興を見せていた。

蛇使いのコブラはすぐに死んでしまうので、インド人船員を買収して、代わりの蛇を密輸しなければならなかった。ギーもまた大量に輸入され、博覧会ではたらくインドの職人や芸人全員の食事に使われた。あいにく、インド人はイギリスの羊肉になじめなかったため、アールズコート近郊ではたちまちのうちにヤギが食いつくされた。単に遠方までヤギを仕入れにいく目的のために、人を雇わなければならない始末だった。[*58] 主催者は博覧会場ではたらくインド人に、なんとか無難な食事を与えようと奮闘する一方で、来場者にはアングロ・インディアンのカレーを提供していた。カレーハウスでは、「インド人料理人によって調理され、現地の使用人によって給仕される東洋の料理」を味わうことができた。[*59]

インドのカフェとレストランは、こうした博覧会ではよく目玉となっていた。一八八七年にリヴァプールの女王即位五〇周年博覧会のセイロン・ティーハウスで給仕係としてはたらき、翌年はグラスゴーの国際博覧会でも仕事をしたある進取的なインド人が、『カレー、イギリスでのつくり方』と題した料理の本を出版している。

ダニエル・サンチャゴの『カレー料理人の助手』から、経済的なカレーペーストのレシピ

コリアンダー・シード　1ポンド　サフラン　¼ポンド

乾燥唐辛子	¼ポンド	胡椒	¼ポンド
マスタード・シード	½ポンド	乾燥生姜	2オンス
ニンニク	2オンス	塩	½ポンド
乾燥豆	½ポンド	赤砂糖	½ポンド
クミン・シード	2オンス	酢	½パイント
ルッカ〔オリーブ〕油	½パイント		

（注）セイロンとインドにはローリエはあまりない。カルガピルベイつまりカレーリーフ、黒を使うこと。酢とともにすりつぶし、壺に入れる。ルッカ油を上からかける。マドラスカレーには大さじ1杯を使う。[*60]

皮肉なことだが、ロンドン市民がアールズコートの博覧会場に再現されたインドの町の、混沌とした活気あふれる雰囲気を堪能しているあいだも、実際にインドで暮らしていたイギリス人は、インドの町に足を踏み入れることなど夢にも思わなかっただろう。イギリスの駐屯地は、インドの町から離れた安全な場所につくられていた。イギリス統治者側の一員だったある人は、少女時代、インドの町は立入禁止の場所だったと回想している。彼女はその「神秘的で魅力的な」世界の門を、ポニーに乗ってくぐってみたいと願っていたのだが。[*61]

一九二四年から二五年にウェンブリー〔ロンドン郊外〕で開かれた大英帝国博覧会は、あらゆる博覧会のなかでも大成功をおさめた催しだった。開催期間中、二七〇〇万もの人びとが、いわば帝国の一方の端からもう一方の端へと移動した。タージマハルを模したパビリオンにあったインドの一画には、おなじみの偽物の密林と、曲芸師に蛇使い、狩猟記念品の展示、カイバル峠〔古来の難所で、十九世紀アフガン戦争の舞台〕のレプリカ、および絨毯や絹製品、インディゴ染料、茶など、数々のインド物産が出展されていた。カフェではカレーとプラオが食べられ、来場者は「会場の北側の木陰の、典型的なインドの風景のなかで」、インドの紅茶を味わうことができた。[*62]このカフェは、インド食品専門店のE・P・ヴェーラスワミー社の創設者であるエドワード・パーマーが運営するものだった。彼は香辛料、チャツネ、カレーのペーストをインドから輸入して、〃ニーザム〃という商標で売っていた。会社名はパーマーの祖母に当たる、祖父ウィリアム・パーマーのインド人妻の一人からつけたのかもしれない。この祖父は、十八世紀末にハイダラーバードにパーマー商会という銀行を創設していた。実は、エドワード・パーマーは、インドに駐在し、インド女性と結婚した人たちの子孫だった。彼の曾祖父でやはりウィリアムという名前の人物は、美しいムスリムの王女ベーガム・ファイーズ・バクシュと結婚しており、ヨハン・ゾファニーによる家族の肖像画が、今日も大英図書館の東洋・インド省コレクションに飾られている。

パーマーは、本場のインド料理をつくることに関心があった。一九三六年に著した料理の本のなかで、彼は自分のカレー粉を使って、料理に加える前にそのカレー粉を炒めるか、乾煎りして生っぽさをなくせば、「インドでつくられている最高のカレーに匹敵する……本式のカレー」がつくれると主張した。彼はまた、小麦粉は「どんな場合にも」カレーにとろみをつける手段として使うべきではないし、リンゴとサルタナはカレーにふさわしくないとも述べた。*63 ウェンブリーの博覧会が終了したあと、エドワードはリージェント通り一〇一番地に恒久的なカフェを開こうと考え、一九二六年にヴェーラスワミーズが開業した。セイク・ディーン・マホメッドのヒンドスターニー・コーヒーハウスの後を継いだこの店は、今日もまだイギリスに残っている最も老舗のインド料理店である。マイソールの宮殿のマハーラージャからの照明と、籐椅子、ヤシの鉢植えで飾りつけたこの店は、博覧会のカフェのイギリス支配時代の雰囲気を残していた。給仕係はインドから特別に連れてきた人びとで、イギリス統治時代のインドの召使のような制服を着ていた。このレストランで食べられる料理もまた、飽くまでイギリス統治時代風に、アヒルのヴィンダルーとマドラス・カレーだった。同店は昔を懐かしむアングロ・インディアンと、イギリスの皇太子をはじめとする上流の裕福な人びとがひいきにする場所となった。

【グリーン・コリアンダー・チャツネ】

これは食卓にだす直前につくる新鮮なチャツネだ。この種の料理の材料は、正確な量を伝えるのが難しい。味見をしつづけ、つくりながら味を調節していくのが一番だ。

これはイドリー（ゼロからつくるのが億劫であれば、インド食品店で箱入りミックスを買ってきてもよい）とよく合う。ココナッツベースのカレーや魚のグリルの添え料理にもよい。

グリーン・コリアンダー〔香菜〕の大束（スーパーで売っているような少量ではなく、野菜市場で買うくらいの量）
ココナッツミルクまたは生のココナッツをすりつぶしたもの　100〜200mℓ
生の青唐辛子（刻む）　1〜6本
生姜（刻む）　½片
ニンニク（刻む）　2〜3かけ
生ピーナッツ（塩味付なら塩の量を加減する）　1つかみ
塩　少々
砂糖　少々
レモンまたはライムの果汁　少々

●香菜を洗って他の材料とともにミキサーにかけ、なめらかなペースト状にする。水分が足りなければ、ココナッツミルクまたはレモン汁を足す。
●味見してピリッと辛く緑色でなめらかになれば、完成。

第7章　コールドミート・カツレツ　インドにおけるイギリス食品

一八七三年十月に、ジョン・ウィリアム・レインはボンベイに到着し、インドを五ヵ月間、観光してまわった。彼はボンベイの高級地区であるマラバルヒルに住む友人宅に滞在し、日記に十月二十八日の夕食の献立を書きつけている。

〈グレービースープ〉
魚のフィレ、パセリ・ソース
〈アントレ〉
マトンの胸肉のコンポート
〈肉料理〉
マトンとチキンのパイ
〈二品目〉
イタリア風卵

〈プディング〉

ベークド・レモン・カスタード[*1]

カレーは、東インド会社の貿易商におなじみのムガル料理風のものも、アングロ・インディアンのカレーライスも含まれていない。

ジョン・レインは献立を書き写したものの、料理やその給仕の仕方に関して感想を述べる必要は感じていない。一八七〇年代にはすでに、「イングランドからきたばかりの人」でも、アングロ・インディアンの食習慣になんら風変わりな点は見出さなくなっていた。イギリスと同じように、夕食は夜の七時か八時ごろに始まった。男も女も夜会服を着た。料理はスタッフォードシャー州から輸入された、最高級のウェッジウッドの陶磁器に盛りつけられた。そして、上等なクリスタルのグラスで、シャンパンかクラレットを飲むのだった。目配りがきく使用人が一人か二人いて、次のコースが食卓に運ばれてくるたびに、皿を片づけ料理を替えていた。異国の環境にありながらも、十九世紀末のアングロ・インディアンの夕食会は、イギリスの都市に住む中産階級が食べる料理とテーブルマナーを忠実に再現していた。

バラカーナ〔豪勢な食事〕の面影はもはや見られなかった。一八二〇年代にファニー・パークスを驚かせた大勢の使用人も、その数を大幅に減らしていた。一八三〇年代に、アングロ・インディアンは夕食の招待状の隅に「水タバコ《フッカー》はお断り」の文字を印刷しはじめていたが、一八七〇年代にもなると、各席の背後でパイプが静かに泡を立てることもなくなった。以前は風通しのよい白いリネンの服を着用していた紳士も、きちんとした黒い夜会服を着るようになった。一八三八年にインドを訪れた人はすでに、「一般にフランス料理が好まれており、牛肉と羊肉づくしの一〇年前の状況が打破されている」ことを発見して喜んでいる。羊の巨大な鞍下肉やハム、七面鳥などは、いくつかのコースに分かれた「取り合わせ」料理に代わった。それだけでなく、カレーライスは献立からはずされた。一八七九年のカルカッタの定期刊行物に書かれたある料理の本の書評は、「昔のどろどろしたカレーと、東洋的なけばけばしい混合物は……徐々にわれわれの食卓から姿を消しつつあった」と、満足げに述べている。[*2] ヴィクトリア時代のイギリスが帝国の概念を熱狂的に奉じ、カレーが中流階級のあいだで人気のある料理となるにつれて、アングロ・インディアンはむしろ自分たちの文化からできるかぎり多くのインド色を排除するようになった。

食習慣におけるこの変化は、祖国の流行に遅れたくないという願望の現われだった。十九世紀初め、インドを訪れた人がアングロ・インディアンの社会の見苦しさについて触れるのはよくあることだった。ある手引書は高慢な口調で、「イングランドのまともな社会で暮らし慣れている人にとっては、その違いは驚くほどにちがいなく、アングロ・インディアンの社会には賛成しかねることだろう」と断言している。[*3] この著者はさらにこうつづける。インドでは「食卓にはほとんど関係なく……それが礼儀にかなったこととして完全に了解されていた」[*4]。しかし、インドのイギリス社会は変わりつつあった。植民地にやってくる女性の数も増えはじめていた。蒸気船が導入されたうえに、エジプト経由で陸路からインドへ向かうルートも開発されたおかげで、イギリスとの交通手段も改善された。しだいに、粗野なネイボッブは、新たなアングロ・インディアンの集団——旦那さま《サーヒブ》や奥さま《メンサーヒブ》——に気圧されはじめた。自分たちが成り上がりの田舎者にすぎないと思われることに憤慨し、インドの僻地にいても、文明的な生活水準を保つことに努力を傾ける人びとである。新しい功利主義や福音主義の思想を広めようとする人びとも、到着しはじめた。彼らはこう主張した。イギリスの職員がインドにいるのは、この国を貪欲な貿易会社の都合に合わせて動かすためではなく、貧困に苦しむ後進の人びとに文明の恩恵をもたらすためなのだ、と。この大事業を実践する人は、イギリスを代表する上品で高潔な人でなければならない。フッカーを吸い、涼しい白いリネンを着てくつろぎ、バンガローの隔離された一画《パルダー》にインド人の愛人を囲っていたネイボッブは、黒っぽい服を着た官僚に道を譲りはじめた。一八五八年に東インド会社が解散すると、十九世紀の後半には人種論がさかんになり、文官も軍の将校もイギリス民族の優秀さを示すべきだと強調された。パブリックスクール〔寄宿制の私立中等学校〕からは、植民地の理想的な支配者となる紳士的な人材が次々に輩出された。こうした若者は、他人に頼ることなく決断力と独立心に富み、運動能力に優れ、自らの権威を強く認識しているとされていた。彼らは何にも増して、どんなときでもイギリスの威信を保つことができる

わが家の調理場

George Franklin Atkinson, *Curry and Rice on Forty Plates; or the Ingredients of Social Life at "Our Station" in India*（2nd edn. London, 1859）, 東洋・インド省コレクション、W2868

と考えられていた。

　威信維持のための帝国プロジェクトの一環で、カレーライスは降格させられた。「高い評価を得ているカレー、つまりマリガトーニ――それなりに優れた料理である――はいまもしばしば朝食や昼食に登場した」し、カレーは野営地や長旅、駅伝輸送《ダック》の宿泊所では主要な料理だった。しかし、この時代には夕食にカレーをだせば、顰《ひん》蹙《しゅく》を買うようになった。ヴィクトリア時代のイギリスでは、夕食が一日の中心的な食事だったので、アングロ・インディアンはこれを最も重要な食事として扱い、イギリス色を前面にだすことに専念するようになった。蒸し暑いインドで、黒い夜会服姿でテーブルに着き、ローストビーフやスエット・プディング〔牛脂に小麦粉、レーズン、香辛料などを混ぜたもの〕を食べるのはばかげていると不満を述べる人は大勢いたが、イギリス人が実践していたのはまさにそれだった。料理の本も出版され、「この国の特殊な事情のなかで、祖国の上流社会の味覚によって認められた料理を最もうまくこしらえる方法」をメンサーヒブに教えるようになった。[*5]『ワイヴァーンのインド料理の本』と『妻の料理の本——インド料理のレシピとヒント』に載っているレシピは、誰もが想像するようなカレーやインドのプラオではなく、チーズ・クラム・コロッケや濃厚な腎臓肉スープ、舌平目のグラタン、牡蠣入りビーフシチュー、トード・イン・ザ・ホール〔ヨークシャープディングの生地にやソーセージなどを入れて焼いたもの〕、ヨークシャープディング、ホワイトソースといった内容だった。[*6]これはビートン夫人の本に含まれるような料理ばかりだ。メンサーヒブたちが目指したのは、同じように簡素で健康的なイギリスの家庭料理に、ヴィクトリア時代のイギリスで流行っていたフランス風の洗練された味を、ときおり取り入れたものだった。しかし、その結果は往々にして期待はずれのものだった。総じて、アングロ・インディアンのつくるイギリス料理は、「単調で風味がなく、栄養価に乏しかった」。一九三〇年代にインドで暮らしたある宣教師は、こうした料理を「擬似ヨーロッパ風」と呼んでいる。[*7]メンサーヒブが生みだしたのは、アングロ・インディアン料理の別部門だったのだ。十九世紀前半の擬似インドカレー、マリガトーニ・スープ、ケジャリーに、今度はいくらか東洋風のイギリス料理の数々が加わったのである。

インドでアングロ・インディアンがイギリス料理に近い味をだそうとしても、さまざまな事情が重なり合ってその試みは阻害されていた。まず、通常イギリス人が雇ったムスリムの料理人は、自分たちがこしらえようとしている料理を食べた経験がなく、それが支障になった。インドの料理人は、自分がつくったサーモンのマヨネーズ掛けやプラムプディングの味を、イギリスで食べた料理の記憶と比較することができなかったのだ。そのため、インド料理とイギリス料理が非常に異なっているという事実ともあいまって、彼らには自分たちがどういった料理を目指せばいいのか、なかなか正確に概念を思い浮かべられなかった。結果として、個人的に会得していない料理様式で訓練された大勢の料理人が誕生し、それぞれが自己流に奇妙なかたちで解釈したイギリス料理を伝えていったため、しまいにはインド人の頭のなかでそれがイギリス料理として深く刻まれてしまったのである。これはとんでもない誤解を生むもとにもなった。ある陸軍将校は、自宅の料理人がどんな料理をつくるときでも見境なく、バニラを加えることにこだわったため、ついにこの男をクビにせざるをえなくなった。牛肉のオリーブ添えでも焼き魚でも、パンプディングであっても、お構いなしなのだ。*8 イギリスにおける料理法の発展からは取り残されていたため、アングロ・インディアンの料理は必然的に独自の料理部門として発達をとげていった。

数々のイギリス料理が、東洋化の過程を経ていった。肉のキャセロール料理は、通常はワインをベースにして小麦粉でとろみをつけたソースで、ニンジンとセロリとともに煮込むものだが、インドの香辛料ミックス（マサラ）を入れることで味が引き立てられた。できあがったものは、カレーでもなければキャセロール料理でもなく、その中間的なものだった。アングロ・インディアンの料理はイギリス人にはなじみの肉の切り身を使い、オーブンまたはグリルで焼く同じ手法を用いたが、肉の下ごしらえの仕方は往々にして明らかにインド式だった。鶏肉にパン粉とハーブを詰める代わりに、アングロ・インディアンが雇った料理人たちは、肉にコリアンダー、クミン、胡椒をたっぷりすり込んでマサラ・ローストをつくった。イギリスでは、残り物の冷えた肉をつましく使い、それを細かく刻み、マッシュポテトでおおっていた。こうした〝チョップ〟や〝カツレツ〟は、卵に浸してパン粉をつけてから、油で揚げられた。インドでも、メンサーヒブたちは使用人に残った肉を使うこの方法を教えたが、料理人たちはこの細切れ肉やマッシュポテトに独自のマサラ・ミックスを加えて、スパイシーなアングロ・インディアン風〝カツレツ〟をこしらえた。

『若い主婦のための「現地の」インド料理法』から、コールドミート・カツレツのレシピ

材料。冷めた牛肉または羊肉をみじん切りにし、まな板の上で〝コイタ〟

〔長い大包丁〕を使って細かくつぶす。肉汁かだし汁少量でこれを湿らせ、みじん切りにし押して水気を減らした玉ねぎを加え、挽いた香辛料と胡椒、刻んだミントの葉数枚、青唐辛子1本、および水に浸したあとよく絞ったパン1枚を加える。塩少々を加えて味付けする。肉やその他の材料を混ぜて、生卵1個とともによくこね、この生地を団子状に丸める。まな板の上にパン粉を敷き、その上に肉団子をおき、カツレツのかたちに整えて、上からパン粉をたっぷりとかける。このカツレツをギーまたはドリップ油〔肉汁〕でこんがりと揚げる。*9

フランス料理のインド化は、料理名がしばしば「妙な具合に変化する」ことから始まった。一九二〇年代にインドの文官だったジョージ・カニンガムは、祖国にこんなメニューを送っている。

コンスュメ・ロイヤル
ビーフ・フィリ・ビアニス
ロースト・ファウル
ガーリン・ピース・スープリ
プティンディアラ・ジャンバン
ドゥプティンディアラ・プロミゾン

同封のメニューの意味がわかりますか？　ムガルの料理人による厨房フランス語とヒンドゥー教徒の事務員の合作です。ビーフ・フィレ・ベアルネーズとグリーン・ピー・スフレはさほど難しくありませんが、「プディング・ア・ラ・ジャンボン」（これはハムに似せてつくられていました）はそれほど簡単にわかりませんし、「パルメゾン」セイヴォリーには参りました。これはチーズ味の小さい丸いペストリーで、上にチーズっぽい卵が載っているのですが、彼がどんな言葉を意図していたのか思いつきません。[*10]

その結果は、かならずしも悪くはなかった。クリーム・ベースの薄味のソースは、ウスターソースを少々入れたり、カイエンペッパーをわずかに加えたりすることで、刺激のある味になった。しかし、フランス料理のインド化によって、いかにも食欲をそそらない珍品料理ができたことも確かだった。インド総督（在職一九〇五～一〇年）のミント夫人は、自身の料理用ノートにスフレ・ド・ヴォライユ・アンディエンヌ〔インド風家禽スフレ〕のレシピを律儀に写している。これは、鶏肉のムースとカレーソースをスフレ型に注ぎ入れるというものだった。固まったら、ムースのセルクルをはずし、穴に鶏の腿肉とタンを混ぜたマリガトーニのゼリーを詰める。これをマヨネーズとカレーで和えたライスとトマトのサラダと一緒に食べるのだった。[*11]

状況をさらに複雑にしたのは、多くのメンサーヒブ自身が料理について何も知らなかったことだった。彼女たちはインドへ赴いたとき、イギリスの料理がどんな味のものかは明確な概念をもっていたが、どうすればその味がだせるのかはっきり理解していたわけではなかった。多くの女性たちは若くして家を離れ、家事を仕切った経験もなかった。経験不足に加えてさらに、彼女たちが知っていたインドの言語が命令を下すための片言に限られていた事実も、事態を悪化させた。こうした問題に対処するために、レシピをインドの言語で印刷した料理の本も登場した。これは実に結構なことだったが、それも文字の読み書きができる料理人を雇えればの話であり、そうした場合でも珍事は起こった。たとえば、『料理人や現地の料理人助手への伝え方』という本では、レシピの名称は英語で、残りはタミル語で書かれており、これさえあれば、「家庭を切り盛りする人は、支障なく仕事のやり方を説明できる」と、こともなげに主張されている。しかし、第二版では読者からの提案に応えて、反対側のページに英語の文章が印刷されるようになった。[*12] 明らかに主婦のなかには、料理人が蟹のバター煮やスノーデン・プディングがうまくつくれない理由を探り当てたいと考えた人もいたのだ。

インドの気候条件は、肉をイギリス式に処理するには適していなかった。イギリスでは、動物を殺したあと、通常は数日間、死骸をつるしておいた。インドの気候では、これは問題外であり、肉は殺したその日に料理しなければならなかった。オーブンやグリルで焼いても、ゆでても、そのような硬い肉はあまりおいしくならない。インド式に鶏肉をカレーで煮込んだり、ダンプック料理で羊肉をじっくりとやわらかくしたり、牛肉か仔羊肉を細かく刻んですりつぶし、なめらかなペースト状にしてからローストする方法のほうが、殺したばかりの肉を調理するには、はるかに適していたのだ。メンサーヒブのなかには敗北を認め、「ローストチキンを注文するのはあきらめた」人もいた。「殺してすぐの動物は、ゆっくり煮込むか、カレー料理にしたほうがおいしかった」[*13]

インドの調理場も、イギリス料理をつくるには設備が整っているとは言い難かった。台所にある用具は一般に、すり石といくつかの大鍋、焼肉器、やかん、それに薪をくべる単純なオーブンだけだった。料理人はテーブルがあっても、通常それには目もくれず、作業のほとんどは床に座るかしゃがみ込んでおこなうのだった。十九世紀の初めにトマス・ウィリアムソンは、強靭な胃の持ち主以外は調理場を点検すべきではない、と警告している。料理人が鶏肉に引き抜いたばかりの羽根を束ねたもので、バターやたれをかけている光景は、「繊細な胃」をひっくり返しやすいし、料理人がその同じ道具を使ってトーストにバターを塗っている現場を見るのは、かなり嫌悪感を催させた。同様の警告は一八八〇年代になってもまだ発せられており、ある手引書はこう勧めている。「調理場は毎日訪れて、きちんと掃除されているか確認するか、まったく足を踏み入れないほうがいい」[*14]。アングロ・インディアンの多くは後者のアドバイスを受け入れ、ウィリアムソンと同じ考え方に喜んでしたがった。すなわち、「食卓に運ばれた夕食が見た目によく、味もよければ、食欲が湧いて、想像力が調理場までおよぶのを防げてくれる」[*15]

というものだ。ときには、こうした想像力の抑制は、食べ物が明らかに不快な状態になっていてもはたらいた。インドにきてまだ日の浅いあるメンサーヒブは、朝食のセモリナ粉の粥に「ゆでられた小さい虫」がたくさん入っていて、「虫のお粥と呼べるほどだった」ことに気づいて青ざめた。彼女は震えながら小声で虫が入っていると告げた。その家の主人の言葉に、朝食を一緒に食べていた人たちはスプーンの手を止めたが、「その家の主人が、朝食を理不尽なかたちで台無しにされたと思っている」ことが、彼女にはありありと感じられた。インドでしばらく暮らしたのち、彼女は小麦粉から虫を駆除しようとするのをあきらめ、「東洋では自然とほどよく折り合いをつけるほうがいい」という結論に達した。[*16] 心配性のメンサーヒブの場合は、日々の暮らしは使用人たちとの絶え間ない争いと化した。メンサーヒブは、食材を少しずつ分け与えることに明け暮れるようになり、牛乳や水がきちんと沸かされているか見張り、小麦粉のなかから虫をつまみだし、自分が背を向けた途端、料理人が非衛生的な習慣に戻るのではないかと心配するはめになった。

インドは、この地の住民に見せかけの威光を示そうとするイギリス人の堅苦しい試みを、絶えず覆していた。アングロ・インディアンの家では、苦労のあとを見せずに優雅さを見せるべくダイニングルームは入念に演出されていたが、そうした幻想を打ち砕くには、裏のベランダにでてみれば事足りるのだった。そこには、大勢のインド人使用人がいただろう。巨大な吊りうちわを動かしている人もいれば、寝ている者や皿洗いをしている者も、やかんを火にかけてお茶の用意をしている人もいる。[*17] 実を言えば、威厳に満ちた雰囲気をかもしだすのに欠かせない当の使用人たちこそが、しばしば調子はずれの音をだしたり、緊張した空気を生みだしたりしていたのだ。召使は主人のいる前でも平気でげっぷをだしたし、執事は夕食を給仕しながら、「大きな不快な音で……鼻をすって」不満を表わした。[*18] 多くのインド人使用人は感情を表わさずに、礼儀正しい顔つきをしていたが、それですら、相手に否定された感じを与える不快な効果があった。そのうえ、おとなしく追従する陰に、軽蔑の念が隠されているような感じがつねにつきまとった。もちろん、アングロ・インディアンの多くは使用人に強い親愛の情をいだいていたが、そうした場合でも、かならずしもその使用人が特に有能というわけではなかった。ある一家は、「人の心をなごませる優しいクッキー〔料理人〕」に恵まれていた。一家の犬が具合の悪いときはいつも、この料理人が揺り椅子に座って犬を抱いてくれるのだった。そうした日は当然のことながら、夕食は抜きになるが、彼は「お粗末な」料理人だったので、さほど問題にはならなかった。[*19]

インドにいたイギリス人が、インドの果物や野菜に本格的な愛着を覚えることはなかった。「ベンガルでとれるどんな種類の果物よりも、少しでもいいから、おいしいリンゴと洋梨があればいいとよく思った」[*20]と、ホームシックにかかったある会計士は一七八三年にカルカッタから書き送っている。アングロ・インディアンは、ナスもオクラもぬるぬるしていてまずいと考えた。十七世紀にジャン＝バプティスト・タヴェルニエは、各地にあるヨーロッパの商館が広大な菜園をつくり、祖国で食べなれた野菜を育てていた様子を描いている。たとえば、「数種類のサラダ菜、キャベツ、アスパラガス、エンドウ豆と主にインゲン豆――種は日本からくる」といったものだ。[*21] ヨーロッパ人はまた、ジャガイモやトマトなどの、新しく発見されたアメリカの野菜ももちこんだ。今日ではこうしたヨーロッパやアメリカ原産の野菜を含まないインドの料理は想像しにくいが、実際には、その多くがインド料理に取り入れられるまでに、長い時間がかかった。

ジャガイモがどのようにインドにやってきたかは不明だ。ポルトガル人かオランダ人が最初にインド亜大陸に見本をもちこんだのかもしれないが、一七八〇年にウォレン・ヘースティングズ総督がオランダ人からジャガイモを籠一杯もらい、補佐機関のメンバーを夕食に招いたときには、まだかなり珍しいものだった。当時、イギリスでもジャガイモはまだ目新しく、裕福な農家や知識人などが菜園で育ててはいたものの、必需食品にはなっていなかった。一八二三年にアマースト卿が総督に就任して最初におこなったことの一つは、バラックポールにある公園にジャガイモを植えるように命じることだった。[*22] ベンガル人はジャガイモを大いに歓迎した。ジャガイモの澱粉質の柔らかさは、ベンガル料理でよく使われるマスタード・シードとクミンの強い風味と実に好対照をなしていた。一八六〇年代には、ジャガイモはこの地方の食事に欠かせない材料となっていた。ベンガルから、ジャガイモは内陸部へと広まった。一八〇四年から一四年にかけてインド北部を旅した軍人の妻は、「現地の人はみなジャガイモが好きで、気兼ねなく食べている」と報告している。[23] 南部では、ジャガイモが一般に知られるようになるまでに長い時間がかかり、ハイダラーバードのインド宮廷にいた弁務官ジェームズ・カークパトリックは、ジャガイモが食べられないことをとても残念がり、デカン地方に戦火が広がっているさなかに、軍の護衛をつけてボンベイからジャガイモを運ばせたほどだった。今日でも、ジャガイモはアーユルヴェーダ医学では未分類の、新しく異質な食材だとして、まだ疑わしい目で見ているインド人もいる。植物学者のジョージ・ワットは、インド人がジャガイモを「消化不良と胃腸内のガスを引き起こす」ものと考えていることに気づいていた。また、敬虔なジャイナ教徒は、ジャガイモは生命を生みだす力をもつ根菜であるため、食べつくせないという理由で、ジャガイモを口にしない。[24]

ヨーロッパ原産の野菜のベンガル名を見ると、ベンガルにそれらを伝えたのがたいがいイギリス人であったことがわかる。トマトはビリティ・ベグン、つまりイギリスのナスと呼ばれている。トマトは広まるのに時間がかかったが、ジョージ・ワットは一八八〇年にこう書いている。トマトはまだ「主にヨーロッパ系の住民のために耕作されているが……ベンガル人もビルマ人も酸味のあるカレーには利用している」[25]、と。十九世紀のトマトは、現在わたしたちが食べ慣れているトマトよりも酸っぱく、ベンガル風の甘酸っぱい料理には特によく合っていた。それ以外にイギリス人がもちこんだ野菜としては、ビリティ・クムロ、つまりイギリスのウリと呼ばれたカボチャ、キャベツ、カリフラワー、それにインゲン豆などがあった。しかし、イギリス人はインド人が食べる野菜を変えはしたものの、インド人が野菜を調理する方法を変えることはなかった。ヨーロッパの野菜が、インド人がよく知っている野菜のイギリス品種という名で呼ばれたように、ベンガル人は新しい野菜をそれに似たインドの野菜と同じやり方で調理するのだった。[*26]〔マハトマ・〕ガンディが言ったように、「ただゆでただけの野菜を食べることはない。インドではゆでたジャガイモなど見たことがなかった」[*27]のである。イギリス人は確かにインドの食生活に計り知れない影響をおよぼした。ヨーロッパの野菜がインド亜大陸にもちこまれたおかげで、菜食主義中心の民衆が食べられる野菜の範囲は大いに広がった。しかし、イギリス人は野菜を調理する様式や技法には、あまり影響を与えることはなかったのである。

涼しい高原の駐屯地や、プレジデンシー・タウン〔ベンガル、ボンベイ、マドラスの三行政区画〕の周辺にある市場向け農園には果樹園があり、おかげでイギリス人は寒い季節にはリンゴや梨、ヨーロッパの野菜などを買うことができた。「インド在住歴三五年の弁務官」は、手に入る食材の「キッチン・カレンダー」を作成し、十二月と一月はカリフラワー、ジャガイモ、エンドウ豆、インゲン豆などを楽しげに書き連ねているが、七月には「野菜市場はまるで変わり……ジャガイモは貧弱で水っぽくなる。この時期は未熟なレタスとキュウリ、それにサツマイモが調達」できるほぼすべての野菜に等しい、と嘆いている。[*28]その他の季節や、それ以外のさまざまな物資に関しては、彼らはイギリスからの輸入品に頼らざるをえなかった。エリザベス・グウィリムは一八〇一年にマドラスにやってきて、判事の妻として新生活を始めた。このときベーコンの大きな塊を二つ持参してきたおかげで、彼女の昼食パーティは有名になった。「S・ストレンジ卿とサリヴァン氏は……最初の塊がなくなるまで、毎日やってきた」ので、脇腹下部の肉の塊は「骨まできれいに」食べつくされた。彼女の貯蔵庫も、イギリスのピクルスをとりわけ好むインドの使用人たちのあいだで評判になった。エリザベスはこう書いている。「これらのピクルスにたいする彼らの執心ぶりはたいへんなもので、それがわたしたちのつくったものであっても、身を卑しめてでも食べようとします。彼らはわたしたちを最も下層で、カマル〔鍛冶屋〕やアウトカーストと同等の人間と見なしているのだけれど」。十七世紀に東インド会社の船員たちが祖国にもちかえったあの竹の子やマンゴーのアチャールを、イギリス式につくり変えたピクルスが、インドの使用人にとっては見慣れない、心をそそる珍味に変わっていたのである。エリザベスはピクルスの瓶詰めを、鍵をかけてしまわなければならなくなった。必要なときは、それを小出しに皿に取り分けるようになったが、それが食卓にでてくるまで、注意深く見張らなければならないのだった。[*29]

ブリキの缶や広口瓶に食べ物を密封する方法は十九世紀の初めに発明され、アングロ・インディアンはこの新しい科学技術を大いに活用した。大きなイギリス人居住地区にあるヨーロッパ人経営の店では、密封保存された牡蠣、鮭、アスパラガス、ラズベリージャムなどを買うことができた。チーズですら、缶詰になっていた。しかし、これらの製品はイギリスで買うよりも三、四割値段が高かったので、きわめて高価なものと考えられていた。地元のバザールで、「行く手に待ち受ける暑さと疲労、および忌まわしい習慣」をものともしない冒険的な人であれば、「大特価品」を見つけることができた。[*30]ランドール丘陵の麓にある駐在地で、ファニー・パークスはあらゆるヨーロッパの品物が手に入るすばらしいバザールを見つけた。「フォアグラのパテ、ヤマシギのトリュフ添え、ペリカンの革でおおったトーピー〔ショウの芯でつくった帽子〕、シャンパン、バレイリー〔インド北部の都市〕の長椅子、靴、中国の本、ピクルス……およびここには不釣合いなさまざまな商品」である。[*31]しかし、多くの手引書は、たくさんの物資を持参し、友人か親戚に定期的に荷物を送ってもらうほうが安上がりだと勧めていた。たとえば、次のようなものだ。

瓶入りのフルーツタルト、専用瓶入りのジャム、酢、サラダオイル、からし、フレンチ・マスタード、ピクルスとソース、焼き塩、キャラウェー・シード、専用瓶入りのザキントス島のカラントとレーズン、瓶入りのデザート用レーズンとプルーン、砂糖とブランデー漬けのデザート用フルーツ、香りづけのエッセンス、ビスケットの缶詰、ハムとベーコンの缶詰……チーズの小さい缶詰、鮭、ロブスター、ニシン、牡蠣、イワシ、エンドウ豆、パースニップ〔アメリカボウフウ、白ニンジン〕、ボローニャ・ソーセージ、マッシュルームなどの缶詰、ココア、チョコレート、オートミール、バーミチェリ、マカロニ、タピオカ、クリスマスが近ければミンスミート〔乾燥果実、牛脂などにブランデー等をかけて保存したもの〕の瓶詰。[*32]

缶詰食品の流行は、「土着のものの流行が廃れた」[*33]結果始まったが、まもなくそれが確固たる原則となった。缶詰食品はアングロ・インディアンの料理のなかでしだいに重要性を増していった。なにしろ、きちんとしたイギリス式夕食会の献立をつくるのに必要な食材を手に入れる問題も、それがあれば解決したからだ。少なくとも、缶詰さえあれば、イギリスの料理らしく聞え、そう見えるものをつくりだすことができた。難点は、缶詰の食品が往々にしてかなりまずい代物だったことだ。缶詰を製造する技術は第二次世界大戦まではまだ本当に完成しておらず、缶詰食品は金属的な「胸の悪くなる」味がした。しかし、イギリス式夕食会は、料理の味よりもその象徴的な意義のほうが重要だった。アングロ・インディアンは瓶入りの硬いエンドウ豆や、嚙みきれないロースト肉や、金属っぽい味のするフォアグラのパテに固執した。それが文明人でありつづけ、イギリスの生活水準を保つ彼らの能力を日々示すものだったからだ。

奥地の駐屯地で暮らすアングロ・インディアンにとっては、缶詰食品と親戚から送られてくる荷物は稀にしかない贅沢品だった。ときには、ヨーロッパの製品を購入できる最も近い店ですら、そこまでいくのに最低一日はかかる距離にあった。手に入る果物と野菜は、カボチャとウリ――「しなびたキュウリのような緑色の貧弱な代物で、まったく味がしなかった」――オクラ、バナナ、それにパパイヤしかなかった。肉に関しては、「くる日もくる日もヤギと痩せたモーギ〔鶏〕」しかなく、ときおり狩猟で仕留めた獲物がそれに追加された。無理からぬことだが、辺鄙な場所で暮らしていたアングロ・インディアンは食べ物についてよく思いをめぐらし、よい料理人に非常に重きをおいていた。ある鉄道技師夫妻は、アブラハムが実においしい食事をつくるので、彼が出所したばかりだという事実には喜んで目をつぶった。[*34] もっとも、見逃せない不品行もあった。北西の国境に近い僻地の駐屯地に住んでいたあるメンサーヒブは、自宅の料理人が空いている小屋の一つでこっそり売春宿を営んでいるのを発見し、その男をクビにせざるをえなかった。[*35] しかし、こうした困難な状況下でも、アングロ・インディアンの大多数は、カレーは正餐にはふさわしくないという原則を守り、イギリスの食品に似せたまずい単調な料理に耐えていたのである。

アングロ・インディアンの料理法が本領を発揮した場所の一つが鉄道だった。一八五七年の暴動〔インド大反乱〕のあと、イギリスはインド亜大陸全土に効率のよい鉄道網を敷いた。国中どこへでも軍隊をすばやく移動できるようにしたのだ。駅の食堂と食堂車でだされる料理の水準は、ダックの宿泊所で提供された食事と似たり寄ったりだった。列車は「ど田舎の駅に停車する。ただ長いプラットフォームがあるだけで、文明の面影もない場所だ。聞える音と言えば、シューシューいう蒸気音と、ときおりドアをバタンと閉める音だけだ。やがて一人の男がやってきて、『昼食、昼食！』と言う。そこで乗客は列車を降りてプラットフォーム沿いに歩き、食堂車に乗り込んで着席すると、昼食がでてくる」[*36]。昼食はたいていカレーか、「昨夜の冷めたローストで、婉曲にコールドミートと呼ばれるものと、サラダという名のトマトとビートの根を薄切りしたもの」だった。夕食はもちろん、イギリス式だ。「濃いスープまたは澄ましスープ、揚げ魚か羊肉を細かく刻んだカツレツに骨を差し込んだもの、ローストチキンかローストマトン、カスタードプリンかスフレ」である。鶏肉は通常、ダック宿泊所の家禽《ファウル》〔fowl〕と同じくらい筋だらけで硬かったので、インドを訪れたあるイギリス人は「マドラス－ボンベイ特急で食べた最後の食事で、メニューに『ロースト・嫌なもの《ファウル》』〔foul〕と書かれているのを読んで、いたく感動した。それまでにインドの列車の旅で食べた、綴り字は正しくても代わり映えのしない家禽料理に、返報した気分になったのだ」[*37]。

もちろん、インドには「イギリス人料理人の腕をしのぐ」、きわめて高い技能をもった料理人もかなりいた[*38]。ゴアの料理人はとりわけ引っ張りだこだった。「炭と煉瓦を数個積みあげただけで［彼らが］つくりだす料理には、かなり驚くべきもの」があった[*39]。これらの料理人たちがヴィンダルーをアングロ・インディアンのカレー料理のレパートリーに加えたのであり、料理の本はこれを「ポルトガルのカレー」と呼んでいた。ゴアの人びとはイギリス人のために、ヴィンダルーのわざをあらゆる種類の肉に応用した。

なかでも、アヒルの肉はよく好まれた。一九二〇年代には、ゴアの料理人は地位の象徴となっていた。ヴァイオラ・ベイリーが夫の昇進後に真っ先にやったことは、ゴアの料理人を雇うことだった。「フロリアンは……熟練した料理人であり、お菓子づくりにも長けていた。夕食会のために彼がこしらえたお菓子は忘れられない。新鮮な果物とクリームを詰めたタフィのバスケット、メレンゲのトライフル、みごとなデザインのアイスクリームの城もあった」[*40]。ゴアの人びとは、夢のようなデザートをつくるポルトガル人の才能を受け継いでいたのであり、イギリス人は彼らのつくるチョコレートやフォンダン、糖衣をかけた果物などに夢中になった。ベヴェカと呼ばれる、典型的なアングロ・インディアンの料理は、砂糖、米の粉、ココナッツクリーム、バラ水からつくられるが、これはココナッツを使ったゴアのレイヤーケーキ、ベビンカを簡素化したものだった[*41]。

『セイロンとインドの料理の技』から、ベーヴィカ（ポルトガル料理）のレシピ

材料：米の粉1袋、ココナッツ大3個、卵8個、殻付アーモンド1½ポンド、砂糖適宜。

つくり方：米の粉をあぶり、濃いココナッツミルク、よくかきまぜた卵8個、挽いたアーモンドを加え、砂糖で味付けする。よく混ぜて、浅い丸型で焼く[*42]。

インド総督のレディング卿（在職一九二一〜二五年）がバハーワルプール（パンジャーブ、シンド、バルーチスターンにはさまれた国）という小藩王国を訪れて、新しい太守の就任に立ち会った際に、総督を歓迎してアングロ・インディアン式の大晩餐会が催された。「ゴアの料理人と給仕係が、料理の食材ともども、約四〇〇キロ離れたラホールから特別に連れてこられた」。この賓客を迎えるには、「食事はイギリス式でなければならず、スープ、缶詰のパテ、やはり缶詰のサーモンにホワイトソース、家禽や猟鳥のロースト、カラメル付きカスタードプリン、ケンプの瓶詰コーヒー、それにトーストとセイヴォリーという献立だった」。インド人招待客は支配者たちの一流料理を味わうこのめったにない機会を心待ちにしていたが、彼らは「大いに落胆した」。ゆでただけの魚や、「塩味も調味料もつけずにローストした肉」や、焼いた奇妙なプリンはまったく味がないとインド人たちは考え、使い慣れないナイフとフォークのせいで食事は「まるで試練のようになった。彼らは宮廷の料理人たちがつくる、香辛料を効かせ、サフランで色づけした料理がでてくるのを待ち焦がれた」[*43]。

イギリス人にとっては、イギリスの料理にこめられた象徴的な重みのほうが、その料理が刺激に乏しく単調である事実よりも重要だったのだ。スープ、ロースト肉、カスタードやプディング、これらはみな威信を保つために欠かせない要素だった。支配者たちの料理を受け入れたインド人も、同様の理由からそうしていた。ラクナウのサダート・

アリ・カーン太守（在位一七九八〜一八一四年）はフランス、イギリス、インドの料理人を雇っていたが、イギリス軍将校の妻は「三つの異なった夕食」が食卓に並んでいるのを見ている。サダート・アリ・カーンが太守の地位に就いたころには、彼は情勢がイギリスに有利に傾いていることをよく承知していた。就任以前、長年カルカッタに住んでいた彼は、ラクナウに戻ると、宮廷のイギリス化に着手した。フランス人シェフを連れて帰ったほか、彼はイギリスの提督の制服、聖職者用の服、それに最新流行の鬘《かつら》もいくつかスーツケースに詰めてもち帰った。彼は「金メッキした椅子、長椅子、食卓、垂れ下がったビロードのカーテン、それにたくさんのシャンデリアと、枝付き飾り燭台」を取り入れて、宮廷をイギリス風に改装した。夕食会はどんな場合も、イギリス最高の陶磁器を使って給仕されていた。*44

サダート・アリ・カーンはインドの多数の諸侯のなかでも、イギリスの支配的な文化を宮廷にいち早く取り入れた一人だった。十九世紀末には、多数のインド諸侯がイギリス人の家庭教師から、あるいはイギリスまたはインドのパブリックスクールで、イギリスの教育を受けていた。その多くがなかばインド式、なかば洋式の生活を送っていた。諸侯の妻たちはインド的な側面を維持することが多く、民族衣装を着てインド風の家具に囲まれながら別棟で暮らしつづけ、厨房で極上のインド料理が調理される様子を監督した。一方、宮殿の公式行事の場では、家具にしろ食卓で供される食事にしろ、支配者自身の日常業務にしろ、イギリス文化をうまく取得していることが主張されていた。バローダ〔インド西部の藩王国〕の王《ガイクワル》もその典型的な例だ。第一次世界大戦直前に、この王のもとをエドワード・サンクレア・ウィーデン師が訪問した。やたら追従を言うこの聖職者はその訪問について本に書き、ガイクワルの日常業務をこう描写している。チョタ・ハジリ（軽い朝食）のあと、乗馬、朝食、朝のビリヤード、訪問客と接見。昼食《ティフィン》のあと、マハーラージャは執務に当たり、その間、子息や招待客は休憩するか、テニスやクリケット、またはドライブを楽しむ。夕食後はビリヤード、ブリッジをしたあと就寝。ガイクワルは大勢のイギリス人使用人を召抱えており、そのなかには近侍、「陸軍出身のニールという名の主要人物」、フランス人料理人、それにアンプトヒル卿がマドラス知事だったときに執事をしていたイギリス人家令がいた。

ガイクワルの食習慣は、紳士としての彼の地位を確固たるものにしていた。ウィーデンによれば、王の朝食は「ロンドンの一流レストランで食べるようなものと変わらなかった」。夕食では、「二つの献立」が用意された。「女性たち〔マハーラーニと王女〕がインド料理を所望した場合に備えてであり、これらは大きな金色の盆に盛られて、食卓の彼女のたちの席の前におかれていた」。マハーラーニは、王もこれらのインド料理を食べてみるべきだと強く勧めていた。ウィーデンは無作法にも、そのせいで「夕食がいくらか長引いた」とこぼしている。ただし、彼もプラオには感激していた。「上手に調理され、べたつかないライスに、鶏肉、干しブドウ、アーモンド、スパイシーな詰め物からできていて、金箔と銀箔でおおわれているので、実に華やかに見える。これはオレンジかパイナップルで味付けした、たいへん美味のホワイトソースとともに供される」[*45]。ウィーデンは、この家の奥方がちょっとした食通であることには気づかなかったようだ。彼女の孫娘は、祖母の厨房でつくられる食事は、それが「統括役のインド人シェフ」によるものでも、「イギリス料理担当の料理人」によるものでも、いつも超一流だったと回想している。「祖母は手間隙を惜しまずに料理人と相談し、それぞれの客に合った献立を考えていた……。彼女の厨房は特に、そこでつくられる絶品のピクルスと、河口域で獲れる大きくて水気の多いエビでよく知られていた」[*46]

バローダ藩王国のマハーラーニはこうした一流の食事への愛着を、クーチベハールの藩王家に嫁いだ娘のインディラにも伝えた。この家では三人の料理人を雇い、「一人はイギリス料理、もう一人はベンガル料理、三人目はマラータ料理」をつくっていた（クーチベハールはベンガルにあり、インディラ妃はマラータ族の姫だった）。料理人ごとに厨房と流し場があり、助手がついた。クーチベハールの王家はきわめて近代的で西洋化した一族だった。彼らはインドの社会だけでなく、イギリスの上流社会とも付き合いがあり、ヨーロッパ各地を旅行していた。インディラ妃はそのためさまざまな料理を知るようになった。彼女は厨房ではたらくスタッフに、どんどん「実験をさせ、あらゆる種類の見慣れない料理を取り入れさせた」。料理人の一人をローマの有名レストラン、アルフレッドに連れていったとも言われており、それはアルフレッドのパスタがどんな味か、この料理人にわからせたかったからだった。こうして、いくつかの藩王家はイギリス人の得意分野の料理でも、彼らを凌ぐようになった。これらの諸侯の食卓で供されたイギリス料理は、アングロ・インディアンの社会でよく見られた寄宿舎レベルのものではなく、ヨーロッパ各地の洗練された料理の卓越した技を見せるものだった。[*47] それ以外の藩王家では、ただヨーロッパの料理をかたちばかりに食べるだけで、それを好むことはなかった。プラカッシュ・タンドンは、一九三〇年代にハイダラーバードのマハーラージャの一家でこうした現象を目にしている。その一家の娘婿になる予定の人物に昼食を招待されたタンドンは、「ホテルでだされるお決まりのローストマトンとアングロ・インディアンのカレー」から逃れたくてたまらず、「ムガル風のご馳走」を期待しながらそこへ赴いた。

驚いたことに、食事は水っぽいスープから始まり、月並みの方法で調理されたイギリス式のコース料理がつづいた。骨を差し込んだ細切れ肉のチョップ、揚げ魚、ローストマトン、それに蒸したプディングだ。名高いハイダラーバードのムガル料理の代わりに、わたしはいつものホテルの食事と同じくらい味気ない料理を目の前にしていた。わたしは仕方がないと思ったが、一家が料理をつまんだだけであることに気づいた。高貴な人びとは人生に退屈しているせいだろう、とわたしは考えた。するると、友人がこう囁いた。イギリス料理は現代の儀式のようなもので、誰も気に留めはしないのだという。本物の食事はまだこれからでてくるのだ、と。そして、実際にそうなった。プディングが下げられるとすぐに、信じられないほどの料理が、ペルシア風の美しい食器に盛られて給仕された。プラオにビリヤーニー、ナーンやファルマイッシュ、ローガンジョシュにコルマ、鶏肉、ウズラなどであり、一家の人びとはこれを……食べはじめた。無関心な態度は、健康的で旺盛な食欲に変わり、わたしもこれにならって二度目の昼食をとった。[*48]

ヨーロッパ文化を宮廷に取り入れようとするインド人の試みにたいして、イギリス人はしばしば優越感をちらつかせた態度をとった。イギリスの支配を正当化する主張の中心には、インド人は自分たちでは文明化を達成できないという考えがあった。したがって、インド人が実際にイギリスのやり方を理解し、それをうまく取り入れられると認めることは、イギリス人の自信を揺るがすことになった。サダート・アリ・カーンの宮廷を訪問した軍人の妻は、ラクナウにいたころ、寝室用便器《チェンバーポット》をめぐって誤解が生じたと主張した。イギリスからウースターシャーの陶磁器一式が届いたため、太守がそれを祝ってイギリス人居住者を朝食に招いたときのことだった。テーブルはみごとにセットされているように見えた。ただし、テーブルの中央に二〇個ほどのチェンバーポットが一定の間隔でおかれていた。「召使がミルクの壺と間違えた」のだ。客人が牛乳を飲みたがらないことに驚いて、「事情を知らない太守はこう述べました。『イギリス人は牛乳がお好きだと思っていたが』。招待客のなかには、笑いをこらえるのにひどく苦労している人もいました」[*49]。こうした勘違いや、派手なものに弱いところは、大英帝国の一員としてのインド人の意識がつねに表面的で脆いものであることの証拠だと見なされていた。レディング卿夫人の個人秘書は、ビカネール〔北西部の藩王国〕のマハーラージャのけばけばしい宮殿を、彼の「ヨーロッパ主義が……あれだけ誇示しているにもかかわらず、一皮むけば」何もないことの証だと見なしていた。あいにく、多くのマハーラージャもヨーロッパのばかげた代物に目がないところを見せて、イギリス人のこのうぬぼれを助長させたようだ。

シンディア家〔インド中部グワーリオール藩王国〕のマハーラージャの宮殿は「おとぎ芝居の城のようでかなり楽しいと、わたしは思う。巨大なシャンデリアにガラスの噴水、ガラスの手すり、ガラスの家具、そして光沢のある房飾りがそこかしこにある。ここは実に楽しく、くつろげるところだ」。そこには夕食後の飲み物とデザートを運ぶための悪趣味な装置もあった。「そこで、彼がボタンを押すと、列車が走りだした。それは美しい銀の列車で、細部にいたるまで完璧にできており、電気で動き、無蓋貨車が七台連なっていた。ブランデー、ポートワイン、葉巻、タバコ、菓子、ナッツ、それにチョコレート用だ。貨車が運んでいるグラスやデカンターをもちあげると、列車は自動的に停車する。これは最高の玩具であり、公式晩餐会には打ってつけのものだ！」[*50]

イギリスの習慣を受け入れたのは、マハーラージャたちだけではなかった。イギリス人はイギリスの教育制度をインドに導入し、それによって協力的なエリートを養成しようと目論んだ。いまや言い古されたトマス・マコーリーの言葉を借りれば、「血と肌の色はインド人でも、趣味、考え、道徳および知性においてはイギリス人」である。[*51] プレジデンシー・タウン内外で、なかでもイギリス政府の本拠地であるカルカッタでは、イギリスの商業が生みだした新たなビジネスの機会や、インドの司法制度の改革、またのちには議会制度が創設されたことなどがあいまって、西洋の教育を受けたインド人のための雇用が生みだされた。軍隊におけるインド人傭兵と並んで、これらの書記、弁護士、医師、出版業者、技師、教師などがイギリスの統治を支えるいかだの役目をはたした。古くは一八二三年から、ハーバー主教がインド人の富裕層のあいだで次のような傾向に気づいている。「われわれの習慣を模倣することにかけての彼らの進歩は顕著であり……彼らの屋敷はベランダとコリント式の柱で飾られている。彼らはたいへん立派な馬車を所有しており、イングランド製のものも多い。通じる程度の英語を話し、ヨーロッパ社会をかなり愛好する態度を見せる」。インドにおけるイギリス製品の販売状況を調査していた一八三二年特別委員会は、インド人がワイン、ブランデー、ビール、シャンパンを嗜好するようになったことに気づいた。それでも、ハーバーが述べたように、「われわれと一緒に食事をしようとする者は、ほとんどいない」。[*52]

ムガル帝国時代のインドを旅行したヨーロッパ人は、食事のあいだ主人側のインド人がただその場に儀礼的に座って、彼らが食べるのを眺めていることに、しばしば戸惑いを覚えていた。東インド会社の外科医ジョン・フライヤーはこう述べている。「インドではどのカーストも、相容れない部族や考え方の違う人と食事をするのを拒むのであり、それはジェントゥー〔ヒンドゥー人、またはテルグ族〕でも、ムーア人でもペルシア人でも、その他の人びとでも変わらない」[*53]。十九世紀のアングロ・インディアンたちは、劣っているはずの被支配者の多くから、逆に自分たちが不浄と見なされていることを知って驚き、衝撃を受けた。こうした態度は、十九世紀初めに川をさかのぼって旅したディーン夫人には、強烈なかたちで示された。毎晩、船頭たちは川岸で食事の支度をしていた。彼らはまず泥で丁寧に平らな円をつくり、その真ん中に料理用ストーブをおく。「わたしたちの船のそばには、地面にこうした図形がいくつも描かれていた。当時まだ彼らの慣習を知らなかったため、あいにくわたしは高台へ登ろうとして、この魔法の円の一つに足を踏み入れてしまった」。誰も何も言わなかったが、彼女が川岸のてっぺんに着いて景色を眺めようと振り返ると、船頭たちが「料理鍋の中身を川に捨て、そのあと食材の下ごしらえをしていた陶器を割っている」のが見えた。彼女が円の内側を踏んでしまったことで、食べ物が汚され、食べられなくなったのだった。その近くには村がなかったため、その晩、船頭たちは炒り麦しか食べるものがなかった[*54]。

　インドでイギリス人が勢力を拡大するにつれて、異なるカースト間の食事の問題はさらに深刻になった。イギリス人にしてみれば、食事をともにすることは絆を深め、友情を築くための重要な手段だった。一部のインド人社会は、その他の集団にくらべて妥協を厭わなかった。イギリス人はムスリムの料理人や給仕係を雇うことが多かったが、これはイスラーム教徒は豚肉がだされないかぎり、気がとがめることが少なかったことを意味する。ボンベイのパールシーの商人社会はとりわけ進取の気性に富み、柔軟だった。十九世紀末には、ボンベイの商館や企業の大多数がパールシーの紳士の所有となり、彼らはイギリス人と同じような服を着て食卓で食事をするようになった。特に裕福な人は、三人の料理人を雇って、ゴア風、イギリス風、そしてパールシー風の料理をつくらせていた。*55

西洋の教育を最も熱心に受け入れたグループは、ベンガルのヒンドゥー教徒だった。ムガル帝国時代は、イスラーム教徒が政府の要職を独占していた。しかし、イギリスに支配権が移行した際に、彼らはなかなか適応できず、英語（政府の公用語はペルシア語だった）を学びたがらなかった。ヒンドゥー教徒はすばやくその隙に入り込み、西洋の教育によって提供された新たな機会をつかんだ。だが、ヒンドゥー教徒こそ、西洋化によって最も問題が生じる社会だった。正統派のバラモンは、ヨーロッパ人と接触したあとは沐浴して身を清めていたと言われている。ヨーロッパ人は「牛肉を食べ、あらゆるカーストの料理人を雇い、最下層のカーストの男女にも身体を触らせて、自らを汚している」からだ。*56

インドの中流階級には、イギリスの食習慣を受け入れるのを頑なに拒む人もいたし、彼らにとってイギリス人と食事をともにすることなど、もってのほかだった。それどころか、イギリスの行政機関に雇われていた多くのインド人は、向上したばかりの社会的地位を示す方法として、バラモン的な差別化のしきたりをいっそう守るようになった。しかし、教育や雇用の機会が増すにつれて、それにあやかりたいと願うインド人は、カースト上の禁制をしだいに声高に非難するようになった。一八二〇年代にある福音派の牧師は、希望的観測と言えなくもないが、次のような証拠をあげている。「さまざまな場面で、われわれは異なったカーストのインド人集団が実際にひそかに会って食事や喫煙をともにし、社交的な気分を味わう機会を楽しんでいるところを目にする」[*57]。西洋の哲学に影響され、かなりの数のベンガルの知識人がインドの文化を批判し、カースト制度は社会の発展を妨げる時代錯誤の障害物だと主張した。のちにベンガルのヒンドゥー復興運動に携わるブデヴ・ムコパデイヤイは、一八四〇年代にカルカッタのヒンドゥー大学に通っていたころ、こう悟っている。「飲食に関連するヒンドゥーの社会的慣習に公然と反抗することは、当時、大学の前衛的な学生から、正当なことのようにすら見なされていた。文明的な人間として見られるには、牛肉を食べ、飲酒しなければならないのだった[*58]」

教育を受けたインド人が肉を食べたのは、菜食主義がインド人の弱さの根源だと主張するイギリス人にたいする反応からだった。十九世紀末には、イギリス人は西洋化されたインド人エリートの養成に、あまり熱意をもたなくなった。彼らは被支配者の手に自らの武器を渡したことに気づいたのだ。西洋の哲学と政治の知識で武装したインドの学識者は、支配者の美辞麗句を使って、帝国主義の不正を暴くことができるようになった。彼らは自国の政府に参加する権利を要求しはじめた。その報復として、イギリス人はインドの知識人を侮辱し、彼らは自ら統治するには堕落しすぎていると主張した。十九世紀初期、イギリス人は高音多湿の気候と質素な菜食のせいでベンガル人はみな気力に欠け、軟弱なのだと論じていた。だが、このころには、人種差別政策を正当化しようとして、イギリス人はとりわけ教育を受けたインド人を軟弱で女々しい人間と呼ぶようになっていた。*59

イギリス人の傲慢さも、インド人を無慈悲に服従させ、支配する能力があるという事実も、またこの圧倒的な力が少なくとも一部には、イギリス人の肉食に由来するのだという主張も、すべて、インド人の自信を失わせていった。自分たちが被統治者であるという紛れもない事実を目の当たりにして、インドの知識人は彼らの食事が弱さの原因ではないかと危惧した。こうした考えは、グジャラートに育ったガンディにも芽生えた。「肉食はよいことだ、という考えがわたしのなかで芽生えはじめた」と、彼は説明した。「肉を食べればわたしは強く大胆になるし、国民全体が肉食になれば、イギリス人を打ち負かすことができる、と考えたのだ」。*60 ガンディは友人たちとともにヤギを丸焼きして実験してみた。しかし、肉はなめし革のようであり、ガンディは罪悪感にさいなまれた。その晩、彼は自分のなかでヤギが悲しげに鳴いている夢を見た。「わたしが肉食者になったことを知ったら、両親は深く衝撃を受けるだろう。この考えがわたしの心を苦しめた」[*61]

ガンディは一八八八年に法律を勉強するためにロンドン留学を決心したが、ある問題に直面していた。イギリスに留学したり、インド高等文官の採用試験を受けたりしたインド人は、カーストから追放された者として見なされたのだ。海外への旅行は不浄だと考えられていた。それだけでなく、旅行中にバラモン以外の人によって料理された食べ物を口にしなければならず、ことによるとイギリス人と同席して食べるかもしれないのだ。母親を安心させるために、ガンディはイングランドに滞在中、ワイン、女性、肉食は控えることを誓った。それでも、カーストの長老たちは彼をアウトカーストと見なしたし、帰国後に浄化の儀式を受けても、故郷の正統派の人びとの目からすれば、彼の地位は挽回されていないのだった。[*62]学生仲間はたいがいみなそうだったが、ガンディの場合も、教育によって別の世界が開かれていたため、カーストを失うことは重要ではなかった。むしろ、ガンディはイギリスの紳士に変身しようと決意を固めていた。ロンドンに到着すると、彼はダンス、話術、バイオリンのレッスンを受け、衣服に散財した。[*63]それでも、菜食は貫き通すつもりだった。肉食の世界は一度のぞいただけで、二度と関心をいだくことはなかった。したがって、イギリスでの食事は、彼にとって頭痛の種となった。

当初、ガンディがロンドンで下宿した家は、彼の菜食主義にはお手上げ状態だった。そのため、彼はスープ、ジャガイモ、パン、バター、チーズ、ジャム、それにときおりケーキを食べるだけの、腹にもたれる不健康な食事をしながら暮らしていた。当時、ロンドンに数軒しかなかった菜食主義のレストランの一つを発見し、自炊できる宿舎に移ってからようやく、ガンディの食生活と精神状態は向上した。

イギリスに住んでいるあいだ、ガンディの頭にはつねに食べ物のことがあった。彼はのちに自分のようなインド人留学生のために、『ロンドンの案内書』を書いた。その半分近くは、何を食べればよいかという問題に割かれていた。往路の船のなかで食べられる洋食の数を徐々に増やし、イギリスの食事に慣れることが肝心だと、彼は学生に勧めている。問題は、「イギリスの料理を初めて知るにしては、「蒸気船で給仕される食事が」いかにもまずいことだ。ゆでくずれたジャガイモ、生のレタスの葉にトマト、灰色とピンクで噛み応えのない冷えた羊肉のスライス、ゆでて水っぽいキャベツの分厚い塊など、いずれも塩味すらついていない」[*64]。イギリスに到着したあとは、時間とお金さえかければ、あらゆるカーストの規則を順守し、自分に合った料理をつくることはなんら問題がない、とガンディは述べているが、「宗教的な問題に特にうるさくない普通のインド人で、カーストによる制限にさほど忠実でない人であれば、自分でいくらか料理し、食事の一部は出来合いのものを手に入れるほうがいいだろう」と書いている。ガンディはとりわけ粥にこだわりがあり、そのつくり方を説明している。それどころか、菜食主義のカフェで食べる食事のほかは、ガンディは粥を食べて暮らしていたようであり、それに砂糖、牛乳、果物の煮込みを加えている[*65]。

イギリスに住むインド人学生は、周囲から肉を食べるように圧力をかけられた。イギリス人は肉に含まれている動物のエネルギーが、寒い気候で身体を維持するのに欠かせないと信じていた。ガンディは肉を食べなければ死ぬだろう、と言われた。実際には、肉に計り知れない力があると考えるイギリス人の信念は、食べ物の浄化力や汚染力に関するインド人の考えとさほど変わらないものだった。ヴィクトリア時代の人びとは、女性や座業の学者などに肉を与えることについては慎重だった。肉を食べると激しい感情をかきたてられるのに、はけ口が見つからないために内向的になり、それが病気につながると信じられていたからだ。しかし、肉は強健で攻撃的、かつ男らしいイギリス人にとっては最高の食べ物と見なされていた。[*66] ガンディと同様に、イギリスを旅行したインド人ベラムジ・マラバリは、店に吊るされている動物の死骸を見て衝撃を受けている。「この光景はいつ見ても不快だし、ときには悪臭が耐え難いこともあり……。これは野蛮な慣行の現われであり、おそらく人のなかに野蛮な本能を芽生えさせるだろう」[*67]。しかし、大方のインド人学生は菜食主義に徹するために奮闘するのをすぐにあきらめた。粥ばかりの食事はあまり魅力的とは言えないし、大半の人はガンディのような頑固一徹さに欠けていた。むしろ、彼らは「社会的な制約からの自由と解放感」を満喫していた。[*68] フィッシュ・アンド・チップス、トライプ・アンド・オニオン〔反芻動物の胃と玉ねぎのホワイトソースあえ〕、ブラッド・ソーセージ〔多量の豚血を入れた黒っぽいソーセージ〕などにやみつきになった人も若干いた。[*69]

イギリスにいるインド人留学生が始めたこのような反抗に、インドに住む「一見したところ正統派のインド紳士《バーブー》たち」も加わった。こうした人びとは「カルカッタなどの都市の便利な洋風ホテルに」いて、「イスラーム教徒によって料理され、給仕された禁断の食材によるご馳走」を楽しんでいるのだった。イギリスをこれほど強大な国にしたエキスの一部を吸収したいという願望から、彼らがイギリス料理を食べていた可能性はある。[*70] そのうえ、カーストによる制約を厳格に守ったところで、下級の事務員にとってほとんど何も得になることはなかった。どんなにきちんと自身の食習慣を守っても、カーストという階級制度の上層に属するインド人は、彼らと食事をともにするつもりはなかったからだ。そこで、下級の事務員は、「バラモンとは食事ができなくても、インドを支配するサーヒブたちとなら可能だ」という事実に、確かな満足感を覚えていたのである。[*71]

一九二〇年代から三〇年代にインド人が公務員に登用されるようになり、政治改革が進んだ。それはすなわち、イギリス人とインド人のどちらの側でも一緒に働き、つきあっていく方法を探るための圧力が高まったことを意味していた。裕福なインド人は自宅にイギリス式のキッチンをつくり、ムスリムの料理人を雇ってこれに応じた。こうすれば、菜食主義をあきらめることなく、イギリス人を食事に招くことができたからだ。改革を推進するイギリスの行政官にとって、インド人の同僚から食事に招かれることは功績の一つだった。ヘンリー・ローレンスはバラモンの友人の家に食事に招かれたとき、一家の女性たちに食事を運んでもらったことを、「これまで受けたなかで最大の賛辞」だったと考えていた。[*72] イギリス人のほうもこうした事情を考慮して、しばしば来客のためにインド料理を用意した。レディング卿夫妻がシャフィ一家を夕食に招いたときは、こんな料理がだされた。「夕食にはペルシア風プラオ――じつにおいしかった。ピンクと緑のライスにカレー、それにマンゴー・チャツネである」。より改まった招待客の場合に、特別な対応をすることもあった。レディング卿夫人はパルダーで開いたパーティでは、ヒンドゥー教徒の女性たちのために金属製の皿とマグを用意し、バラモンの料理人にレモネードと果物をださせている。[*73]

しかし、イギリス人が最も気軽につきあえた相手はつねに教育程度の低いインド人であり、彼らとのあいだでは平等なふりをすることもなかった。プラカッシュ・タンドンは、一九三〇年代にイギリスのユニリーバ社で宣伝担当重役としてはたらいていた。アムリッツァーで同社の代理人を務めるインド人「老ララ・ラムチャンド」が、サーヒブたちを夫婦で自宅に招いたときの様子を、彼はこんなふうに描写している。インドの菓子、香辛料の効いたセイヴォリー、バラとバナナでやたらに味付けしたソーダと牛乳たっぷりの甘い紅茶が、「生涯下痢」に悩まされるのではないかという不安をごまかそうと最善をつくしながら「抵抗するサーヒブたちの、食事習慣上の能力などお構いなしに」しつこく勧められた。しかし、すっかり西洋化したタンドンと彼のスイス人妻が、イギリス人の同僚たちとの会食を楽しもうとした試みは失敗に終わった。イギリス人たちはあからさまにインド料理はご免だと言い、ゴアの料理人が彼ら好みにつくるカレーライスを日曜日に食べるのはかまわないが、それ以上、頻繁に食べる気はないと説明するのだった。タンドン夫妻は妥協してスイス料理をだしたが、共通の話題探しに苦労し、お返しに招かれることもなかった。「この手ごたえのなさに、わたしの誠意もじきに失われたが、一抹の寂しさを覚えた」[*74]

そうこうするなかで、西洋化しきったインドの教養人たちは、ガンディが示す模範のせいで気詰まりな思いをしていた。折り目正しいイギリス紳士になろうと決意してロンドンへ旅立ったはずの若者が、一九三〇年代にはドーティ〔ヒンドゥー教徒の男性が使う腰布〕を巻いてときおり果物やナッツをかじるだけの苦行者に変身し、日常生活から西洋の影響を一掃してしまったのだ。インド人の肉体を大胆に賛美したガンディの行為は、イギリス人にとっても、西洋化したインド人にとっても、強烈な挑戦となった。彼の例にならって、独立運動を支持する多くのインド人が「サヴィル通り《ロウ》のスーツ」〔背広〕をかなぐり捨て、手織りの木綿をまとい、イギリス料理店でひそかに食べていた「ロースト・ラム、野菜二品、およびミントソース」をやめ、代わりにご飯とダール〔豆料理〕という菜食の食事に変えたのだった。[*75]しかし、ガンディですら、イギリスの食事作法を完全に捨て去ることはなかったようだ。彼が亡くなったとき、わずかな所持品のなかにフォークが二本入っていた。[*76]

第一次世界大戦後、アングロ・インディアンが意識的に保ちつづけたイギリス人らしさは、しだいに時代遅れのものになっていった。一九二〇年代、三〇年代にインドへ新たにやってきた人びとは、時代をさかのぼったような錯覚におちいった。あるメンサーヒブは、「まるでエドワード七世時代に足を踏み入れたようだった……バンガローは広くて旧式で、大勢の使用人によって管理されており……わたしたちは毎朝、朝食前に馬に乗り……暮らしはじつに形式にこだわったものだった。ウィニフレッドとわたしは午前中は車で買い物にでかけるか、知人を訪問し……その際には帽子をかぶり手袋をはめていく……。午後には……休息をとったり手紙を書いたりした」。社交行事は競馬や園遊会、ポロの試合、正式の夕食会などが中心だった。[*77]

アングロ・インディアンの社会は、本国の社会的な変化からは取り残されていた。夕食会はしきたりに縛られた古臭いものに見えた。イギリスでは夕食のために正装することが少なくなっていたが、アングロ・インディアンたちはそれにこだわり、どんな小さなパーティでも席次に従って着席していた。こうした堅苦しい形式を重視する姿勢は、多くの人の目にはいささかばかげた尊大なものに映った。十九世紀にはまだ、アングロ・インディアンの擬似イギリス料理も、家庭で食べられていた料理に近いと認めうるものだった。一九一九年以降は、彼らの食べ物は奇妙に感じられるものになった。イギリスではセイヴォリーは正餐には登場しなくなっていたが、アングロ・インディアンはごく日常的な場面でも、「トースト」と呼ばれるものをデザートのあとに食べていた。

通常これは、青唐辛子で味付けしたサーディン〔イワシの幼魚〕や動物の脳をつぶしたものをトーストに載せたようなものだった。[78] ヴィクトリア時代の人びとは、トロンプルイユ〔だまし絵〕の遊びに興じていた。有名なシェフのアレクシス・ソワイエは、ケーキで猪の頭をかたどったり、色の違うアイスクリームを羊の鞍下肉のように見せかけたりして、客人を驚かせた。[79] アウド藩王国の太守の料理人は、砂糖をカラメル状にして本物そっくりなビリヤーニーやカバーブをつくりだす発明の才に恵まれていたが、アングロ・インディアンの料理人たちもまた、食べ物で人をかつぐのが好きだった。彼らがマッシュポテトを真っ赤に染め、ゆでたニンジンを紫色にして、単調な料理に活気をもたらしていたのは、よく知られていたことだった。しかし、こうしたことも、もはや如何せん時代遅れになっていた。カレーが夕食にだされる機会はめったになく、インドに住んでいるイギリス人が、一度もカレーを口にしないことすらありうるのだった。

カレーはアングロ・インディアンたちの暮らしの片隅で存続していた。一九三〇年代のカルカッタでは、社交クラブが週末の昼食にカレーをだしていた。午前中にゴルフを一ラウンドしたあと、男性たちはクラブ会館で妻たちと待ち合わせた。通常そこではエビのカレーが用意されていた。クラブ・カレーは、細やかな味の違いがあるインド料理を、辛口、中辛、甘口と書かれた三種類の器に分類してしまった。日曜日の儀式的行事は、昼寝と映画で締めくくられる。この儀式に、朝食のマリガトーニ・スープを含める家庭もあった。[80] インドとイギリス間を往復していたＰ＆Ｏ社の船でも、カレーは夕食時にローストした肉の切り身とともにだされたし、列車でも、ジャイプル藩王家のマハーラーニの言う「鉄道カレー」となって存続した。「誰の口にも合うように考えられていたため、ヒンドゥー教徒に禁じられている牛肉も、イスラーム教徒に禁じられている豚肉も含まれておらず、したがって必然的に仔羊肉か鶏肉のカレーと野菜だった。そのため、鉄道カレーは誰にも喜ばれなかった」[*81]。イギリスでもインドでも軍の食堂はカレーの昼食の伝統を守りつづけた。一九三六年にエドワード・パーマー――一九二四年から二五年のウェンブリーの博覧会でカフェを出店し、ヴェーラスワミーズのインド料理店を創業した人物――は、軍の料理人たちにカレーづくりに関して講義をするためにオールダショット〔イングランド南部〕に招かれている。第二次世界大戦中、軍の炊事班の見習い兵は小麦粉のルーにカレー粉を加えて、カレーをつくる方法を教えられた。軍の在庫元帳を見ると、炊事兵が毎月カレー粉の配給を受けていたことがわかる。一九四五年から七八年までイギリス海兵隊に勤務したエリック・ウォレン少佐は、軍役に就いていた期間ずっと、香港でもキプロスでも西インド諸島でも、将校用の会食堂でカレーを食べつづけた。日曜日の昼食のメニューで定番になったカレーにはいつも、バナナの薄切りやパイナップルを小さく切ったもの、パパドムなど、さまざまな付け合せがついた。風変わりな果物が入っている、干しブドウを散らした若干甘めの黄色いカレーは、一九七〇年代、八〇年代になっても、まだイギリス軍の食堂で食べることができた[*82]。実際、軍隊と商船こそ、アングロ・インディアンのカレーがイギリスまで伝わった二つの重要なルートだったのだ。第二次世界大戦中の船上や軍の食堂で、海外へ旅行したことのない多くのイギリス人は初めてカレーを味わったのである。[*83]
一九四七年のインド独立後は、アングロ・インディアンの自己充足的な世界は、「残留」したイギリスのビジネスマンたちのあいだで維持された。クラブ中心の生活はつづき、テニス・パーティではキュウリのサンドイッチとスポンジ・ケーキが用意され、夕食会にはまだセイヴォリーが登場していた。[*84] スコットランドの宣教師が経営するボンベイのクイーン・メアリー校では、カメリア・パンジャービや級友たちが「焼き魚、シェパードパイ〔挽肉をマッシュポテトで包み焼いたもの〕、ドール（ダールを英語またはアングロ・インディアンの言葉でこう呼ぶ）、黄色いライス、羊肉のカレーライス、ココナッツのパンケーキ、マラバルのサゴ・プディング〔ヤシの澱粉質で固めたもの〕」を食べていた。イギリスの大学に進学して初めて、本当のイギリス料理には、「子供時代にインドで食べた〝イギリス料理〟のなかに含まれていた香辛料や調味料が、まったく使われていないこと」を彼女は知ったのだった。「そのときわたしは、〝インドのイギリス料理〟が独自の混成料理のようなのであることに気づいた」。[*85] 鉄道やダック宿泊所では、まだしばらく筋っぽい鶏肉とマサラ入りオムレツがだされていた。甘いもの好きのベンガル人は、カラメル・カスタードプリンやトライフルなど、イギリスのデザートもいくつか取り入れた。[*86] カルカッタ〔現コルカタ〕のゲストハウスでは、いまでも挽肉とマッシュポテトのカツレツやチョップがメニューに載っている。湿気たフライドポテトと野菜のカツレツに袋入りトマトケチャップ、それにトーストと紅茶というのが、インドの列車で食べられる一般的な朝食だ。[*87] イギリスとインド双方の伝統を受け継ぐアングロ・インディアンの社会は、場所を変えながら、現在もなおシチューやアップル・クランブルを食べている。コルカタのサダル通りにあるフェアローン・ホテルでは、白手袋をはめた給仕係がローストした水牛を丁重に取り分けてくれる。食事の最後には、トーストにサーディンを載せたセイヴォリーがでてくる。[*88] コルカタのベンガル・クラブでは、いまもバラカーナがつづいている。会食者一人ずつに細かい気配りをするボーイがつき、メニューにはマリガトーニ・スープ、〝チキン・ドーピアーツ〟、オレンジ・スフレなどがある。[*89]

アングロ・インディアン料理はインド亜大陸の片隅で細々と生き残ってきた。それでも、一九七〇年代にボンベイで子供時代を過ごした若い作家マニル・スリにとっては、イギリスのロースト料理は異国情緒豊かなオーラに包まれていた。ピクニックの場面がよくでてくるエニッド・ブライトンの小説や、近所の店で手に入れたイギリスの料理の本に刺激された彼は、タンのサンドイッチやスコーン、ロースト・ラムなどを食べてみたいと願っていた。しかし、材料が見つからず、彼の母の台所にはオーブンすらなかった。何度目かの試みで、「締まりのない灰色の」ゆでたヤギと、とても食べられないナポリ風スフレができあがったあと、スリもあきらめて家族を安堵させたのだった。[*90]

さらに6分間炒める。
●その後、チリ・パウダー、ターメリック、ジャガイモを入れる。ジャガイモに香辛料がまんべんなく絡まるまで炒めつづける。タマリンドをお湯で溶いたもの、塩とジャガリーを加え、沸騰させる。火を弱めて、ジャガイモがやわらかくなるまで煮る。ソースが焦げるようであれば、水を足す。

【ベンガル風ポテト】

ベンガル人にジャガイモを伝えたのはイギリス人だったが、誇り高いインドの料理人は、野菜をただゆでたりはしなかった。ベンガル人はヨーロッパの野菜をたちまち自分たちのレシピに取り入れた。このジャガイモ料理は、一風変わった甘酸っぱい味に仕上がっている。4～6人分。

植物油　大さじ5～6
シナモン・スティック　3cm
カルダモン（ホール）　4粒
クローブ（ホール）　4粒
ローリエ　2枚
玉ねぎ（細かいみじん切り）　2個
ニンニク（つぶす）　10かけ
チリ・パウダー　小さじ½～1
ターメリック　小さじ1
小さい新ジャガ　500g
タマリンドの果肉大さじ1を250mℓのお湯で溶いたもの
塩　少々
ジャガリー（または赤砂糖）　少々

●油を温める。熱くなったら、シナモン・スティック、カルダモン、クローブ、ローリエを入れて、1分ほど炒める。玉ねぎを加え、キツネ色になるまで炒める。ニンニクを加え、

第8章　チャイ　紅茶大作戦

一九三六年のある朝、タミル・ナードゥ州の田舎町カーライックディに住む裕福なナガラタール〔南インドの商人、金貸し〕の家に、「特別実物宣伝隊」がやってきた。「経験豊かな上級副検査官とお付き」の二名からなるこの特別隊は、屋敷に招き入れられると、道具を取りだして準備を整えた。小さい料理用ストーブとやかん、ミルク入れ、砂糖壺、陶磁器のカップとソーサー、それにティーポットである。やかんが火にかけられ、きちんと計量された茶葉の上にどのように沸騰した湯を注ぐべきかが、一家の女性たちに示された。一定時間、蒸らしたあと、金色の液体は陶磁器のカップに注がれ、つづいて牛乳と砂糖を加える工程が実演された。それから、見学に集まってきた家族に紅茶が配られた。この特別隊はインド紅茶協会のために活動しており、ナガラタールは少数だが影響力のあるサブカーストで、以前にインド紅茶協会のキャンペーン要員が紅茶を飲むように勧めたところ抵抗した人びとだった。彼らは半アナ〔ルピーの一六分の一の旧白銅貨〕で紅茶を買ったものの、それを使用人に与えてしまっていた。どうやら、前回の紅茶の実物宣伝で、近隣の下位カーストの人の家でいれた紅茶を用いたことが、不快感を与えたようだった。やり方を改めようと決意した特別隊は、一般に紅茶の実演で使われていた湯沸しの壺をやめて、カーライックディにある二四〇戸のナガラタールの人びとを、沸かしたてのお湯と上品な陶磁器で口説くことにした。特別隊の努力は実り、紅茶の実演は彼らが訪問した家庭では、ちょっとしたイベントになった。四ヵ月後には、ナガラタールの人びとのうち二二〇戸が説得されて、紅茶を飲むようになっていた。[*1]

ナガラタールが紅茶を飲むのを拒んでいたのは、決して例外的なことではなかった。二十世紀初頭、インド人の大半は紅茶のいれ方を知らなかったし、それを飲むことにも乗り気ではなかった。

いまではインドは世界最大級の紅茶の生産国および消費国であり、こんなことは信じがたく思われる。イギリス人はインドの被支配民から紅茶を愛好する習慣を学んだという通説とも、これは矛盾する。実際には、イギリス人がインド人に紅茶を伝えていたのだ。イギリス人はインド人の食事の仕方はほとんど変えなかったが、彼らが飲食するものの自体は根本的に変えていたのである。ヨーロッパとアメリカの多様な野菜をインドにもちこんだことは、イギリスの支配が偶然にもたらした副産物だったが、インド人を紅茶を飲む民族に変えたのは、インドでおこなわれた最初の大規模な宣伝キャンペーンとも言える大作戦行動の結果なのである。イギリス人所有のインド紅茶協会は、まずインドの民衆のあいだに新しい習慣をつくりだす事業に乗りだし、その後、インド亜大陸全

午後の紅茶を楽しむ国境地帯のパタン人労働者（1920年代）
Bourne and Shepherd、東洋・インド省コレクション、写真703/(5)

土にそれを広めていった。

茶を飲む習慣は四世紀に中国で始まった。この習慣は中国から日本へ六世紀から八世紀のあいだに伝わり、そこで重要な社交儀式となった。茶はインドの北方のチベットやヒマラヤ地方にも広がり、これらの地域ではバターと混ぜてスープの一種として飲まれていた。インドの東部周辺にあるアッサムや、さらに東のビルマ〔現ミャンマー〕とタイでは、山岳民族が蒸して発酵させた茶葉を噛んでいた。[*2] 茶を飲む（または噛む）国々と接していたにもかかわらず、インドは茶の魅力の影響を受けることはなかった。一四〇六年に鄭和が率いる中国の外交使節団の通訳がベンガルを訪れ、ベンガル人が茶の代わりに檳榔子《ビンロウジ》を客に勧めることを知って驚いている。[*3] コーヒーは、ムガル人のもとではたらいていたアラブ人、ペルシア人、および中央アジアの人びとによって、インドにすでに伝えられていた。一六三八年にスラトを訪れたドイツの若い旅行者アルベルト・マンデルスローは、ペルシア人が「自然の熱を冷まし、和らげてくれるカーワを飲んでいる」ことに気づいている。当時すでにコーヒー店は、デリーの大通りであるチャンドニ・チョークにあった。「ペルシアからの目新しい習慣であり、これらの店にアミール［ムガルの貴族］は集まって、詩を聞いたり、談話したり、往来を眺めたりしていた」。[*4] インドの西海岸にコーヒーを伝えたのは、モープラ［マラバル海岸のムスリム］のアラブ商人であり、南西部の丘陵地帯に小さいコーヒー農園が点在していた。[*5] しかし、コーヒーを飲む習慣はもっぱら裕福なイスラーム教徒のあいだに限られており、一般大衆にまで広まることはなかった。[*6] エドワード・テリー牧師が気づいたように、インド人は水を飲むほうを好んでいたのだ。「世界で最も古くからあるあの無害な飲み物、水こそが、東インドで一般的な飲み物なのだ。ここの水はわれわれの水よりもはるかにおいしく臭みがない。また、そうでなければならないのだ。暑い国ではどこもそうだが、水は太陽の熱によって浄化され、消化しやすいものになり、生水臭さもなくなっているので、こうした場所では、そこで手に入るどんな飲み物よりも好ましいものになっている」。北インドでは、村人はバターミルクも飲んでいた。これはインド人がヨーグルトを攪拌してギーをつくる際にできる副産物だ（ヨーロッパではクリームを攪拌してバターをつくる）。より刺激の強い飲み物が欲しい場合は、彼らはアラックかトディーを飲んだ。[*7]

茶はヨーロッパの東インド会社の貿易商によって、中国からインドにもたらされた。インドの織物は中国でボヒー茶〔中国産の紅茶〕や緑茶と交換できたほか、絹織物、ハム、中国の壺、水銀、および辰砂《しんしゃ》の取引にも使われた。[*8] ペルシア人がコーヒーを飲んでいることに気づいたマンデルスローは、スラトのイギリス人に関してはこう述べている。「われわれの通常の会合では、茶だけが利用された。茶はインド諸国のどこでも一般的に飲まれており、この国の人びとのあいだだけでなく、オランダ人とイギリス人のあいだでも利用されている」。[*9] 実際、オランダ人はこの熱い飲み物を非常に好んでおり、彼らのあいだではティーポットが「火にかけられていなかったり、使われていなかったりすることがめったにない」と言われていた。東インド会社の商人の影響で、スラトのバニヤン〔肉食を禁じるヒンドゥー教徒の商人〕は「一日中どんな時間も、茶とコーヒーを惜しみなく」飲むことを覚え、「衰えた気力を蘇らせる」のだった。[*10] しかし、インド人すべてが茶を清涼飲料として飲んでいる、とマンデルスローが考えたのは間違いだった。十九世紀になっても、インド人は頑なに茶を薬として見なしていた。一八三〇年代にラクナウに住んでいたあるイギリス女性は、「ゼナーナ〔邸宅の奥の婦人部屋〕では磁器のティーセットはめったに見られません。……婦人たちは……重い風邪でもひかなければ、この飲みものを治療薬として飲ませてもらえませんし、嗜好品として飲むことは決してありません」と、述べている。[*11] プラカッシュ・タンドンの大伯父で、一八六〇年代、七〇年代にパンジャーブの司法裁判所にいた法学者は、四時に牛乳を一杯とアーモンドまたは果物のジュースを飲んでいたが、「その当時、茶は胸の病の治療薬として以外は知られていなかった」[*12]。

茶はもともと中国の僧によって（のちには日本でも）、頭痛や関節の痛みを和らげる治療薬として、また瞑想を助けるものとして使われていた。茶を飲むようになった他国の人びとのあいだでも同様に、これは初めのうち薬として取り入れられていた。インドで暮らし、つねにティーポットを火にかけていたオランダ人は、そこに香辛料を混ぜて、砂糖かレモンの砂糖漬けを加え、ときにはアラックも少々入れて、頭痛、尿砂、「腸のきりきりした痛み」、「腸の捻転」に効くおいしい治療薬をつくっていた。[*13] マンデルスローは高熱と赤痢から回復できたのは、ペルシア湾を越えてスラトへ向かったイギリス船で飲んだ茶のおかげだったとしている。[*14] イギリスでは、ピープス夫人〔『ピープスの日記』の著者の妻〕が一六六七年に「風邪と液質の大量流出」の治療薬として、茶を飲もうとしたことがよく知られている。[*15] これらのどの国民のあいだでも、茶は早々に薬入れの戸棚から抜けだし、台所の食器棚に安住の地を見出していた。しかし、インドでは、茶は生薬の範疇にしっかりと分類されたままだったので（今日でも、ベンガル人は生姜の搾り汁と混ぜた茶は風邪薬と見なしている）[*16]、紅茶好きのイギリス人はインドの奥地へ旅するときは、自分で茶葉を持参しなければならなかった。現地で茶を買うのは不可能だったのだ。[*17]しかし、イギリス人が運営するインド紅茶協会がこうした事態を変えることになった。

一八二三年に、アッサムに駐在していたイギリスの代理人ロバート・ブルースは、シンポー族がカメリア・シネンシス、つまり茶によく似た植物の葉を乾燥させ煎じたものを飲んでいることに気づき、弟のチャールズに手紙を書き送った。のちにこの弟が政府をこう諌めている。「わたしは森を抜けて、イギリス領サディヤにある茶の分布地域を訪れ、土や果物や花の見本をもち帰った最初のヨーロッパ人であり、それ以外にも多くの地域をわたしが最初に発見している」。[*18]チャールズ・ブルースの感情を害した口ぶりは、イギリス政府が彼の発見になんら関心を示さなかったせいだった。やがて一八三四年に、やはりサディヤに駐屯していたアッサム軽歩兵隊のアンドルー・チャールトン中尉がカルカッタの当局を説得して、インドで茶の栽培が可能かどうか調査した。チャールトンはのちにインドで茶を発見した功績によって勲章を授けられ、ブルースをひどく無念がらせた。しかし、チャールトンのほうが時運に恵まれていたのだ。一八二〇年代の終わりに、イギリス東インド会社は中国貿易における独占権を失うのではないかと懸念しだした。茶は中国からの主要な輸入品で、一八一一年から一九年に中国との貿易総額七二一六万八五四一ポンドのうち、七〇四二万六二四四ポンドを占めるものだったことを考えると、中国に代わる茶の供給源を探すことに意義はあった。[*19] そのうえ、中国では狭い土地に細々と茶畑をつくる小さい農家に依存しており、これはイギリス人にとって欠かせない日用品を生産する方法としては無計画で労働集約的であり、当てにならないものだった。東インド会社はつねに一年分の在庫を確保して、イギリス国民を供給不足から守らなければならなかった。[*20]

十八世紀末には、イギリスの飲み物と言えば、紅茶が思い浮かぶほどになった。当初は富裕なエリート層の生薬だった紅茶は、まもなく流行の飲料になった。紅茶は、貴族の女性が午後にビスケットとともに飲んでいた甘口のワインに取って代わる恰好の飲み物となった。それればかりでなく、紅茶をだせば、繊細な磁器の茶碗のコレクションを見せびらかすこともできたのだ。一七三〇年代には、中国から直接の輸送体制が整い、紅茶にかかる関税が引き下げられたために、紅茶はほぼ誰もが手に入れられるものになった。トム・トワイニングは一七一七年にロンドンに隣り合った二軒の店をもち、一方ではコーヒーを売り、もう一方では紅茶を売りはじめた。一七三四年には、紅茶の消費量があまりにも伸びたため、彼はコーヒー店の経営を人に任せて、紅茶を売るほうに専念するようになった。[*21] 紅茶は新しい中流階級のライフスタイルにぴったり合った。紅茶を飲みながらバター付きパンやケーキを食べれば、中流階級の女性も夕食までなんとか空腹をしのぐことができたのだ。なにしろ、このころには一家の主《あるじ》が五時過ぎまで仕事から帰宅しなくなったので、夕食の時間がずっと遅くなっていたからだ。紅茶は労働者階級のあいだでも人気があった。砂糖を加えれば元気のでる飲み物になるので、一七六七年には道路改修作業員がお金を集めて、紅茶をいれる道具を購入したと記録されている。干草をつくる人びともビールより紅茶を好むようになっていた。[*22] ヘンリー・メイヒューの『ロンドンの労働と貧民』には、紅茶とコーヒーがサループ（インドから輸入されるラン科植物の粉）や砂糖を入れた米乳に取って代わった、と書かれている。[*23] 一八三〇年代初めには、東インド会社は年間三〇〇〇万ポンド〔約一万三六一〇トン〕近く輸入しており、これは国民一人当たり、年間約一ポンド〔約四五四グラム〕紅茶を飲んでいた換算になる。おかげで財務省には関税が三三〇万ポンド入り、歳入総額の一〇分の一に相当するようになった。[*24] したがって、一八三四年二月にウィリアム・ベンティンク総督が紅茶の委員会を任命し、東インド会社が独自に、最新の効率のよい農業生産方法で紅茶の生産を始めるうえで、インドが好ましい場所かどうか検討させたのは、まったく理にかなったことだったのである。[*25]

インドで茶を栽培しようとしたイギリス人の当初の試みは、かなり混乱したものだった。委員会はアッサムの気候なら茶の栽培を実験するのに適していると考えたが、ブルースとチャールトンが見つけたこの地に自生する茶の木が、茶の生産に適しているとは思わなかった。そこで、G・J・ゴードンが中国に派遣され、苗木を集めて茶の栽培に通じた中国人を引き抜くことになった。ヨーロッパ人はすでに二世紀にわたって、中国から熱心に茶を買いつづけていたものの、その正確な製造方法に関してはまだよく知らなかった。これらは中国人が油断なく守りつづけた秘密だったのだ。茶の製造業者に近づくのはきわめて難しかったし、苗木や種を密輸していると疑われた船は、中国人に追跡され、拿捕されそうになった。[*26] ゴードンは機知に富む人物だったにちがいない。なにしろ、一八三五年には八万本の茶の苗木をしっかり送り返したうえに、その数年後に茶の製造に携わる二人の中国人を連れて帰ったのである。[*27] 彼らの助言は何よりも必要なものだった。それまでアッサムに顧問として送られていたのは、カルカッタのバザールで暮らしていた中国の大工と靴職人からなる雑多な集団で、彼らは「これまでの生涯に茶の木を見たことがなく」、葉をどのように摘んで処理するのか、まるで知らなかったからだ。茶畑をつくるために土地を接収されたアッサム人は、茶の栽培の仕事に就くのを拒み、さらに悪いことに、中国の茶の木はうまく根づかなかった。アッサム原産の茶の木でも、実際まったく申し分なく茶をつくれるとイギリス人が判断したころには、これらは中国の茶の木と交配されて、品質の劣った交配種になっていた。[*28]

こうしたさまざまな問題があったにもかかわらず、アッサムの茶栽培業者は一八三八年には輸送箱にして一二箱分の紅茶を生産することができた。これらは翌年、ロンドンで競売にかけられたが、ほとんど歓迎されなかった。[*29] 摘みすぎた硬い古い葉を長距離運んでから加工したものは、品質の劣った紅茶になった。当初、アッサムの紅茶はあまりにも質が悪く、中国産の最下級の茶にも太刀打ちできないほどだった。それでも、東インド会社はこうした茶のプランテーションを一八四〇年に新しく創設されたアッサム茶会社に譲り渡した。アッサムの紅茶が初めて配当金を支払えるようになったのは、一八五三年になってからのことだった。[*30] 一八六一年になると、紅茶の一大ブームが起こり、退役将校や医師、技師、蒸気船の船長、小売商人、警察官、事務員、さらには安定した地位に就いていた文官までが、茶のプランテーションを購入するか、栽培者として仕事を得ようとして群がった。こうした新参者たちは、栽培に向いていない土地を意気込んで買って開墾し、そこに茶の木を植えた。一八六五年には、彼らも決して利益がでないことを悟った。紅茶熱に浮かされた実業家たちが恐慌状態になって売りにでると、価格は大暴落した。当然のことながら、その翌年に生産された紅茶の品質は極端に悪く、価格は再び下落して、さらに多くの茶農園が倒産した。インドの紅茶産業が安定し、ようやく良質の紅茶を生産して収益を上げられるようになったのは、一八七〇年代になってからのことだった。[*31]

インド人のあいだでは、同様の急激な変化がインドの貧民にさらに多くの惨状をもたらしていた。「苦力捕獲者《クーリー・キャッチャー》」と呼ばれた請負人が、困窮した農民を茶のプランテーションの労働者として雇っていた。すし詰め状態の非衛生的な船で、農園まで移動する最初の段階で、労働者の多くは目的地に着かないうちに大勢死んでいった。生き延びた者は、到着したあとも最低限の生活状況におかれ、病気が蔓延していた。その多くはマラリアの副作用から脾臓の腫張に苦しんでいた。つまり、雇い主から蹴られたり殴られたりすると（こうした事態は痛ましいほど頻発していた）、脾臓破裂で死ぬ人が少なからずいたことを意味していた。施される医療は、医学的には無能な雇用者や、わずかばかりの医師による治療だけだった。茶のプランテーションの生活は、そこではたらく人びとにとっては悲惨なものだったのだ。[*32]

一八七〇年には、イギリスで飲まれていた紅茶の九〇％以上が中国産であり、紅茶を飲むその他の国々では、その割合は通常さらに高かった。しかし、インドの紅茶生産者もしまいには中国に挑戦できるほどになり、一八八〇年代になると、彼らはさまざまな植民地の展覧会で、積極的に世界規模の宣伝キャンペーンを繰り広げるようになった。イギリスの大衆は、インドの紅茶の無料サンプルとティースプーンを喜んで受け取り、スプーンは驚くほどの割合で、試飲者のポケットのなかに消えていった。ティーポットの残存率も低く、一八八八年のロンドン健康博覧会では、一八〇〇個のポットのうち残ったのはわずか一〇個だけだった。一八八九年のパリ博ではインドの給仕《キッドマトガー》が雇われ、色とりどりの制服を着て異国情緒豊かな雰囲気をかもしだしていたし、アメリカでは彼らは全土を旅して州品評会で紅茶を売った。一八八〇年のメルボルン博覧会では、インドの紅茶がほとんどの賞をさらった。[*33]オーストラリアでは、ジェームズ・イングリスがほぼ一手にキャンペーンを引き受けていた。イングリスにはカルカッタで紅茶の貿易を営む兄弟がいた。ヨーロッパ大陸とアメリカでは大きな手ごたえはなかったが、イギリス人とオーストラリア人はしだいに中国の発酵させない緑茶よりも、インドの発酵させた紅茶のほうを好みはじめた。

イギリスとオーストラリアでは、卸売り業者が中国茶よりも安くインドの紅茶を売る方法を見つけだし、インドの濃い紅茶を好む労働者の後押しをした。トマス・リプトンは、茶葉を大量にインド（および一八八〇年代に初めて茶のプランテーションがつくられたセイロン〔現スリランカ〕）から直接買い付けることを思いついた。イギリス全土にある一〇〇の店舗で、リプトンは一般の食料品店の四分の一ほどの値段で紅茶を売った。一九〇九年には、イギリス人の意識のなかで紅茶とインドは強く結びついていたので、彼が所有するロンドンのカフェの店頭に宣伝用に雇ったインド人を立たせたのは、リプトンにとって充分に意味のあることだった。このインド人は「大学生」だったが、貧しさのあまりどんな働き口でも見つけようとしていた。一九〇〇年には、イギリスで消費される紅茶のうち中国産のものはわずか一〇％になり（さらに減少をつづけ）、インド産が五〇％、セイロン産が三三％を占めるようになった。[*34]

イギリス人とオーストラリア人の意識のなかで、紅茶はインドと強く結びついていたにもかかわらず、当のインド人はまだ紅茶を飲んではいなかった。もちろん都市部では、「〝サーヒブ・ローグ〟（イギリス紳士）と頻繁に親交を結んでいる紳士は……このすばらしい飲み物を好むようになって」いたし、ガンディも西洋化した少数のインド人が、朝食に紅茶を飲むようになっていることには気づいていた。しかし、「主にイギリスの統治下にあるという理由で、紅茶やコーヒーをいわゆる教育を受けたインド人が飲んでいたとしても、それはほとんど気に留められることもなく、見逃されているのかもしれない」[*35]と、彼はつづけた。インド人の大多数にとって、紅茶はあまりにも高価な外国の習慣だった。紅茶を飲むための用具――ティーポット、磁器のカップとソーサー、砂糖壺、ミルク入れ――はほとんどの人びとにとって費用がかかりすぎた。紅茶産業で働くアッサム地方の人びとでも、家で紅茶を飲むことはなかった。[*36]一八八九年にインドの経済財を調査した際に、ジョージ・ワットはこう述べている。「インドは中国に挑戦したばかりか、追い抜きさえしたが、過去三〇年間に、インドの現地住民に紅茶の価値を教えることに関しては、なんら進歩が見られない」[*37]。一九〇一年にインド紅茶協会は、自分たちの最大の市場がすぐ目の前にあるという事実に目覚め、マーケティング活動をインド亜大陸にも拡大した。この桁外れの冒険的事業は、インド史上、類を見ないものであり、この地域でも、宣伝活動一般においても新しい手法を使ったものだった。

紅茶協会は一人の監督官と、二人の「如才ないヨーロッパの旅行者」を雇って、食料品店を訪問させることから始めた。彼らの仕事は、紅茶をもっと店に仕入れてくれるように説得することだった。第一次世界大戦が勃発する直前に、セントクレア・ウィーデン師はウダイプルのマハーラージャが催したパーティで、こうした「旅行者」の一人と隣り合わせに座り驚いている。「おもしろいアイルランド人で、ここ五年ほどインド各地を旅してリプトンの安い紅茶を売っており、現地の人びとはそれを非常に快く受けいれている」[*38]。これらのセールスマンは、飲料にした紅茶を職場に配達する手配もしており、南部で紅茶の宣伝活動を担当していた委員会は一九〇三年に、「さまざまな役所や商社に毎日、届けている紅茶が、配達できないようなことでもあれば」苦情が寄せられたと書いている。[*39]とはいえ、インドにおける紅茶の販売は落胆させられるプロジェクトだった。一九〇四年には、三年間、鋭意努力したにもかかわらず、「インドにまともな紅茶市場が存在」することを示すものはほとんどなく、一九〇一年から一四年まで毎年、「インドで紅茶の消費を増大させるのは、間違いなく最も困難な類の仕事だ」という不満の声もあがっていた。[*40]

第一次世界大戦中に、こうしたキャンペーンは勢いづきはじめた。工場や炭鉱、綿紡績工場には紅茶の屋台がでて、労働者は喉が渇けばそこで買わざるを得ないように仕向けられていた。戦争になると、工場の所有者は労働者の不満を減らす必要性をより意識するようになり、紅茶を飲む休憩時間を設けるようにも説得された。紅茶協会は「職場で紅茶を飲むことを覚えれば、［従業員が］その習慣を家にもち帰るので、家族や友人も紅茶に慣れるようになるだろう」と期待した。一九一九年には、紅茶の売店は「事業体にとって重要な要素」として、しっかりと根づいていた。[*41]こうして紅茶は、二十世紀のインドに侵略しつつあった近代産業の世界に不可欠の要素として、インド人の生活のなかに入り込んだのだった。

鉄道もまた、インドに近代産業の波が到来したことを示すもう一つの例だった。紅茶協会はこれをグローバル資本主義の輸送機関につくりかえた。彼らは少数の契約者にやかん、カップ、紅茶の包みをもたせて、パンジャーブと北西部の国境地域、およびベンガルの主だった鉄道の連絡駅ではたらかせた。「チャイ！　グラム・グラム・チャイ！」（紅茶！　熱い熱い紅茶！）という呼び声が、パニ（水）を運ぶ人たちの、「ヒンドゥー・パニ！」「ムスリム・パニ！」と叫ぶ声と入り混じっていた。[*42] イスラーム教徒が鉄道で旅をする場合は、カーストの制約に悩まされることはあまりなかったが、ヒンドゥー教徒は低位カーストの人から食べ物はおろか、水ですら受け取れないのだった。そこで、彼らは大いに紅茶を飲むようになった。ヨーロッパの指導員は正しい紅茶のいれ方を教えようと苦心したが、紅茶の販売人はよくこうした助言を無視し、自己流で牛乳と砂糖をたっぷり入れて紅茶をつくっていた。牛乳たっぷりで強烈に甘いこの飲み物は、バターミルクとヨーグルト・ドリンク（ラッシー）が好きな北インド人には評判がよかった。これなら値段も手ごろだし、駅のほかの物売りが売っているチャパーティーやスパイシーな乾燥したジャガイモ、ビスケットなどともよく合った。列車が駅に入ってくると、こうした行商人が客車の窓のそばを走るのだった。のちに、鉄道の駅にある紅茶の売店も宗教間の感情に配慮して、イスラーム教徒用とヒンドゥー教徒用に別々に対応するようになった。[*43]

南部では、紅茶のマーケティング担当者はコーヒーと競い合わなければならなかった。アラブの商人は十七世紀にはすでに、西部の丘陵地帯で小規模ながらコーヒーの栽培を始めていたし、一八三〇年代にはセイロンにコーヒーのプランテーションがつくられていた。要するに、コーヒーのほうが紅茶よりも先んじていたのだ。今日でも、列車が南へ向かうにつれて、コーヒー屋《ワーラー》の数が紅茶屋《ワーラー》よりも増えはじめる。しかし、一九三〇年代には、紅茶協会は鉄道キャンペーンは成功したと胸を張って宣言したのだった。彼らは「列車の一等食堂車よりも、プラットフォームにある紅茶の売店のほうが、一般においしい紅茶が飲めた」ことを喜んだ。[*44] 北インドを旅すると、いまでも朝、列車のなかで乗客が目覚めて最初に耳にするのは、チャイ・ワーラーが片方の手に金属製のやかんを揺らし、もう一方にグラスをもって、「チャイ、チャイ、チャイ」と叫びながら、車両を移動していく物音だ。

キャンペーンの別部隊の活動によって、インドの大都市と港に紅茶専門店も開かれた。これらのティーショップには、すばらしい雪だるま効果があった。「ティーショップが順調に販売を始めるとすぐに、以前は紅茶を売っていなかった近くの店も紅茶の販売を始め、ティーショップがある界隈は紅茶の行商人だらけになった。だが、彼らはわれわれの店よりはるかに安い値段で売ったため、しまいに店をたたまなければならなくなった」。こうしたことは進歩と見なされた。懸念すべき唯一の問題は、これらの行商人が紅茶に香辛料で味付けしようとすることだった。インド人は、新たな食材を取り入れつつも、インド式に調理してそれを変容させる、いつもながらの彼らの傾向を示していたのだ。そのこと自体は問題ではなかったが、スパイス入りの紅茶の場合、彼らは茶葉の量を減らしがちだった。何杯の紅茶を販売し、何オンスの茶葉を売り上げたか数えていた販売促進活動にとって、これは好ましくない方向への動きだった。「これを改善するための措置がいまとられている」と、ある担当者は報告した。「われわれがいわゆる〝スパイス入り紅茶〟を見つけたのは、カウンポール〔現カーンプル〕製造所のあたりである……現在、われわれはその地区で独自の行商人を雇い、〝スパイス入り紅茶〟と呼ばれる、お粗末な方法で煎じられたまずい飲料と真っ向から対決できる、上等な紅茶飲料を販売させている」[*45]

ティーショップはある種の顧客層にしか浸透しなかった。そこで、インドの家庭に直接、紅茶をもちこむべく、一連のキャンペーンが始まった。とりわけ、ティーショップを訪れることのない女性がその対象だった。紅茶デモンストレーターの一団が雇われ、大きな町や都市に進軍していった。それぞれの町で一つの地域が選ばれ、四ヵ月間、紅茶キャンペーン運動員が日曜日を除いて毎日、同じ時間に、通りから通りへ各戸を訪ねて歩いた。「われわれは可能な限り、屋敷内で紅茶をいれようと努力した。そうすることで、正しい方法を世帯主に教えるようにしたのである」と、あるデモンストレーターは説明した。販売促進員らは反感をもたれるだろうと予測していた。確かに、ラホールのイスラーム教徒地区の一部は入り込めなかったが、「より正統派の保守的な場所でも、多くの家庭がわれわれのスタッフを家のなかに入れて実演させてくれた」ことに彼らは驚いた。婦人たちはパルダーの衝立の陰から、中庭で催されている紅茶のいれ方の実演をのぞき見するのだった。きわめて上流家庭のパルダーでは、委員会は女性のデモンストレーターを雇った。戒律の厳しい正統派ヒンドゥー教徒の町では、バラモンたちは

「われわれのデモンストレーターがいれる紅茶を、頑として受けつけなかった。デモンストレーターや副検査官は、自分たちもれっきとしたバラモンであると抗議したが無駄だった」。トリチノポリー〔ティルチラパリ〕では、デモンストレーターはスリランガム寺院の僧侶を説得して、寺院の境内で紅茶を配布させてもらうことで、この問題をうまく切り抜けた。

都会の多くの家庭で、毎日同じ時間に紅茶をいれる習慣をつくったあと、デモンストレーターは地方の小さい町へと移動した。こうしたなかで、彼らはこの章の冒頭に登場したカーライックディのナガラタールに出会った。[*46] 特別隊がナガラタールの射落としに成功したということは、紅茶を飲む習慣がいかにインドの都市部に広く浸透していたかを示している。パンジャーブでは、若者が紅茶を飲みはじめたことについて、年配者層が不満をもらしはじめた。牛乳やバターミルクのほうが、はるかに健康的だと彼らは考えていたのだ。[*47]

サイド・ラスルは一九三〇年か三二年にミールプール（現在はパキスタン領）の町を離れた。「わたしが初めて紅茶を飲んだのは、ボンベイにやってきたときだった。村にいたころは、牛乳か水ばかり飲んでいた。誰かが病気になったときだけは……紅茶のようなものが与えられたが、それは薬みたいなものだった」。[*48] 紅茶の宣伝キャンペーンに多くの資金と努力がつぎ込まれたにもかかわらず、この国の片隅にはまだ手つかずの場所が残っていた。こうした状態に対処するために、一九三一年に「工場輸送計画」が開始された。大型トラック、およびベンガルでは屋形船が、「何千人もの村人が集まる」地元の市場に送られ、そこで紅茶を配布したのだ。デモンストレーターはこう報告している。「当初は、農夫に紅茶を飲むように仕向けるには、多くの説得力が必要だった」。しかし、紅茶の配給とともに映画を上映したおかげで、評判があがった。特別な囲いを用意された女性たちは、とりわけ映画が気に入った。彼女らは「あらゆる年齢の子供とともに、乳児まで腕に抱いたまま、紅茶を飲み合っている」と報告されている。一九三六年末にもなると、インドの村人もすっかり紅茶に慣れてきており、デモンストレーターは年間二六〇〇万杯は楽に試飲させられるようになった。*49

第二次世界大戦中は、宣伝キャンペーンは一時的に中止され、インド紅茶協会は軍隊への働きかけに専念していた。紅茶専用のバンが用意されて、それぞれの部隊に紅茶が配給された。なかには、ヨーロッパの戦場で戦うインド人部隊とともに、海外へ送られたバンもあった。バンにはラジオとインドの曲の蓄音機用レコードが備えつけられ、手紙代筆屋も同乗していた。兵士たちは紅茶を飲む習慣を身につけると同時に、故郷の家族との連絡もとりつづけることができたのだ。戦前、茶を栽培していたある熱心な陸軍将校は、紅茶協会に手紙を送り、その努力を賞賛している。「過酷な気候条件のもとでの三日間の行軍のあいだ、［貴会の紅茶］バンはこの部隊の将校および下士官兵に、上等な紅茶を一万杯以上ご提供くださいました。このたびの、およびそれ以外の機会にいただいた、非常にありがたい飲み物の価値はもとより、宣伝活動の価値も計り知れないものがあるにちがいありません。われわれのセポイたちはいまでは明らかに〝紅茶を意識して〟おり、戦後はこの紅茶を飲む習慣がインド各地の多数の村に伝わるでしょう」

日本軍がインド付近まで戦火を広げると、紅茶バンはカルカッタ、ハウラ、マドラスの各都市で空襲に備える作業に従事する人びとの便宜をはかり、マラヤやビルマの敗走で心身ともに傷ついた生存者には、心を慰める熱い紅茶を配った。ボンベイでは、紅茶バンが乗船、下船する部隊に対応し、アメリカ人のあいだにも紅茶を広めることができた。彼らは「当初、紅茶をかなり疑惑の目で見ていた……［しかし］説得されて、牛乳を入れずに飲むようになった」[*50]。それどころか、紅茶は戦争中、あらゆる病気にたいするイギリスの万能薬となったのである。一九四一年に、軍の飲食施設について手引書を執筆した著者はこう説明している。「紅茶は、心理的に満足感をもたらす。これは仲間との親睦や故郷、楽しい思い出などと強く結びついているためであり、それがもたらす結果もまた魔法のようなものになる」[*51]

一九四五年には、カルカッタの路上生活者ですら紅茶を飲むようになった。牛乳屋は配達の途中で立ち止まって、彼らの紅茶に牛乳を一滴垂らしてやるのだった[*52]。それでも、紅茶協会はまだすっかり満足したわけではなかった。一九五五年には、インド人一人当たりの消費量はまだ二〇〇グラム強に過ぎず、一方、イギリスでは一人当たり四・五キロに近かった。市場開拓マシンが再び動きだした[*53]。とはいえ、自社の製品がいつでももっと飲める、あるいは食べられると強調するのは、販売キャンペーンの常なのだ。実際、紅茶のデモンストレーター、ティーショップ、鉄道の売店、軍の紅茶バンなどによる執拗なキャンペーンによって、インド人の飲用習慣は大幅に変わっていた。インドに紅茶を広める彼らの試みは大いに成功し、一九〇〇年には紅茶をほとんど飲んでいなかったインドの国民も、二十世紀末には年間七一万五〇〇〇トンという膨大な生産高のうちの七〇%近くを飲むまでになっていた。[*54]

現在では、紅茶はインドの日常生活のごく通常の一部になっている。ティーショップはどんな都市にも、どんな町や村にもある。これらはたいがい、「四本の柱の上に防水シートか簾を広げて……テーブルと、ぐらぐらするベンチが二つほど、それにいつもやかんが載っている、もち運び可能な料理用ストーブ」があるだけの代物に過ぎない。[*55]男たちはそこに集まり、立ったまま、あるいはしゃがみこんだ姿勢で紅茶をする。紅茶を入れる小さい素焼きのカップは、売店のまわりに粉々に砕かれて散っている。インドでは今日、誰もが紅茶を飲む。サードゥー（聖者）やきわめて正統派のバラモンですら飲むし、極貧者は飢えをしのぐ手段としてこれを用いる。[*56]

実を言えば、インドで売られている紅茶の多くは、紅茶協会の検査官には認められないものだろう。これらは決まって牛乳たっぷりで甘い。だから、カロリー不足の労働者に人気があるのだ。以前、皺だらけながら筋骨たくましいコーチンからの自転車タクシーの車夫が、彼の力の素は紅茶なのだと教えてくれたことがある。当時はそれを聞いて驚いたが、牛乳たっぷりのこの甘い紅茶は一杯で四〇キロカロリーもあり、疲れた車夫にも速効で充分なエネルギーを与えられる。[*57] 紅茶屋台を営むインド人は、まるで非イギリス的なさまざまな方法で、紅茶に味付けをする。コルカタでは、ある屋台のお勧めは、砂糖と「ビットヌーンという舌を刺すような黒塩をひとつまみ」入れて味付けしたレモンティーだった。[*58] 村の貧しい人びとも、やはり紅茶に塩で味付けしていた。隣人に塩をひとつまみ入れてくれと頼むほうが、高価な砂糖をねだるよりも気軽だからだ。[*59]

紅茶の屋台では、「〝スパイス入り紅茶〟と呼ばれる、お粗末な方法で煎じられたまずい飲料」も売られている。[*60] 一九三〇年代に紅茶協会がカウンポール製造所のある地区で飲まれているのを発見した例の飲み物だ。紅茶の葉を水、牛乳、砂糖、ひと握りのカルダモン、シナモンスティック数本、ときには黒胡椒も入れて何時間も煮立てたものだ。できあがった飲み物は、わずかに燻したような、ほろ苦く濃い味のものになり、クリスマス・プディングを思わせる香りがする。インド人は昔から牛乳を入れた飲料に香辛料で味付けしてきた。古代のアーユルヴェーダの医学書は、酸っぱい凝乳、砂糖、蜂蜜、ギー、黒胡椒、カルダモンを混ぜた水を煮立てると、熱やカタル、風邪に効くと勧めている。パンジャーブ地方では、バターミルクにしばしばクミン、胡椒または唐辛子を混ぜているし、キールという牛乳と砂糖を入れた米の粥に、ドライフルーツとカルダモンなどの香りのよい香辛料を混ぜたものは、インドのどの地方でも好まれている。[*61] スパイス入りの紅茶は、こうした飲み物の一種に過ぎないのだ。チャイとして売られるスパイス入りの紅茶は、いまではアメリカやイギリスのコーヒー店でも流行しはじめている。

これは異国情緒豊かな東洋の飲み物として売られているが、実際にはいろいろな意味で、インド人に紅茶を飲ませようと試みたイギリスのキャンペーンが生みだした結果なのである。

紅茶を飲む習慣が広まった結果、インドの社会には驚くほどの影響がおよんだ。イギリス人の思いのままに紅茶の販売をめぐって実践されたことは、あまり好ましくない結果をもたらしたようだ。イギリスは、分割して統治するインド支配時代の政策が、ヒンドゥー教徒、イスラーム教徒、シク教徒間の関係を悪化させたとしてよく非難される。十九世紀インドにおけるコミュナリズム〔宗教、人種、カースト間等の違いを強調する考え方〕の台頭は、不和を生ずる複雑な問題だ。イギリス人は総じて不注意から、この問題に一役買っていた。インドの被支配民にたいして食料供給の責任を負っていた時代、イギリス人は通常、調理の仕方に関するカーストや共同体の制約を慎重に考慮していた。鉄道駅ではインド中どこでも、ヒンドゥーとムスリムの乗客が別々の水運搬人から水を供給されていた。[*62] 同じ原則は、鉄道の駅で売られる紅茶にも当てはまり、紅茶の売店はたいがい、イスラーム教徒用とヒンドゥー教徒用に分かれていた。海外への遠征部隊に同行した紅茶のバンは、一方の窓でイスラーム教徒に対応し、もう一方でヒンドゥー教徒に応じていた。一見、善意からなるこうした文化的な対応がもたらした全般的な影響は、異なった共同体間の格差を強調することであり、結果的にコミュナリズムがさかんになる状況を生みだした。

紅茶は、イギリス人のもとでは宗教・民族間の分裂を促進するものになったが、インド人の手にかかると、むしろそうした共同体間の関係を改善することのほうが多かった。多くのインド人にとって紅茶は外国からの食材であり、アーユルヴェーダの分類外にあるので、厄介な浄不浄の概念に煩わされずにすむものだった。紅茶は中立的なため、通常は飲食をともにするのを避けるカースト出身の相手とも、とがめられることなく一緒に飲みやすかったのである。

パンジャーブのカトリー〔クシャトリヤから派生した商業カースト〕出身のプラカッシュ・タンドンは、イギリスのものが家庭内に入り込むにつれて、彼の家のなかでカーストの制約が崩れていくのを見ていた。タンドンの父は、教育を受けたインドの中流階級の一員だった。卒業後、土木技師になった父は、一八九八年に「パンジャーブ政府の灌漑用水路課に配属された」。タンドンの母は正統派のヒンドゥー教徒の家の出だった。彼女は生涯、厳格な菜食主義を通し、「そのため母の食事はわたしたちのものとは別に調理されていた。台所に玉ねぎをもちこんでも、母は気にしなかったが、肉と魚は外で保存し調理しなければならなかった。わたしたち子供は、母のベッドにもぐりこんで、キスしてもらいたいと思う夜には、母と同じ料理を食べるのだった。だめとは言われなかったが、わたしたちが肉のにおいをさせるのを、母が好まないのはわかっていたからだ」。タンドンの母は異なった宗教・民族の人との食事については厳格で、ムスリムの家庭で水をもらうときは、そのコップと水が近くのヒンドゥーの家庭からもらってきたものであることをかならず確認していた。

妻とは逆に、タンドンの父親はカーストや共同体間の垣根を維持することには無頓着で、職場からムスリムの同僚を連れてきては自宅で食事をするのだった。これは彼の母親には悩みの種となった。家族が使う金属性の皿やマグで客人に料理をだすのを、彼女は渋った。そんなことをすれば、それらの食器が永久に不浄なものとなってしまうからだ。「おもしろいことに、わが家のこの問題は、同様の変化が起きていたよその多くの家庭と同じく、磁器を取り入れることで解決した。女性たちは……磁器の皿やカップ、ソーサーであれば、喜んで一緒に使った。これらはなぜか汚されないものと考えられていたのだ。磁器の白く輝くなめらかな表面は油も容易に落ちて、汚染からなぜか守られていたのだ。母は最初のうちは自分では磁器を使わず、男性やイスラーム教徒、キリスト教徒、およびイギリス人の来客用に取っておいたが、やがて母も気を許しはじめた」。いったんこうした譲歩をすると、彼の母親は皮をむいていない果物であれば、ヒンドゥー教徒以外の人からでも受け取るようになった。「そのうち、紅茶や、工場でつくられたビスケット、イギリスの瓶入りのライムのコーディアル〔強壮作用のある甘い飲料〕を受け入れるようになった」。イギリスのこうした加工食品は中立的な食べ物であって、さほど不浄ではないと思われたのだ。しかし、彼の母は、夫が連れてくるムスリムやイギリス人の同僚と実際に食事をともにするほど、警戒心を緩めることはなかった。*63 一般に、女性のほうが男性より、はるかにカーストの制約を捨て去る覚悟ができていなかった。女性にとって、アウトカーストになることは、親類や友人のネットワークを失う可能性を意味していた。男性の場合は、仕事仲間と自由に気兼ねなく付き合うことによって得るものが多かったが、女性は失うものばかりだったのだ。紅茶やそれに関連したコーディアルやビスケットのような製品、および磁器などは、いずれも女性たちが伝統的な社会的区分の崩壊に順応するのに役立ったのである。

紅茶はまた、西洋化の進んでいない社会で、カースト間や共同体間の交流を促進する役割もはたした。一九五〇年代に、ある人類学者がラージャスターンの村で、カーストの規則が結果を顧みずに破られていると嘆く老人に出会った。「風紀の乱れがよくわかるのは、若いバラモンやラージプート、バニヤンが、一般のティーショップで社会的にずっと身分の低い者たちと喜んで紅茶を飲んでいることだった」。この村のバラモン、シュリ・シャンカール・ラルは、あらゆるカースト出身の男たちとよく紅茶を飲むと、大っぴらに認めた。村内のある集団が地位を上げれば、別のグループの地位は必然的に下がる。村の階層制にこうした連鎖反応が起きるということは、制度内では慣性がはたらく傾向が強いことを意味する。[*64] しかし、ティーショップのおかげで、彼らは村内の伝統的な立場にかならずしも影響をおよぼさずに、カースト間、共同体間で友情を育み、同盟を結ぶことができるようになった。

もちろん、村人がカーストの規則を曲げようとする範囲にも限界がある。シュリ・シヤンカール・ラルはあらゆるカーストの人と喜んで紅茶を飲んでも、「最下位のシュードラ」にまでそれを適応することはなかった。彼の村の人はすべて、「最下層の〝不可触民〟と同席して、飲食をともにしなければならないと考えると……心的な苦痛」を大いに味わうと認めた。[*65] 独立以降、不可触民の法的な立場は改善されたが、昔からの偏見はなかなか克服できない。[*66] あるパンジャーブの村人が述べたように、「生まれてこのかたずっと、誰かをひどく汚いものと見なすよう教えられていると、法律ができたぐらいで突然、その人物と一緒に食事をしたいと思うようにはならない」のである。[*67] インドでは、紅茶はよく小さい素焼きのカップでだされ、これは使用後、地面で割られてしまう。こうすることで、ほかの人の唾液で汚された器から飲んで、汚される心配がなくなるのだ。素焼きのカップは、客がどういうカースト出身の人か屋台の店主に区別がつかない都市圏では一般に利用されている。しかし村では、こうした素焼きのカップは不可触民のためのものであることが多く、それ以外の客の紅茶はグラスに注がれる。インド北部の村で、ある人類学者が出会った不可触民は、近代的な飲み物をだされるやり方に関して、近代的な権利を主張していた。このごろでは、不可触民は素焼きのカップでだされた紅茶は捨てて、グラスを要求し、店主に訴訟を起こしてやると脅すのだと、彼らはこの学者に語った。[*68]

近代のマーケティングや広告の手法を使った紅茶の普及は、インド人の食習慣を科学技術と産業化によって変化させ始めていた数ある方法の一つに過ぎない。インドのイスラーム教徒は昔からよく外食したり、バザールの料理人から食べ物を買ってきたりしていたが、高位カーストのヒンドゥー教徒は伝統的に家庭で料理された食べ物以外は口にしなかった。しかし、十九世紀から二十世紀にかけて政治と経済の状況が変わりはじめると、家庭外で食事をする必要に迫られるヒンドゥー教徒の数も増えてきた。仕事で海外を旅行するインド人の数も増えた。独身の男性は村を離れて都会で仕事を探すようになった。バスや列車にすし詰めになれば、別々に食事をとるという原則を貫き通すのは難しかった。駅には確かにヒンドゥー用とムスリム用に区別された食堂はあったのだが。一九三九年にインドを訪れたあるアメリカ人は、教育を受けた商人たちからこう言われている。「列車と自動車によって、独自の食べ物を別々に食べる、こうした事態すべてに終止符が打たれた」、と。[*69] ボンベイのヴィクトリア終着駅《ターミナス》には、三軒のレストランがあった。ディヴァドカルズは菜食主義のヒンドゥー教徒用、カリムズは非菜食主義のイスラーム教徒用、そして、ブランドンズはイギリス人用だ。好奇心旺盛の若いヒンドゥー教徒にとって、ディヴァドカルズの料理は予想どおりでおもしろみに欠けた。ボンベイの保守的な家庭出身のあるバラモンは、社会規範などお構いなしの叔父に連れられてムスリム用の食堂に入り、羊肉のビリヤーニーを食べてみたと回想する。[*70]

インド人ビジネスマンの多くは都会で仕事をする生活と、村での家庭生活を区別していたようだ。家庭ではきちんと浄化の儀式に則っても、ビジネスマンの多くは旅先ではそれをあきらめる傾向にあった。都会のレストランやホテルではバラモンのシェフが雇われていたし、バラモンの客が食事をする清潔で安全な場所も提供されていたのだが。[*71]ある人類学者は、「情報提供者から、彼らが町でどんな食事をしているか、村で暴露しないでほしいと頼まれ」た。故郷から遠く離れて旅をすればするほど、そして、その場所に知り合いがいなければいないほど、彼らは細かいことにこだわらなくなった。小さい村出身のバラモンは、最寄りの町ではイスラーム教徒が料理した食べ物を口にしないが、「デリーであれば食べたかもしれない」[*72]。なかには、こうした機会を探し求め、鉄道のレストランやホテルの食堂をひそかに実験の場として利用する人もいた。一九三〇年代にナーグプル〔マハーラーシュトラ州〕に滞在していたとき、プラカッシュ・タンドンは「腰にドーティをまとった、いかにも菜食主義風の小さな会社の経営者たち」が、鉄道の駅のレストランにためらいがちに入ってくるのを目撃している。タンドンは彼らが「こっそりと不道徳な行為に浸りにやってきた」ことに気づいた。「ビールやウイスキーを飲んでいる者もいたが、大半は薄く焼いたジャガイモと塩味のオムレツを食べにきており、羊のチョップを食べている人すらいた。駅のレストランの薄暗いベランダは、こうした新しい味を安心して楽しめる場所を提供していた。家庭に帰れば、女性たちが仰天するような食べ物である」

新しい商工業地区にある工場や事務所などに勤め口を探す独身男性たちは、大挙して都市へやってきた。当初は、専用の飲食店がつくられて、特定の村や特定のカースト出身の人びとの食事をまかなっていた。しかし、資本主義の企業によって新たな重圧と生活条件が生みだされると、食事のとり方を定める規則を守るのはますます困難になっていた。あるパンジャーブの村人が述べているように、デリーでは「カーストについてあまり気にしたことはなかった。それどころか、通常、都会では人が本当はどんなカースト出身なのか、はっきりと知ることすら不可能だ」[*73]。インドの都市では徐々に新しい市民文化が発達し、カーストによる偏見をあからさまに口にすることが禁じられるようになった[*74]。食習慣の変化と飲食産業の成長は、ボンベイではとりわけ顕著に見られた。二十世紀の初め、この都市はインドの繊維、鉄、および鉄鋼産業の中心地だった。

一八九〇年代に、ボンベイではたらく人びとに紅茶とスナックを提供していたのは、イランからのパールシーの移民だった。これらの移民は街角に小さい紅茶の売店をだして、ソーダ水、紅茶とビスケット、目玉焼き、オムレツ、および楊枝、石鹼、タバコの葉などの細かい日用品を売っていた。一八九六年に疫病が流行したあと、ボンベイの改善財団が都市の復興プログラムに乗りだし、市の最も混雑した地区に新たな道路が引かれた。紅茶の売店を営んでいたイラン人たちは、その結果つくられた店舗に移り、〝イラン人カフェ〟はボンベイの名物になった。これらのカフェの内装は独特な美意識にもとづいたものだった。通常は白い大理石の天板があるテーブルと、ひょろ長い脚の木の椅子、それに大きな姿見が備わっていた。店内には、客に鏡の前で髪を梳かさないように注意したり、ギャンブルの話を禁じたりするお節介な小さい貼紙があちこちに見られたが、それらは決まって無視されていた。イラン人カフェには、あらゆるカーストや共同体出身の労働者や会社員などが集まり、紅茶を飲んで、イギリス風のロールパンやクリームケーキ、ビスケット、ポテトオムレツなどの軽食をとった。彼らはメニューに、ダンサク、グリーン・チャツネ、パトラ・フィッシュ〔香辛料で味付けした魚をバナナの皮に包んで蒸したもの〕など、パールシーの特別料理も含めており、さらにブルンマスカと呼ばれるイランの硬いパンもあった。これは非常に硬いため、紅茶に浸してからでなければ食べられない。新聞はページごとに分けて提供され、同じ新聞をできるだけ多くの客が同時に読めるように工夫してあった。当初、カフェの店主は宗教・民族間の微妙な感情に配慮し、ヒンドゥー教徒の客には緑色のカップ、イスラーム教徒はピンク、パールシーとキリスト教徒にもそれぞれ別々の色のカップで紅茶をだしていた。しかし、この習慣はしだいに廃れていった。*75

一九二〇年代および三〇年代には、中流階級の会社勤めの人向けの飲食店が増えた。こうした店は、できるだけ早く食べられることが肝心な機能優先の場所だった。ギルガウム警察裁判所近くにあるマダヴァシュラムでは、客は食べ物を大急ぎで詰め込まなければならなかった。彼らの椅子の後ろには、次の人たちがいらだちながら待っていたからだ。*76 ほとんどのカフェ、安食堂、屋台、そしてバザールの料理人が、腹をすかせた労働者や旅行者のための食事を提供していた。快適な雰囲気のなかで、おいしいものを食べるためにレストランへいくインド人は、ごく少数だった。インドの飲食店にはたいがい質素な装飾しか見られないことにもこれは反映されていた。今日のムンバイにも、汚れたメラミン化粧板のテーブルで、ありきたりの金属製ターリー皿に盛られた料理を食べさせる店がまだ多数ある。自在ドア《スイング》の奥にある厨房は、大掃除が必要なように見える。実際、インドの国民のあいだでレストランの食事が広まらなかったのは、一部には安食堂が非衛生的だという評判のせいでもあった。また、女性が人前で外食するのを渋ることなどもそれを阻む要因に含まれていた。もっとも、イラン人カフェのなかには、家族用個室を特別に用意して、一家で贔屓客になってもらうようにした店もあった。こうした個室なら、女性もさほど世間の目にさらされていると感じないからだ。食事に関する好みや規則や制限があるので、多くのインド人は家庭で食べているのと同じような料理をだすレストランにいくことにもなった。今日でも一般に家庭料理のほうが、レストランで食べられるものよりもおいしいことを考えれば、食事をくつろぎの時間とする考え方は定着しなかったのである。

今日、ムンバイではたらくサラリーマンは、家でつくった弁当を職場まで届けてもらうことができる。このサービスは、使用人に昼食をオフィスまで届けさせていたあるイギリス人によって始められたと言われている。この方法が人気を呼び、弁当配達サービスの共同利用へと発展し、いまでは二〇〇〇人ほどのダッバー・ワーラー、つまり昼食《ティフィン》の配達人が、毎日一〇万食以上の弁当を届けるために雇われている。ムンバイ市全域と郊外で、主婦たちは早朝から夫の弁当の支度を始める。独身者やはたらく女性は、料理人と契約して家庭風の弁当をつくってもらう。十時までには、アルミ製の三段式容器に弁当が詰められる。一つはご飯、もう一つは肉または野菜のおかず、そして三つ目はチャツネかパンを入れる。三段の容器はそのあと一緒に留め金でまとめられ、料理が冷めないように、また汁がこぼれないようにブリキの外ケースに詰められる。これがダッバー、つまりティフィン箱である。この弁当を毎日、同じ時間に各戸をまわるダッバー・ワーラーに託すと、その弁当は次のダッバー・ワーラーに急いで受け渡される。こうして運び手が長いリレーを繰り返すことで、それぞれの弁当は昼時までに指定されたサラリーマンの手元に届けられる。弁当箱には一連の記号が塗られており、ワーラーはそれを見て配達の各段階で、各々の箱をどこへ運ぶべきか判断する。黄色の一筆はヴィクトリア・ターミナスを表わし、黒い丸は『タイムズ・オブ・インディア』紙の事務所、といった具合である。昼食後、ワーラーは再び容器を回収してまわり、同じルートを逆戻りして主婦たちのもとに届ける。主婦はそれを洗って翌日の準備をする。

　ダッバー・ワーラーの仕事は過酷だ。彼らが頭の上に載せて運ぶ浅箱は、弁当をぎっしりと詰めると五〇キロにもなる。彼らは郊外の満員電車を苦労して乗り継ぎ、ムンバイ市内の混雑した通りを自転車で抜けなければならず、しかも目的地に時間どおりにダッバーを届けるためにつねに急いでいる。これは驚くほど複雑なシステムだが、菜食主義のヒンドゥー教徒が弁当箱を開けてみたら、肉のカレーが入っていたというような事態はめったに起こらない。正規の弁当配達サービスにとって脅威になるものがあるとすればダッバー泥棒だけだが、彼らはときには各種の弁当を選んで盗み去ることがある。イスラーム教徒の非菜食主義の弁当が、ヒンドゥー教徒の菜食主義の昼食とともに運ばれることはあるけれども、この制度はオフィス勤めの人びとが健康もカーストの清浄さも損なう必要がないことを、月々米ドルにして三ドルほどのお得な値段で保証している。[*77]

ムンバイの勤め人は喉が渇けば、さまざまな飲み物を選ぶことができる。近年では、多くの人が昼食とともに瓶入りのソーダ水を飲む。これもまたイギリス人がインドへもちこんだものだ。一八三〇年代にイギリス人がファルカーバードの工場でソーダ水を製造しはじめると、インドの人びともすぐにそれを好むようになった。グジュラトという パンジャーブ地方の小さい町で育ったプラカッシュ・タンドンは、ソーダ水の店に「炭酸ガスを含んだ色付きの飲み物」がずらりと並んでいるのを見て感銘を受けている。この店の主人は、派手な色付きの五〇種類の味をとりそろえており、なかにはビールとピンクのバラのシャーベットを混ぜたものまであった。これは「イングランドにいたことのある地元の法廷弁護士」のために、特別につくられたものだった。[*78]ムンバイに住むイラン人の多くは、もともと街角で紅茶とともにソーダ水を売って身を立てていた。しかし、新しい飲料も、インドの伝統的なフルーツジュースをすっかり追いやったわけではない。ムンバイの街角には、あちこちにフルーツジュースの屋台があり、しぼりたてのオレンジやパイナップルのジュースを売っているし、ムンバイのチェーン店バドシャ・

コールドドリンク・ハウスでは、ブドウとスイカのジュースを売っている。カフェや食堂ならどこでも、喉を潤してくれるさわやかなニンブパニ（ライム水）がある。スウィートライムの果汁に塩、胡椒、砂糖を混ぜたものだ。インド人はいまも、ペルシア風ファールーダ〔ミルクセーキのような飲み物〕や、ヨーグルトに氷水をかきまぜて砂糖か塩で味付けしたラッシーなど、牛乳入りの飲料をよく好む。とはいえ、ムンバイの勤め人はほぼ誰もが昼食の最後には紅茶を飲む。これは、より産業化され近代的になったインドで、飲食の習慣がどう変わったかを示す象徴なのである。

【スパイス入り紅茶、マサラチャイ】

1930年代にカウンポール製造所付近の紅茶の屋台で売られ、紅茶協会の販促促進員の不興を買った、あの「まずい飲料」のスパイス入り紅茶をつくる方法をここに2通り紹介する。

ジンジャー・パウダー　大さじ4
黒胡椒（ホール）　大さじ2
グリーン・カルダモン（ホール）　大さじ2
クローブ（ホール）　大さじ1
ポットに入った紅茶
牛乳、砂糖　少々

●香辛料をきれいなコーヒーミルで挽く。粉は密封できる容器に保存し、ポットに入った紅茶に小さじ½の割合で加える。牛乳と砂糖を入れて飲む。

【レベッカのマサラチャイ】

水　950mℓ

カルダモン（ホール）少しつぶす　16個

シナモン・スティック　2本

牛乳　120mℓ

濃くでる紅茶の葉　75g

蜂蜜または砂糖　少々

●大鍋で湯をわかして沸騰させ、カルダモンとシナモン・スティックを入れる。15〜20分間煮立てる。

●別の鍋で牛乳を沸騰する直前まで温め、火から下ろす。

●紅茶の葉を先の熱湯に入れ、火から下ろし、3〜5分蒸らす。

●葉と香辛料を濾して、牛乳と蜂蜜または砂糖を入れて甘くする。すぐに注ぎ分ける。6人分。

【ラッシー】

最近では、ラッシーはヨーグルトでつくる。ムンバイのラッシーはたいてい水牛の乳のヨーグルトでつくられている。この飲み物をつくるには水牛の乳がよく合う。

ヨーグルト　200mℓ
氷水（またはクラッシュト・アイス）　50mℓ
砂糖または蜂蜜　大さじ2程度

お好みで以下を加えてもいい。
カルダモン・パウダー　小さじ1/8
アーモンドかピスタチオを粉末にしたもの　大さじ2
酸っぱいラッシーをつくるには、塩とガラムマサラを小さじ1/2

●材料をミキサーに入れて泡立つまでかき混ぜる。2人分。

【マンゴー・バターミルク・ラッシー】

パンジャーブ人はもともと、ギーをつくる際の副産物であるバターミルクから、ラッシーをつくっていた。

マンゴーのピューレ（あるいはお好みのどんな果物のピューレでも可）　250mℓ
バターミルク（ヨーグルトのほうがよければ、それを使っても可）　450mℓ
レモン汁　小さじ１
塩　小さじ½
蜂蜜　大さじ１
ナツメグ　１つまみ
砕いた氷　10個分

●材料をミキサーに入れて、中身が泡立つまでかき混ぜる。３～４人分。

【ニンブパニ】

このさわやかな飲み物はインド各地で飲まれており、猛暑の一日を過ごしたあと、身体に水分を補給するには最適のものだ。

ライム果汁　　３〜４個分
砂糖　　小さじ２
塩　　１つまみ
挽き立ての黒胡椒　　少々
冷水　　200mℓ

●ライム果汁、砂糖、塩、胡椒を水とともに混ぜ、冷やしたグラスにアイスキューブを入れた上から注ぐ。１人分。

「インド総督の移動キッチン天幕の内部――そろいの服を着て料理に専念する大勢の料理人」（1820〜21年）　イギリスのインド総督は仰々しく大旅行をした。1830年代、オークランド卿の行列は、ラクダ850頭、象140頭、馬250頭、それに12,000人の随行員から成っていた。フランス人シェフのサン・クルーと一団の料理人も含まれ、総督が各地を訪問するたびにインド各地の支配者およびイギリスの文官や将校をもてなすために、豪勢な食事を用意していた。東洋・インド省コレクション、Add.Or.4921

「野営地で食事の支度をする使用人」（1930年代）　イギリス人は野営生活を好み、非常に辛いソースが特徴のシカーリ料理を新たに一部門として発展させた。個人蔵

「カレー材料を挽く」（1901～04年）インドの調理場は平らで重いすり台がなければ、きちんと設備が整っているとは言えなかった。ここで毎朝、その日に必要な香辛料が新しく挽かれるのだった。Higginbothams、東洋・インド省コレクション、写真494/(37)

「調理場の使用人」（1880年頃）「苦労のあとを見せずに優雅さを見せるべくダイニングルームは入念に演出されていたが、そうした幻想を打ち砕くには、ただ裏のベランダにでてみれば事足りるのだった。そこには、大勢のインド人使用人がいただろう。巨大な吊りうちわを動かしている人もいれば、寝ている者や皿洗いをしている者も、やかんを火にかけてお茶の用意をしている人もいる」
W.W. Hooper、東洋・インド省コレクション、写真447/3(56)

「朝食」 アングロ・インディアンの家庭では朝食に魚を食べており、付け合せにライスまたはキチャリがだされた。これらの料理がしだいに一緒になって、炒めた玉ねぎと固ゆで卵が添えられるようになり、この魚と米の組み合わせがケジャリーとして知られるようになった。絵のなかの夫婦の食卓には、シルヘットの甘いオレンジの皿も並んでいる。William Tayler, *Sketches Illustrating the Manners and Customs of the Indians and Anglo-Indians*（London, 1842)、東洋・インド省コレクション、X42

「ボンベイでティフィン箱を配達」（1996年）　それぞれのティフィン箱には一連の記号が塗られており、ダッバー・ワーラーはそれを見て配達の各段階で、それぞれの箱をどこへ運ぶべきか判断する。これらはチャーチゲイト駅に運ばれるところだ。
Catherine Karnow/CORBIS

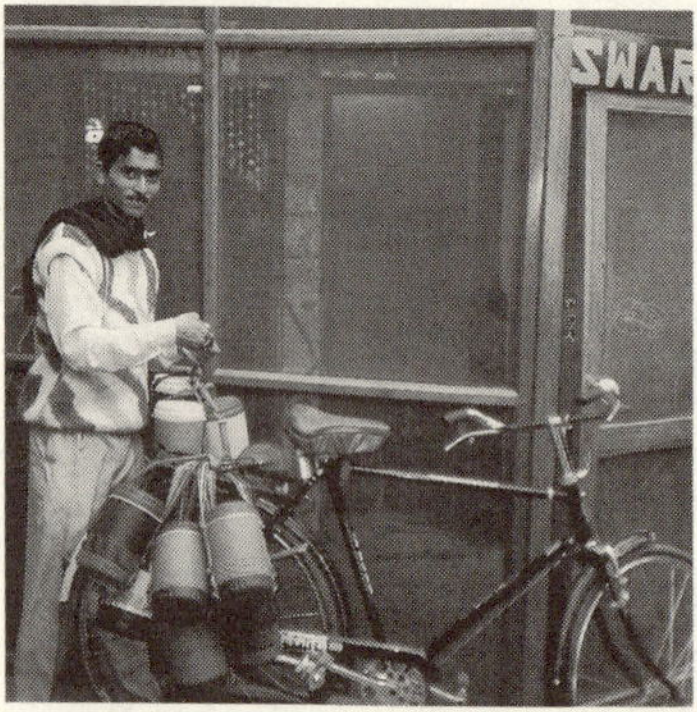

「ニューデリーのダッバー・ワーラー」（1990年代）　ニューデリーの近代的な地区の住民グループも、ムンバイではすでに普及していた弁当運びの商売を1995年から独自に始めた。この写真のダッバー・ワーラーは自転車に弁当箱を積み終え、昼食までに各会社へ届けるところだ。
個人蔵

「輸出用に紅茶を梱包」(1901年)
1880年代には、アッサムの農園主は高級なインド紅茶を充分に生産できるようになり、それまで市場を支配していた中国茶と競い合えるようになった。　Robert Arthur Ellis、東洋・インド省コレクション、写真304/53

インド紅茶協会が長年にわたって宣伝キャンペーンを成功させた結果、インドではいまやサードゥー(聖者)を含め、誰もが紅茶を飲む。

「プシュカルで紅茶を飲むサードゥー」(1990年代)、個人蔵

「マドラスのティーショップ」　インドの都市にティーショップを設け、インド国内で積極的に紅茶を売ったのはイギリス人だった。そのような店が開業すると、やかんとカップをもった露天商もやってきて、甘いミルクティーを売りだした。
Edward Hilder Colebrook (1940)、東洋・インド省コレクション、写真469/5 (44)

恋人たちのピクニック（1970年代）、個人蔵

「アングロ・インディアンのピクニック」（1930年代）インドでは、屋外での食事が昔からよく好まれてきた。ムガル人は観賞用の庭でくつろぎながら、ピクニックを楽しんだ。東インド会社の商人もそれにならい、スラトの郊外にある庭園でポンチを飲み、踊り子たちを眺めた。インドで暮らしたイギリス人たちも、この習慣をつづけた。個人蔵

「インド人のピクニック」（1980年代）　今日、インドの景勝地はどこでも、ピクニックを楽しむ人びとの姿が見られる。この一行のメンバーは靴を脱いで、食べている場所が汚れないようにしている。個人蔵

「プシュカルの野菜市場」（1990年代）　ここでは女性たちがインゲン豆、カリフラワー、ジャガイモ、トマト、唐辛子を売っている。いずれもヨーロッパ人によってインド亜大陸にもちこまれ、菜食が中心の人びとが手に入れられる食料の幅を大きく広げたものだ。インドでは、「ゆでただけの野菜は決して食べない」。ヨーロッパやアメリカの果物と野菜はインド料理のなかに取り込まれ、インド風に調理されている。個人蔵

「インド北部の鶏売り」（1980年代）　インド人はつぶしたての鶏の味を好む。1950年代のバーミンガムには、日曜日の朝になるとヴァーナロードに娼婦を連れた鶏売りが集まっていた。個人蔵

「カレー粉とコーンビーフを売るサモアのサバイイ島にある村の店」（2001年）　サモアではカレーは贅沢な食べ物で、村の店で売っている高価な缶詰食品を使ってつくるものだ。多くのサモア人は、カレーをご飯と一緒に食べずに、ゆでたタロイモや庭に生えているパンノキの実とともに食べる。個人蔵

第9章　カレーとフライドポテト

シルヘットの船乗りとインドのテイクアウト

イギリスにはインド料理店がおよそ八〇〇〇軒あり、その大多数がバングラデシュ人によって経営されている。これらのバングラデシュ人の多くは、シルヘットという地方の中心にある〝船員地帯〟の出身だ。

シルヘットは北東の密林と茶畑の多い地域で、インドのアッサム地方と国境を接している。住民の大半はイスラーム教徒だ。ムガル帝国時代、この地域は甘いオレンジが採れることで知られていた。ジャハーンギール帝はこう記している。「ベンガルの属領のシルヘット地方では、息子の何人かを宦官にして、収入の代わりに長官に差しだすのが人びとの習慣になっている」[*1]。ここは、サッカリーの祖父が象を捕獲して東インド会社に売り、財産を築いた場所だった。イギリス人はオレンジを特に好んだが、ここは料理分野の功績で有名な地域ではない。なにしろ、シルヘット名物として最も知られているのは、腐ったプンティウスなのだ。プンティウスはこの地方の湖に豊富にいる魚で、人びとはこれを素焼きの壺に入れてからし油でおおい、それから壺を密封して地中に埋め

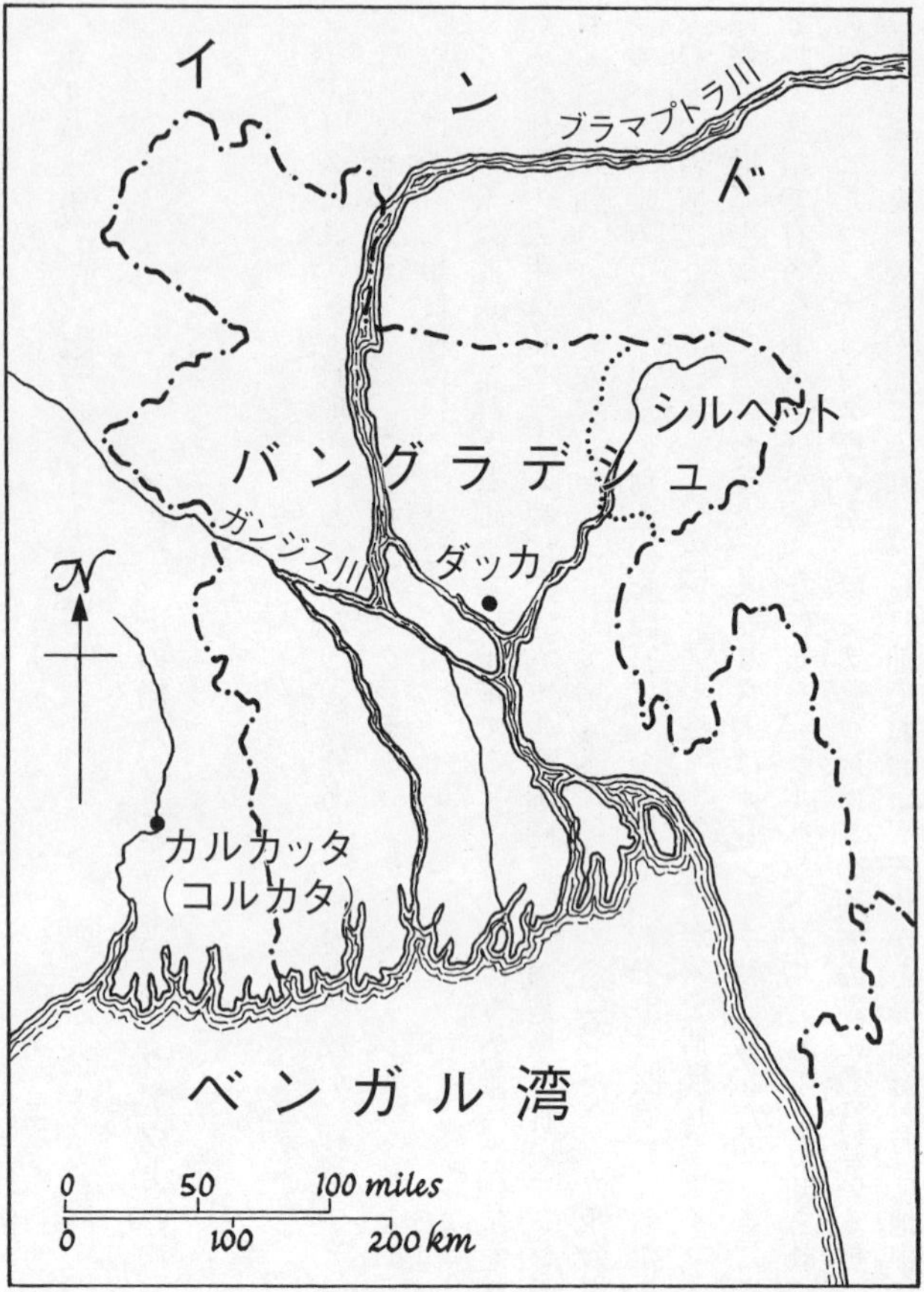
インド
ブラマプトラ川
シルヘット
バングラデシュ
ガンジス川
ダッカ
N
カルカッタ
（コルカタ）
ベンガル湾
0 50 100 miles
0 100 200 km

る。再び掘りだすころには、魚は発酵して油っぽいペースト状になり、それをシルヘットの人は唐辛子と一緒に揚げてピクルスとして食べるか、魚のカレーに加えて、「チーズのような味」をだしている。[*2]

イギリスの統治時代、シルヘットはこの地域を流れる一連の水路がアッサムの茶の農園とカルカッタの港を結ぶ近道だったために、戦略的な要衝となっていた。一八四〇年代に、イギリス人がこれらの運河や河川に蒸気船を導入した。それまで穏やかな水路でゆっくりと船を漕いで暮らしていたシルヘットの船頭たちは、いつの間にか蒸気船の機関室で火を焚くようになった。多くの船頭たちは仕事を求めてカルカッタへ向かった。一八四九年に海運規則が変わると、ラスカーと呼ばれる、安い給料でよくはたらくインド人水夫が一気に増えた。[*3] シルヘットで仕事にあぶれた船頭は、外洋蒸気船に働き口を見つけた。教育を受けていない彼らは、英語の能力が必要とされる待遇のいい甲板作業には就けなかった。甲板員はイギリス人の高級船員と話ができなければならなかったからだ。仕方なく、シルヘット出身者は気が変になるほど騒々しい機関室で雇われた。巨大なボイラーに石炭をくべる仕事は耐え難いほど熱く、ときには心臓発作で死ぬ者もでた。そのうえ、ボイラーは爆発しやすく、火夫は後遺障害を負ったり、命を落としたりした。それほど劣悪な仕事にもかかわらず、報酬は低かった。一九三七年に、シルヘットの火夫は月々二ポンド一シリングを稼いでいたが、これは白人の火夫の五分の一の賃金に過ぎない。第二次世界大戦中、ラスカーたちは船上で命の危険にさらされていたにもかかわらず、わずか二ポンドの特別手当をもらっただけであり、かたや白人の水夫には一〇ポンドが支給されていた。[*4] こうした労働条件と低賃金を考えれば、シルヘットの火夫が契約期間の終わらないうちに船から脱走することで悪評が立っていたのも無理はない。ラングーン、シンガポールからサウサンプトンやニューヨークにいたるまで、主要な港にはかろうじて食いつないでいる彼らの姿がどこでも見られた。[*5]

ラスカーのために、ロンドンのイーストエンドには十九世紀から元船員とその妻たちによって経営された薄汚れた下宿屋のネットワークが存在していた。阿片を吸い、稼いだ金をギャンブルで失うラスカーたちを、宣教師のジョゼフ・ソルターが見つけたのは、こうした下宿屋だった。二十世紀初頭になると、こうした下宿屋もいくらかまともな宿になっていた。なかでも有名なのは、ベンガル人のミスター・アリが経営する宿だった。彼はカニングタウンのヴィクトリアドック・ロードに、海運会社の援助を受けてこの宿を開業したのだった。この近くで、彼は小さいコーヒー店を経営しており、水夫たちはそこでカレーとライスを買うことができた。

一九二〇年代から三〇年代に、ミスター・アリの例にならう人がつづき、一九四〇年代初めには、サンディロウ、ブリックレーン、ニューロード、およびコマーシャルロードにシルヘットの水夫のための下宿屋とカフェが開業していた。こうした水夫たちのカフェから、イギリスのインド料理店は発展した。[*6] これらは船が出航するのを待つ一般船乗りに宿や食事を提供するためのものだったが、着実に増えつつある脱船者のための支援網もこうした店が提供していた。たとえば、ラザウル・ラーマン・ジャギルダールは、一九四〇年代にロンドンの空襲中に脱船した。彼は周囲に爆弾が落ちるなか、路上で恐ろしい一夜を明かした。朝になり、コマーシャル・ロードでシルヘットのカフェを見つけて彼は安堵した。彼はそこから、ウエストエンドのパーシー通り三六番地の地下にあるガトーカフェに案内された。そこには、いわば「シルヘット人のためのコミュニティセンター」があった。このカフェを通じて、彼は住む場所を見つけた。寝室が四部屋あるそのテラスハウスで、彼は三五人から四〇人のシルヘット出身者とともに暮らすことになった。[*7] 脱船した水夫にとって、定員をはるかに超えた貧しい宿は当たり前のことだった。戦争中にカーディフで船を抜けだしたナワーブ・アリは、コマーシャル・ロードにある家の台所で、折りたたみ式のベッドに寝泊りするはめになった。仕事を見つけるのも容易ではなかった。一九三〇年代にロンドンで暮らしたあるシルヘット人は、下宿仲間がパブでチョコレートをくじ引き販売したり、服を売り歩いたり、通りでタフィを売ったりして金を稼いでいたと回想する。[*8] 仕事の多くは飲食業だった。ラザウル・ラーマン・ジャギルダールがウエストエンドで知っていた一五〇人のシルヘット人のうち、ほぼ全員がレストランかクラブかホテルの厨房で、下働きや清掃係、皿洗いとして働いていた。[*9]

シルヘットからきた仲間と同様、ナワーブ・アリも飲食業で身を立てた。キャノンストリート・ロードにあるエジプト・コーヒー店で、清掃、皿洗い、ジャガイモの皮むき

1920年代のヴェーラスワミーズにいたインド人従業員、個人蔵

などの仕事をこなした。友人の紹介でサヴォイ・ホテルに移り、厨房を清掃する仕事をしたのち、彼はヴェーラスワミーズに転職した。彼はそこでライスを皿によそう仕事を与えられた。各皿にカップ一杯分のライスを盛るように、彼は教えられたが、客がそれを全部平らげることはめったになかった。「以前は戻ってきたご飯がゴミ箱二杯分はあったが、わたしはご飯をゴミにするのが嫌だった」。バングラデシュでは、どんな食事でも米が最も重要な食材であり、バングラデシュ人はこれを無駄にすることを嫌う。米を捨てるのは、お金を捨てるようなものなのだ。[*10]そこで、ナワーブ・アリはそれぞれの皿に盛る量を減らし、皿全体にライスを広げてその埋め合わせをした。厨房

を訪ねてきた店主は、彼のやっていることに気づくと、従業員のあいだからそうした節約の工夫が生まれたことを知って喜んだ。彼はアリにたっぷりとチップをはずみ、昇格させた。あいにく、彼はそのために他の従業員から白い眼で見られるようになった。争いを好まなかったので、結局、彼は仕事を辞めることになった。[*11]

ヴェーラスワミーズは、一九四〇年代にロンドンにあったわずかなインド料理店の一つだった。ウェンブリーの大英帝国博覧会の副産物であるこの店は、ロンドンの時流に乗った金持ちや、かつての暮らしを懐かしむ退職した文官たちに、アングロ・インディアンのカレーを提供していた。パキスタン飲食業協会の事務局長を務めていた人によれば、一九二〇年代に、オールドコンプトン通りあたりにアブドゥラズという名のレストランもあったという。その店は「ボンベイからの……優秀な料理人」によって経営されており、バッキンガム宮殿ですら、インド国務大臣に推薦されて、アブドゥラズに料理を注文したと言われている。[*12]そのほか二軒のレストランが、ロンドンに住むインド人学生を相手に商売をしていた。ジェラード通りのシャフィーズはロンドンのインド人学生センターと言ってもよいほどだった。そこはパーシー通りのガトーカフェを中流階級向けにしたような店で、寂しい学生たちにとって、異国の地にある居心地のいいわが家だった。分割されたインドに帰国するのは気が進まなかったため、一九四七年以降もロンドンに残った若い作家アティア・ホサインは、シャフィーズで多くの時間を費やした。「なにしろ、この店はインド人のたまり場だったからだ」。ムスリムの家庭出身の彼女にとって、「食べ物と仲間付き合いは自然につながっていたので、シャフィーズは故郷に戻ったような気分になれる場所だった。店主は、主人役であり友人でもあり、誰が店にきても、それが食事のためでも、ただ休んで話をするためでも、信頼のできる友になってくれた。インドにいたころは、一人で食事をしたことなど一度もなかった。友達や親族と一緒に食事をしないなんて、考えられないことだった」[13]。シャフィーズは一九二〇年に北インド出身のモハメッド兄弟が開業した店だった。彼らはイギリスに留学しにきたのだったが、インドの食品がなかなか見つからないことを知って、これはよい市場開拓の機会だと考え商売を始めた。ビル・バハドゥールもやはりデリー出身のインド人留学生で、彼はウエストエンドのローパー通りにコイヌールを開店した。レストランは大いに繁盛したので、彼は兄弟のソルダールとショムサールをインドから呼び寄せて、レストランのチェーンを築いた。一九四八年には、バハドゥール・タージマハルはブライトン、オックスフォード、ケンブリッジ、マンチェスター、ノーサンプトンに店を構えていた[14]。これらの草分け的なインド料理店はいずれも厨房で元船員を雇ったので、一九四〇年代、五〇年代にイギリスで暮らしていたシルヘット出身者は、きわめて高い割合の人が、一時的にせよそれらのいずれかの店ではたらいていた。多くの船員たちは自分の料理店を開くことを夢見ていたのだった。

コイヌールは……長いあいだ多くのバングラデシュ人の主要な研修センターだった。

バハドゥール兄弟はみな親切で、決して従業員の貧しさに付け入ることなく、いつもきちんと待遇していた。バングラデシュ人一世で、イギリスでインド料理店を営んでいる人はほとんど全員が、バハドゥール兄弟から商売を学んだ。彼らは料理や給仕の仕方や経営を一つひとつ学んでいった。ヴェーラスワミーズなど他のインド料理店ではたらいていた人ですら、最後はバハドゥールにきて、最終の訓練を受けたものだ。[*15]

終戦のころには、空襲を受けて修復が必要なカフェがいくらでもあった。シルヘットの船乗りたちは苦労して貯めた資金で、これらの手放されたカフェやみすぼらしいフィッシュ・アンド・チップス〔揚げた魚とフライドポテト〕を売る小さい店を買いあさった。イギリスでは、すでに少数派民族がフィッシュ・アンド・チップスの業界にしっかりと足場を築いていた。最初に魚を揚げはじめたのは、ロンドンのイーストエンドに住み着いたユダヤ人移民であり、スコットランドとアイルランドでは、フィッシュ・アンド・チップスの店は、ほぼすべてイタリア人移民が営んでいた。一九五〇年代、六〇年代には、中国とギリシャのキプロス島からの移民が、シルヘット出身者とともにこれらの店を買収しはじめた。[*16]シルヘット人は中国料理のテイクアウトの店に目を光らせて、立地条件のよい場所を探し当てるのだった。「中国人が成功している場所で料理店を開けば、商売はうまくいく」ことを彼らは知っていたのだ。[*17]フィッシュ・アンド・チップスは、十九世紀に売られはじめた当初、スラム街の食べ物と見なされていた。仕事を終えて持ち場を離れた娼婦が食べるような代物、とされていたのだ。しかし、しだいに労働者階級のあいだにもこれは広まり、一九五〇年代になると多くの家庭で、日曜はロースト、月曜はハヤシ肉料理、火曜は〔挽肉とマッシュポテトの〕シェパーズパイ、木曜はホットポット〔肉、ジャガイモなどのシチュー〕、金曜は肉の煮込みとフライドポテトという単調さから抜けだせる、歓迎すべき変化となった。労働者の町では、フィッシュ・アンド・チップスの店は、男たちがパブからでて帰宅する夜の十一時以降に大忙しになり、週末はサッカーの試合を見にいく途中、手軽な昼食を買おうとする男たちでにぎわった。*[18] フィッシュ・アンド・チップスの店の新しい店主になったシルヘット人らは、ペンキを塗り直して、新しいテーブルと椅子を入れ、得意客を増やしはじめた。ヴェーラスワミーズを辞めたあと、ナワーブ・アリはこうした道をたどった。一九四三年に、コヴェントリーの工場で一仕事して充分な資金を貯めたあと、彼はセトルズ通り一一番地の小さいカフェを買った。ここは職業安定局のそばにあって立地条件がよく、「イギリス人、インド人、アラブ人、アフリカ人」をはじめ、「さまざまな人種」が立ち寄った。彼は店内を改装したものの、店の名前もメニューも変えなかった。従来の客がこなくなると困るからだ。「店では紅茶もコーヒーも、カレーライスも、フィッシュ・アンド・チップスも、通常あるものはなんでも売った」*[19]。シルヘット人のレストラン店主の多くはこうやって商売を始め、彼らが店につけた名前——アングロ・アジアとか、アングロ・パキスタン――は、シルヘットの店主と圧倒的に白人が多い顧客層の文化的な融合を反映していた。シルヘット人は店にくる客に従来のフィッシュ・アンド・チップス、ホットパイを提供しつづけ、昔のメニューにカレーだけ追加した。彼らは午後十一時以降も営業するパターンを踏襲して、パブが閉店する時間に客をつかまえた。あいにく、そのためこうした店には酔っ払いや、マナーの悪い客、乱暴な客が大勢やってくるようになった。徐々に、白人の客は大胆になり、カレーを味見してみるようになった。こうして、イギリスの労働者階級は辛くておいしいヴィンダルーが、ビールでいっぱいになった胃にとりわけよく合うことを発見し、パブで夜を過ごしたあとは、カレーを食べる伝統が生まれたのだった。客がますますカレーを好むようになるにつれて、こうした小さいカフェや古いフィッシュ・アンド・チップス店はメニューからイギリス料理を追いだし、インド料理のテイクアウトと安いインド料理店に変わっていった。

ナワーブ・アリの次の冒険的事業は、カーディフにあるマルチーズ・カフェだった。彼は娼婦の手を借りながら交渉し、ここを三五〇ポンドで買い取った。以前のメニューと以前の様式を残そうとはせずに、彼はすぐさま店名をカルカッタ・レストランに変え、完全にインド料理だけのメニューに変更した。[*20] 四〇年代から五〇年代にかけて、イギリス各地にこうした事業がいくつも登場し、通常はシャー・ジャラルとか、カヤームといった異国風の名前がつけられた。シルヘット出身者はレストラン業界で幅を利かせるようになった。ナワーブ・アリはこう語る。「なぜこれほど多くのシルヘット人がいたのか教えよう。それは、おたがい助け合ったからだ。わたし自身、戦前に二〇人の男を連れてきたし……戦争中は船から二〇〇人は連れてきたにちがいない。だから、彼らがそれぞれさらに二〇人を助ければ……どういう事態だったかわかるだろう。もちろん、当時はこれほどの人数になるとは想像もしなかった。ただ、兄弟たちを助けたかっただけなんだ」[*21]。機関室の船員たちは「堅く結束しており……みな近隣の村からの出身者で、たいがい親戚同士だった」。このような移住形態はシルヘットの一部の村にも深い影響をおよぼした。最初の移住者グループはイギリスに永住するつもりではなかったので、多くの船員やレストランの店主がかなり裕福になって故郷の村に帰ってきた。シルヘットで「ロンドニ」と呼ばれた彼らは、石造りのロンドニ屋敷を建てて室内に浴室をつくり、ベランダにはペンキを塗ったが、そのころ一般の村人たちは相変わらず茅葺の泥の小屋で暮らしていた。移住者のいる地区では土地代が高騰し、女たちはこんな歌をうたった。「どうして受け入れられるかしら？　亭主がロンドンへいってしまったなんて。……ここには誰もいなくなる――わたしはどうすればいいの？」[*22]

一九三七年に脱船したのち、ハジ・シラジュル・イスラームはレストランの仕事を転々とした。彼はまず、見慣れない英語で書かれたメニューを繰り返し読む練習をして準備した。これが功を奏し、彼はレスタースクエアにあるインド・ビルマ料理店で仕事を見つけた。しかし、彼はそこが嫌でたまらなかった。「いやはや、朝から真夜中まではたらきづめなのだ……一人の客がこっちで呼ぶと、別の客が向こうで呼ぶ。どうすればいいんだ?」。彼はトテナムコート・ロードの近くにあるカヤームに移ったが、ここでも要求された仕事は耐えがたいものだった。レストランと厨房のあいだに階段が二つあり、給仕係はつねにそこを急いで上り下りしなければならないのだ。ある日、彼が遅刻すると、一日一二時間はたらくように言ったはずだと、支配人が念を押した。「実際には一二時間ではなく……一五時間、一八時間もはたらいていた」(それも週給一五シリングで)ことに腹を立てて、彼は夜の九時半になると宣言した。これで一二時間はたらいたから、残業手当を払わないのなら帰る、と。意外なことに、彼はクビにならなかった。しかし、仕事はあまりにも過酷だったので、結局、店をでて船に乗りながら、合間は職業安定局を頼って暮らしていた。戦後、彼は再びレストランの仕事に戻ることになった。しかし、今度はレストランの店主として仕事に戻ったのであり、それはさほど悪い話ではなかった。[*23] 新たに脱船者が押し寄せるたびに、彼らはみなハジ・シラジュル・イスラームと似たり寄ったりの道をたどった。こうして、一九六〇年代に南アジアからイギリスに渡る移民数が増えはじめたころには、シルヘット人はすでにイギリスにおける飲食業界を支配していたのだった。

もちろん、彼らはそのころには新たな国籍を取得していた。一九四七年にインドが独立とともに分割されると、シルヘットを含む東ベンガルの人びとは、一夜にして東パキスタン人になった。一九七一年のインド・パキスタン戦争後、シルヘット人の国籍は再び変わった。今度はバングラデシュ人になったのだ。バングラデシュやパキスタンのレストラン店主のなかには、「インド人」と見なされることにいらだつ人もいるけれども、その誤解をあえて解かない人も大勢いる。インドは、イギリス人の脳裏にロマンチックなイメージをかきたてるからだ。シルヘット人は自分たちの子供を訓練して、レストランの事業を手放さないように心がけた。子供たちは役に立つようになるとすぐに、両親か親戚、または友人のレストランではたらかされるようになる、と嘆くレストランの店主もいた。夜に宿題をする代わりに、「貧しいバングラデシュの少年たちは夜遅くまで料理をしたり、客にカレーライスを給仕したりするために起きていなければならなかった」。その結果、技師や映画俳優になりたいと夢見ていたとしても、彼らはみな料理人、給仕係、レストラン店主になり、インド料理店の九〇%近くがシルヘット人によって経営されつづけたのだった。[*24]

一九五〇年代、六〇年代の初期のレストランの常連客は、「かつて文官職などに就いていたイギリス人」だった。あるレストランの店主はこう回想する。「われわれが『サーヒブ』と呼んだりすると、彼らが喜ぶこともあった。まあ……彼らは大いに喜んだし……われわれはもう少しチップが欲しかったとなれば、構わないではないか? 彼らはこんなふうに呼んだものだ。『召使《ベアラー》!……ベアラー!』〔レストランのボーイを呼ぶときに使う〕。いまでは、こうした連中だって、誰かに『ベアラー』なんて呼ばれようものなら、給仕せずに代わりにこう言うだろう。『この店からでていけ!』」。インド料理店は学生のあいだでも大いに人気を博した。「安くてうまく、量の多い」料理は、大学生の要求にぴったり合っていた。人類学者のジャック・グディは、戦前のケンブリッジの「学部生は外出の署名をして、学寮内で食べずに貯金を使ってレストランで食事をすることができた」と、回想する。中国料理か、インド料理のレストランにいくのだ。今日のインド料理店の常連の多くは、学生だった五〇年代にこうした食べ物と出合っている。料理ライターのマイケル・ボディは、友人たちと「インド料理店に集まっていた」当時をこう語る。「マドラスカレーやチキンプラオ、象の耳のような灰色で大きいチャパーティー、サフランライスにピクルスなどを覚えている……あまりおいしくはなかった。むしろ、いまから考えれば、ひどいもので、あれはインド料理の安食堂的な不潔な一面だった」。だが、当時は、「料理人はたいてい船員上がりで、カレーをつくるのは別のいい仕事が見つかるまで、生活費を稼ぐためだったのだ[*25]」。

　初期のレストランが、ただ業務用サイズの瓶入りカレーペーストを買い込んで、どんな料理のベースにもそれを使っていたのは、知られていないわけではなかった。メニューはヴェーラスワミーズやシャフィーズ、バハドゥール兄弟のチェーン店を真似たものだった。シルヘット出身のレストラン店主たちが、最初に仕事を覚えた店である。ヴェーラスワミーズのメニューには、アングロ・インディアンが愛好したカレー、色をつけたプラオライス、唐辛子たっぷりの辛くて酸味のあるヴィンダルー、アーモンドでとろみをつけたクリーミーなチキンコルマ、辛いマドラスカレーにレモン汁を加えたもの、炒めた玉ねぎでとろみをつけたドーピアーザー、およびパールシーの甘く黄色いダンサクといった料理が並んでいた。バハドゥール兄弟とシャフィーズの歴代の店主は、北インドにあった数軒のレストランの例にならい、アングロ・インディアン風のパンジャーブおよびムガル料理を提供していた。チキンビリヤーニー、ローガンジョシュ、きのこカレー、ホウレンソウとトマトの添え料理などだ。こうして、インド国内ではムガル料理が国民的な料理になることはなかったにもかかわらず、インド国外ではムガル料理はすべてのインド人が食べている料理だと見なされるようになった。

これらのレストランは、料理が早くでてきて値段が手ごろな店ということを売り物にしていた。これはインド料理をつくるうえで理想的な条件とは言えない。完璧な料理をつくるには、すべての香辛料はすり台で挽いたばかりでなければならないし、料理はいくつもの手順を経てゆっくりと慎重につくられ、次の調理段階が始まる前に、香辛料の味がすっかり吸収されていなければならない。ビリヤーニーやダンプック調理法のような洗練された料理では、肉をとことんやわらかくして、骨から簡単にはずれるようにするので、時間をかけてゆっくりと調理する必要がある。できれば、熱い灰のなかに埋めて、鍋の蓋に熱い石炭を載せておくのが好ましい。せっかちな客に迫られて、インドの料理人は時間をかけずに、おいしく安い食事をつくるいくつもの近道を考えだした。すりおろしたばかりの玉ねぎのペーストを使う代わりに、彼らは「ゆでた玉ねぎのペースト」を使った。これは油を使わずに、玉ねぎそのものの水分で調理しピューレ〔ミキサーなどで細かくした状態〕状にした玉ねぎでつくられたものだ。これはカレーソースにとろみをつけるには適しているが、いくらか生っぽい玉ねぎの味がする。インド料理店の食べ物に特有の味の一つだ。[*26] カレーソースは前もって用意されている。あらかじめ挽いてひとまとめにしてある香辛料を入れ、味を引き立てるためのさまざまな材料――アサフェティダ、フェヌグリークの種子、トマトピューレかケチャップ、砂糖、ピューレ状のマンゴーのチャツネ、グルタミン酸ソーダなど――を加えて、新鮮な食材の不足を補った。[*27] 厨房で料理がつくられる際は、調理済みの仔羊肉か鶏肉、ライス、玉ねぎ、それにカレーソースを混ぜればビリヤーニーができあがった。クリームを少々と鶏肉を入れればコルマに、チリパウダーの量を調節して入れればジャルフレジやヴィンダルーになった。食品用着色料をたっぷり使うと、食欲をそそる鮮やかな赤や黄色になる。鮮やかに色付けされた食べ物は、イギリス人がインド料理を味わううえで実に大きな部分を占めていたので、料理人が着色料を減らしたり省いたりすると、「きちんと」調理されていないと客から文句がでて、料理を突き返されてしまうのだった。[*28]

規準ができあがると、昔からあるインドの料理名に新たな意味が付与された。こうして、コルマは口当たりのいいクリーミーな料理を意味するようになり、ダンサクはやや甘めのレンズ豆のカレーを、ヴィンダルーは単に激辛の料理を指すようになった。客はどんなインド料理店やテイクアウトの店に入っても、標準化されたメニューを要求するようになった。予想がつくことが、魅力の一つなのだ。常連の多くは、「インド料理を食べに《アウト・フォー・アン・インディアン》」いくときはいつも、一、二品の決まった料理ばかり注文する。

一九六〇年代になり、グローバル資本主義の時代が到来すると、インドの食べ物がイギリス国民のあいだに広まる条件が生みだされた。こうしたことを可能にした一端には、新しく建国されたアジアの国々に住む多くの人びとが貧困に苦しみ、夜間や週末のつまらない不快な仕事でも喜んで引き受けるという事実があり、それが移民の増加を奨励するイギリスの産業拡大と結びついたのだった。一九五六年から五八年のあいだに、イギリスの移民法が改正された。バングラデシュ人はこれによってイギリスのパスポートを申請できるようになり、すでにイギリスに定住している移民は、家族を呼び寄せるようになった。仕事はいくらでもあった。パンジャーブ地方からのパキスタン人は北部の都市マンチェスターとブラッドフォードにやってきて、織物工場で夜勤の仕事に就いた。女性が夜間にはたらくのは違法であり、白人男性は織物業を女性の仕事と見なしていたからだ。同様の偏見から、ロンドン西部で急成長している食品加工業、プラスチック、化学繊維、およびゴム産業は働き手がなかなか見つからなかった。これらの会社はインドの新聞に求人広告をだし、一九六〇年代なかばには、インド亜大陸からのアジア人がロンドンのサウソール地区で人口の一二%を占めるまでになった。タワーハムレッツ区では、やはり白人の労働者が軽蔑する服飾産業に、バングラデシュ人が従事するようになった。[*29] バーミンガムの金属産業と自動車工場も同様にアジアからの労働者を吸収した。パンジャーブのイスラーム教徒とシク教徒、グジャラート人、パキスタン人などが、増えつづけるバングラデシュのシルヘット出身者の共同体に加わった。七〇年代初期の情け容赦のないアフリカ化プログラムの結果、〝二度移民〟となった多くのインド人が、ケニアとウガンダから家族連れでやってきた。[*30]

ロンドンでアジアの移民社会が拡大すると、ユーストン駅近くのドラモンド通り周辺にリトル・インディアが形成されはじめた。ここのアジア系の食料品店で、バングラデシュ人はニガウリも、ジョルに使うヒルサ〔ニシン科の魚〕も買うことができた。ジョルは彼らの好物の料理で、ヒルサとナス、ジャガイモでつくる水っぽいシチューだ。祖国からきた食品を食べることは、バングラデシュ人にとって重要なことだった。それによってバングラデシュの土のエキスを吸収し、故郷とのつながりを保ちつづけることができるからだ。[*31] アンバラ・スウィーツ菓子店では、牛乳を濃いペースト状になるまで煮詰めたバルフィーという各種のファッジ、ヒヨコ豆の粉とナッツ、砂糖からつくった粉っぽいラッドゥ、風味のあるバラ水のシロップでコーティングされ、やわらかくとろりとした乳状の詰め物入りのパリパリとしたグラブジャムンなどを売っていた。〝二度移民〟のパタク家がイギリスで最初の店を開いたのはドラモンド通りだった。彼らはここで野菜、香辛料、サモサ、瓶入りのペーストとピクルスを売っていた。このグジャラートの一家はケニアに移住し、そこで菓子屋を営んだあとイギリスへ移住した。ディワニ・ベルプリ・ハウスは、ボンベイの会社勤めの人びとが通う安食堂の雰囲気をロンドンで再現したような店で、メラミン化粧板のテーブルがあり、ステンレスの皿、ボウル、カップが使われていた。[32] ドラモント通りは、かつてヒンドスターニー・コーヒーハウスがあったポートランドプレイスの角を曲がったところにあり、一九六〇年代末にはロンドンに運ばれたインド亜大陸のちょっとした一部だったのである。

十九世紀末から第二次世界大戦後かなりのちまで、イギリス人の食事は赤肉に重きがおかれており、そこにゆでただけのジャガイモ、ニンジン、キャベツを添えたものが一般的だった。一八九〇年代にイギリスに旅したベラムジ・マラバリは、イギリス人は食べ物となるとひときわ「想像力に欠け、味も物足りないものになる」と、述べている。「一般に、イギリス人の夕食は質素で、かなり単調だ。料理人は食材にどのくらい味付けすべきかまったく心得ていないし、知っている種類も限られており、つくり方も雑でぞんざいだ」。[33] たいがいのイギリス人にとって、「きちんとした」よい食事とは、栄養たっぷりの肉のスープか、肉と野菜《ベジ》二品からなるものを指していた。[34] オリーブオイルは食材ではなく、薬だと考えられていた。薬局で購入して、薬入れの戸棚にしまうものだったのだ。これは皮膚がただれたときに塗り込むものであり、また肝油のように小さじで飲むものだった。

ヴィクトリア時代のカレーの全盛期以降、カレーは「イギリスの中流階級のまともな人びとの胃には香辛料が効きすぎていて不快なもの」だという偏見が生まれていた。カレーを料理すると臭くなるとも考えられていた。中流階級の家庭では、それまで地下にあった台所が一九五〇年代に居間付近に移ったため、これは考慮すべき問題だった。五〇年代、六〇年代には、多くの人にとってインド料理を食べるということは、せいぜい「毎週食べるシチューにカレー粉をちょっぴり」加える程度だった。これらのカレーは非常にイギリス的なもので、「ヴェンカタチェラム［カレー］粉にふくれあがったサルタナ干しブドウを入れ、牛の挽肉でつくるものだった」[*35]。このカレーは白いご飯を輪状にした真ん中に盛り付けられるか、皿の中央に盛られた白いご飯のまわりにかけられた。もっとも、多くの家庭では、カレーはご飯よりも、ジャガイモなどの野菜と一緒に食べられていたが。米はたいていの主婦が「プディング以外に、食卓にだすことなど夢にも思わなかった」食材だった。カレーはフライドポテトとも一緒に食べられた。おそらくこれは、労働者階級の多くの人びとがシルヘット人経営のフィッシュ・アンド・チップスの店で最初にカレーに出合い、当初はカレーをご飯と一緒にではなく、ポテトのソースとして食べていたからだろう[*36]。六〇年代、七〇年代のイギリスのカレーの特徴は、ほぼ決まってチャツネか果物を少量加えて味付けされていたことだ。コメディアンのジェレミー・ハーディはパイナップル、リンゴ、サルタナのほかに、「白人のお母さんたち」はカレーにジャムまで加えると冗談を言ったが、あながち間違いではなかった。一九一六年に出版された『オーストラリア家事の手引書』は、カレーの味をよくするにはルバーブ、バナナ、それに「リンゴの代わりにジャムをさじ一杯」加えるといいと勧めている[*37]。アンズのジャムも、コロネーション・チキンのような、どことなく東洋風の料理に使われている。これは一九五三年に、エリザベス二世の戴冠式の昼食に供された料理で、鶏の冷製にマヨネーズ、カレー粉、アンズのジャムまたはマンゴー・チャツネ、ときにはクリーム、おろしたニンジンとパイナップルを混ぜたものだ。これはアングロ・インディアン料理の名残であり、ミント卿夫人のスフレ・ドゥ・ヴォラーユ・アンディエンヌのようなものだった。異国風のキャセロール料理として工夫されたこうしたカレーの変形は、しばしば「きちんとしたインド料理」よりも好まれた。

一九七〇年代のカレー

細長く切った牛外モモ肉（またはハンバーグステーキでも可）	1ポンド
セロリ大（薄切りにする）	2本
醤油	大さじ1
白酢	大さじ1
油	大さじ1
赤砂糖	大さじ1
水	1カップ
クローブ（ホール）	2個
カレー粉	小さじ山盛り2

ジンジャー、シナモン、ミックスハーブ　各小さじ¼
果物のチャツネ　小さじ大盛3
サルタナ　½カップ
トマトジュース　¼カップ
塩　適量
黒胡椒（ホール）　8粒
生または缶詰のパイナップル（さいの目切り）　1～2枚

大きなソースパンで油を熱する。セロリと肉を焦げ目がつくまで炒める。カレー粉を入れ、3分間炒めつづける。香辛料、トマトジュース、チャツネ、醤油、酢、砂糖を加えてよく混ぜる。残りの材料を入れ、よく混ぜる。蓋をして50分間煮込む。熱いライスとともに食べる。4～6人分。

こうしたことすべては、一九六〇年代、七〇年代に変化をとげることになった。セックス、ドラッグ、ロックンロールとともに、イギリスの食習慣にも革命が起こった。一九五八年には二〇〇万人以上のイギリス人が休暇で海外に旅行した。旅行は人びとの視野を広げ、新しい食べ物に目を向けさせた。〝リトル〟イタリア料理店が、流行の場所になった。店内は、薄暗い照明と赤いテーブルクロス、蠟燭立てに使われているキャンティの空のボトルによって、〝イタリア〟風の雰囲気がかもしだされていた。これらのイタリア式軽食堂でスパゲッティを皿に盛っていたイタリア人は、オリーブオイルとニンニクを慎重に料理に取り入れていった。戦後の耐乏生活のなかで、食べ物が中流階級のステータスシンボルとして再浮上してきた。いまでは中流階級の女性たちは自ら台所で働いていたので、夕食会に客を招待して洗練された「本場の」料理を手早くつくり、腕を見せる機会を楽しむようになっていた。[*38] エリザベス・デイヴィッドはイギリス人の食習慣を改善する運動に乗りだし、その強引な口調で、新鮮なバジルとモッツァレッラの「本場の」味のほうが、乾燥させて混ぜ合わせたハーブやチェダーチーズよりもはるかによいのだと、中流階級の人びとを説得した。[*39] デリカテッセンが登場し、食料品店は品数を増やして、イタリア料理やフランス料理を上手につくるのに必要な、新しい本格的な食材にたいする需要に応えるようになった。手ごろな値段で楽しい夕べを過ごせる場所を探していた中流階級は、インド料理店に足を伸ばしはじめた。ある作家は、一九六〇年代に「挽肉とジャガイモ、コダラとフライドポテト……チーズ・オムレツ……羊肉のパイ……ラガービールとライム」だった彼の食生活が、一九七四年には「チキン・ブナ〔香辛料と肉を油でじっくり調理したもの〕……酢豚……仔羊のカバーブと……レッシナ・ワイン」に変わっていた、と述懐する。[*40]

シルヘット人も新しいレストランを開業して、料理の質を上げることで応じた。ナワーブ・アリはカーディフにあるカルカッタ・レストランを友人に譲った――のちに友人は賭博ですってしまった――が、アリはすぐにプリマスにベンガルという名の店を構えた。ハジ・シラジュル・イスラームはロンドンのラッセルスクエアにカラチを開店してレストラン業界に戻り、その後マーチモント通りにもっと大規模なレストランを開き、もう客を並ばせずにすむようにした。しかし、彼はこの店を売り、さらにグレンダウアー・プレイスにモティ・マハルを、そしてチェルシーにも別の店を購入したのだった。[*41]一九七〇年には、イギリスに二〇〇〇軒のインド料理店があった。アジアからの移民と、イギリスの富、他文化の食品への関心があいまって、インド料理店はイギリスのどんな町でも景観の一部となり、カレーはほぼすべてのイギリス人の食生活の一部となっていった。

南アジアの亜大陸に住む大多数の人は、インド料理、パキスタン料理、バングラデシュ料理として供されている食べ物を目の前にしても、見覚えがなかっただろう。一九六〇年代初めに、マーガレット・オー・ディーズはインド人の友人をレストランに連れていった。「インドではかなり違ったものを食べています」と友人は丁重に言い、その後何日間も、ウェストボーン・グローブ〔ロンドン西部の通り〕にあるすべてのインド料理店をくまなく訪ね歩き、祖国で食べ慣れていた料理に似たものを探しつづけた。[*42]料理人の経験不足と手間を省く必要性に加えて、イギリス人の嗜好が冒険心に富んでいないという問題もあった。「当時、ニンニクはまったく好まれていなかった。香菜ですら顔をしかめられた[*43]」。料理人はインドでつくられているものよりもずっと薄味でクリームたっぷりに料理をつくっていたし、唐辛子と黒胡椒の量も格段に少なかった。ハジ・シラジュル・イスラームはこう述べた。「もちろん、シルヘットで食べるような料理にはならない。向こうではすべて新鮮な材料を使い、香辛料も新鮮だ。それが大きな違いになる。肉も魚も、何もかもが新鮮なんだ」。彼は自分のレストランでつくられているカレーは決して口にせず、家に帰って自分で料理することを好んだ。一方、インド国外で育った世代にとっては、こうした料理も、彼らが自宅で食べている食事と同じくらい本格的なインド料理なのだった。ハジ・シラジュル・イスラームの息子は、父親のレストランのカレーのほうを好みさえした。「息子はレストランにいくと、マドラスを食べる――辛いやつだ……。わたしはいつも家で食べる。食事を与えれば、息子も食べるが、レストランの料理ほどうまくないと言う。いまではあべこべなんだ」[*44]。イギリス人の客にしてみれば何世代も昔から、またインド人移民二世にとっても、ヴィンダルーやダンサクが、タルカダールやボンベイ・ポテトこそがインド料理なのだ。それにくらべて、インド人の家庭でつくられる食事はなんとも見慣れないもので、レストランのような味がしない。

明らかに、イギリス人のインド料理の食べ方は、レストランで発展したものだ。インドでは、一般にパパドムとピクルスは料理と一緒に食べる。イギリスでは、コースに分かれた食事を好むヨーロッパ人の期待に添うように、お通しのようにだされる。カレーとともにビールを飲むのも、非常にイギリス的な習慣だ。これはもともと、デンマーク王がヴェーラスワミーズで始めたものと考えられている。国王は毎年クリスマスにカールスバーグを一樽レストランに送って、自分がアヒル肉のヴィンダルーを食べる際にかならずラガービールが飲めるようにしていたと言われる。しかし、インドにいたイギリス人は、十八世紀末からロースト肉とカレーを食べるときは、ライトエールを飲んでいた。一八一〇年にはすでに、トマス・ウィリアムソンが「カレーを食べたあと……これほど満足感のあるものはない」と考えている。[*45] 一九四〇年代、五〇年代に、パブ帰りにカレーを楽しむようになった男たちもやはりこの組み合わせに慣れていたので、インド料理店はライセンスを取得するとすぐにラガーなどのビールを仕入れた。彼らの客は、ビール数杯に辛いヴィンダルーとフライドポテトを食べるのがお気に入りだったからだ。

イギリスのインド料理店では、新たにいくつもの料理が考案された。ロンドンのモーティマー通りにあるゲイロードは、おそらくタンドールのかまどを最初に導入したレストランだろう。一九六八年に、『グッド・フード・ガイド』は、この店が「本式の土のかまど」を使って「タンドーリチキン・マサル」と「本格的なプディング状の〝ナーン〟」を一シリング六ペンスでつくっている、と報告している。[*46] タンドールはドーム型の粘土または煉瓦のかまどで、底で薪や炭を焚いて温める。マリネにした肉は串に刺してタンドールのなかで調理し、ナーンはその壁面に生地を押しつけて焼く。これはパンジャーブ地方の伝統的な料理方法で、燻した濃厚な味に仕上がる。パンジャーブでも家庭にタンドールがある人はほとんどいなかっただろうが、かつては公共のタンドールに食べ物をもっていって、そこで焼いてもらっていた。[*47] 他のレストランもゲイロードの例にならってタンドールを設置しだし、おかげでメニューに燻製にしたチキンティッカが加わって彩りが増した。ここから、第1章で述べたように、チキンティッカ・マサラ、つまりがタンドーリチキンのトマトとクリームのソースがけが誕生したのである。

一九八〇年代に、バーミンガムのパキスタン料理店でバルティが発明された。バルティはバケツの意味だと、人びとは好んで冗談を言うが、バルティをまじめに考えている人は、この名称はカレーを料理するときに使う椀型の鍋を意味するのだと主張する。この料理はカシミールが発祥の地だと言われているが、レストランのバルティには、レストラン流の簡略方式が堂々と用いられている。[*48] これはマリネにしてあらかじめ火を通した肉に、前もって用意されたバルティソースを加えてつくる。このソースはピューレ状にした玉ねぎ、生姜、ニンニク、トマト、および何種類かの挽いた香辛料でできた、インド料理店のカレーソースの変形だが、肝心なのはそこに新鮮な香菜を加えることだ。バルティはそれぞれ、どんな材料を入れるかで異なった味をだしている。調理の最初の段階では、さまざまな香辛料を油で炒めてから、ソースを加える。調理済みの肉にこのソースを絡めたあと、多様な材料――フェヌグリーク、パイナップルの薄切り、レンズ豆など――を混ぜると、異なったバルティができあがる。[*49]

レストランのインド料理が、インド亜大陸の食べ物とは別の、独自の道を歩んだのにたいして、店内の装飾のほうは象やマハーラージャがあふれ、ロマン化されたインドのイメージが写しだされていた。「どのレストランも異国情緒たっぷりに見えた」と、初期のレストラン店主の一人は述べ、ハジ・シラジュル・イスラームはマーチモント通りに新たに開店したカラチ・レストランは、当時あった「最高のレストランの一つ」だったと考えていた。「天蓋だとか、いろんなものがあったよ」[*50]。初期の料理店主の多くはヴェーラスワミーズを手本にしていた。高い天井とマイソールのマハーラージャの宮殿からもってきた美しい照明のおかげで、エドワード・パーマーがつくりだしたこの店には一九二〇年代のような優雅さがあった。しかし、この店は一九三三年に別のイギリス人に売られ、その人物がさらに、象をかたどった金張りの木製の腰掛け三台を加えるなどして、イギリス統治時代を偲ばせる仕上げをほどこした。一九五〇年代にイギリスを訪れたあるインド人は、それによって「型にはまったインドのイメージ」がつくりだされたと感じている。「入口には背の高いインド人がターバンを巻いて立っていた。内装は東洋風で、エンボス加工した壁紙に凝った飾り付きの真鍮の花瓶……料理に関しては、本場のものは何もないようだった。あれはイギリス人の口に合うように、特別につくられているのだと思った。招待してくれた人は、このレストランは彼のように、ときおりインドに郷愁を感じる人びとのためにつくられたのだと説明していた」[*51]。いろいろな意味で、インドのイメージは、セイク・ディーン・マホメッドがイギリスに最初のインド料理店を飾りつけた当時から、ほとんど変わっていなかった。特注した竹製の椅子やインドの風景画に囲まれ、別室にフッカーの喫煙室があったあの店だ。インド料理店には決まって赤と金のフロック加工の壁紙と、彫刻と象嵌入りのどっしりした木の家具、色付きのテーブルクロス、インドの小さい彫像があり、金属的なインド音楽のBGMがかかっていた。安い賃金で雇われた給仕係は、かすかに反抗心を感じさせながらも卑屈な態度で、まさしくイギリスの統治時代のやり方で、客に給仕していた。

そのころ、マドゥール・ジャフリーは王立演劇アカデミーで学ぶためにロンドンにやってきた。下宿先では台所を使わせてもらえたが、彼女は料理の仕方を知らなかった。デリーにいたころは、「食べ物は——それもおいしい食べ物が——家の奥から魔法のようにただ現われ、ターバンと帯を巻き、裸足の召使」が、それを知らせにきていたからだ。ジャフリーが助けを求める手紙を書くと、彼女の母親が詳しいレシピと説明を郵便で送ってくれた。かつての十九世紀の料理人のように、ジャフリーも母親のレシピを、ロンドンで手に入る食材の制約に合わせることを覚えた。彼女はタマリンドの代わりにレモンを、新鮮な香菜の代わりにパセリを使い、そうこうするうちに料理の腕を磨いて、彼女流のムガル料理に友達を招待できるまでになった。[*52] ジャフリーはイギリスの食料品店の事情に合わせたレシピを覚えなければならなかったが、料理の本を出版しはじめると、それがかえってインド人以外の読者に、その本をとりわけ使いやすいと感じさせる結果になった。もっとも、彼女が料理ライターになったのは、ニューヨークに移ってからのことだった。子供の教育費を捻出するために家計の足しになればと思い、彼女は料理に関する記事を書きはじめた。これがのちにBBCのテレビ料理番組シリーズへと発展した。《インド料理》は一九八〇年代初めに何度か放映され、ジャフリーの本とこの番組を通じて、イギリス国民は家庭でインド料理をつくる方法を学んだのだった。このシリーズを振り返って、彼女はこう書いている。「わたしがレモン味チキンの香菜添えをつくった翌日は、マンチェスターでは香菜がどこも売り切れだったと言われました。このころには余暇も増えたし、人びとの懐具合もよくなってきていたのです。わたしは本物のインド料理をつくっていたし、イギリス人はそれを求めていたのです[*53]」

マドゥール・ジャフリーと同様、ユースフ・チョウドリーも一九六〇年代に、イギリスでインド料理の材料をすべてそろえることの難しさを味わっていた。一九五七年にシルヘットからバーミンガムにやってきたころは、「バーミンガム市のサッカー場近くにあるコヴェントリー・ロードから少し入ったところの薬屋」から、香辛料を買っていた。彼と叔父、および寝室が三部屋の彼らの家に住み着いた他の九人も、イギリスの肉屋で手に入る、死後、長時間が経過した肉ではなく、つぶしたての鶏を好みつづけた。生きている鶏は、日曜の朝、ヴァーナ・ロード一帯を娼婦とともにうろつく胡散臭い商人グループが売っていた。つまり、夕食を調達しながら、少々いやらしい遊びに耽ることも可能だった。しかし、鶏を連れて帰らなければならない者は貧乏くじを引いた。「バスに乗ると、鶏が跳ねまわってしまう。だから、鶏を買った者は家まで歩いて帰るはめになった」。やがて、バボンガオンのノールアリがライト通りにインド食品店を開き、その他の店もすぐにそれにつづいたので、キンマの葉やシルヘット人が好むサトコラという果物などを、バングラデシュ人経営の食品店で買えるようになった。[54] カレーの人気がイギリス人のあいだで高まるにつれて、多くのインド食材――生の香菜、オクラ、さまざまな香辛料――がイギリスのスーパーマーケットにも出回りはじめた。[55]
初期のインスタント食品にも、カレーは含まれていた。箱入り食品のヴェスタ社は、牛の挽肉とおなじみのサルタナを入れて、カレーの乾燥食品をつくった。食習慣に関する調査で、ある回答者が、十四歳だった一九五三年当時を振り返ってこう述べている。「ヴェスタの箱入り食品は、記憶にある限りこの種の食品の最初のものだった。わたしは気に入っていたが、母にはひどく怪しげなものに見えたにちがいない。母はトライプやカウヒール〔牛の足部をゼリー状に煮たもの〕、あばら肉、肉と野菜二品で育ってきたからだ……食事に関するわたしの気まぐれを母は大目に見てくれたので、祝祭日はヴェスタ・カレーとライスの日になった」。これらのカレーは、本格的なハイキングにでかける人がもち歩く、食欲をそそらない軽量の乾燥食品と似たようなものだったにちがいない。[56] インスタント食品が箱入りから冷凍の惣菜に変わるにつれて、カレーも進化した。インド料理は香辛料のほか、玉ねぎとニンニクをたっぷり使用するため、加工肉と冷凍の野菜がずっとおいしくなった。冷凍のインド食品は、アングロ・インディアンのプラオとカレーに手を加えたものだった。米、鶏肉、リンゴとパイナップルが甘口の黄色いカレー粉で味付けされたものや、肉、果物、サルタナを「風味に乏しいカレーソースのなかでかき混ぜた」ものなどだ。インドの食品業者たちは、独自の商品をつくりだすことで、これらのお粗末な製品に対抗した。G・K・ノーンは一九七〇年にイギリスに渡り、サウソールでインド人在住者向けに菓子をつくっていた。一九八八年に、彼は冷凍および冷蔵の惣菜づくりに鞍替えした。現在、彼はセインズベリーズとウェートローズ〔ともにイギリスのスーパーマーケット〕に商品を卸しており、その結果、イギリスで三五番目に裕福なアジア人になっている。シェザード・フサインはマークス・アンド・スペンサー〔イギリスのスーパー〕に電話をかけて、そこで売られている出来合いのインド食品がいかにお粗末だったか告げたところ、インド食品コーナーのコンサルタントに任命され、一方、パタク家はドラモンド通りで始めたペーストとピクルスの商売を拡張した。[*57]一九八〇年代末には、インド食品はじつにさまざまな形態で、イギリスのどんなスーパーの買い物客にも手に入るようになった。サッチャー政権時代の不安定なにわか景気のなかで、カレーは安定と伝統に飢えたイギリスの大衆の心をつかんだ。インド料理は伝統的なイギリス文化として分類することはできなかっただろうが、そこには帝国の名残とイギリスの失われた栄光の日々が感じられたのだ。そして、一九八四年には、イギリス統治時代のノスタルジアの波が《ジュエル・イン・ザ・クラウン》のテレビ放映とともにイギリス中に押し寄せた。

イギリス人は他のどんなエスニック・フードにも増して、カレーを自分たちの食べ物に変えていた。今日では、カレーはイギリス文化の切り離せない一部と考えられている。インド料理を食べにいくことは、きわめてイギリス人的な行動になっているので、《グッドネス・グレイシャス・ミー》〔BBCの大ヒット番組〕では、アジア人コメディアンたちがイギリス人を笑いものにして、「イギリス料理を食べに《アウト・フォー・アン・イングリッシュ》」いく寸劇を演じたほどだった。イギリス人は毎年、インド料理店に最低二〇億ポンドを費やしており、南フランスでは故郷を懐かしむイギリスの元愛国者たちがカレーの夕べに集まっている。スーパーの市場調査をおこなう場合は、一般のカレーペーストはもはやエスニック・フードに分類されずに、「主流のイギリス調味料」として扱われる。[*58] デイヴィッド・ベッカムはマンチエスター・ユナイテッドに在籍していたころ、得点を入れると市内のシムラ・ピンクス・インド料理店でチキンコルマを食べて祝っていた。[*59] パブなどの、いかにもイギリス的な店ですら、カレーの昼食をだしている。二〇〇二年に『オブザーヴァー』紙は、カレーはいまや「イギリス名物」になったと主張し、「国民前進党」誌の表紙なるものをつくって掲載した。革ジャンとユニオン・ジャックのTシャツを着た粗暴な顔つきの男が、インド料理を前にして座っている写真で、周囲のスローガンはこう訴えている。「カレーをイギリスから手放すな」、そして「ブナ！　ナーン！　ピロー！　カレーはきみらの生得権だ」、と。[*60]

『オブザーヴァー』の広告がほのめかしたように、イギリス人はカレーを大量に食べはするものの、それをつくるアジア人をかならずしも歓迎しているわけではない。大声で騒ぐ酔っ払いがインド料理店になだれ込み、激辛のヴィンダルーやパルを注文して男らしさを誇示する慣習は、インドの食べ物とイギリス人のあいだの気がかりな一面でもある。[*61] 大量のカレーを消費したからといって、かならずしもイギリス人の人種的な偏見が減ったわけではない。一九五六年に料理ライターのドロシー・ハートリーが書いているように、イギリス人には文化のなかに入ってくる外国の料理を「自国のものに変える」嘆かわしい習慣がある。イギリス人はインドの食品をすっかり英国風に変えてきた。カレー粉、リンゴ、サルタナに始まり、いまやそれがチキンティッカ・サンドイッチやフライドポテト用のカレーソースとなっている。ロシア料理とインド料理の奇妙な取り合わせで、チキンキエフ〔鶏肉でバターを包みパン粉をつけて揚げたもの〕にカレーソースを詰めたものを買うことすらできる。イギリス人の食生活にカレーが浸透しているのは、新しい多文化主義的な気配りからではなく、むしろイギリスの島国根性を表わしているのである。イギリス人がエスニック・フードを自国のものと混ぜ合わせるのは、自分たちの好む範囲でしかコスモポリタンになれないことの表われと読めるだろう。つまり、いかにもイギリス的な食習慣のなかにエスニック料理を取り込めるかぎりにおいてなのである。[*62]

インドにたいするイギリス人の考え方は変わりはじめている。イギリス統治時代の消えつつある栄華と貧困という古いイメージは、コンピューター技術者と現代のコールセンター産業によっておきかえられている。インドの裕福な中流階級は『モンスーン・ウエディング』などの映画で、イギリスの映画館のスクリーンにも登場しはじめた。ボリウッド〔ボンベイとハリウッドを掛け合わせた言葉で、インド映画産業を指す〕は人気を博しており、『ラガーン』のような最近の映画では、イギリス人は悪役を振り当てられている。その結果、イギリス人はこれまで深く考えずに食べてきたインドの食品を、新たな目で見はじめている。インド料理店のカレーが、インド亜大陸の多くの住民に認められないものであるという事実は、正統性をめぐって人びとの関心をかきたてはじめた。実際には、イギリスのレストランの料理も、多様性を特徴とする食の世界におけるもう一つの形態に過ぎない。本場の味を重視することは、異なった料理様式が入り混じっていることがインド料理の大きな特徴だという事実を見落としている。こうした融合によって、ムガルからアングロ・インディアンまで、あるいはゴアからイギリス在住のインド人によるものまで、きわめて多くの多様なインド料理が生みだされてきたことを考慮していないのである。

レストランはこの新たな関心にたいし、メニューに〝本場〟の料理を加えることで対応し、スーパーマーケットは出来合いの食品に使っているレシピが〝本場〟のものであることを大いに強調する。たとえば、マークス・アンド・スペンサーは、同社の「ディスカヴァー・インディア」シリーズの香辛料はすべて、インドから特別に輸入したものだと主張する。こうした変化は、新しいスタイルのインド料理店にも反映されている。「どうしてインド料理店は暗くて薄汚くなければならないんだ？」と、レミントン・スパのファイヴ・リヴァーズの支配人、ナヴ・カンドーラは問いかける。本書の初めに紹介した彼のレストランは明るく開放的で、給仕係はあか抜けており、メニューは現代風で、ゴア風イガイのような〝本場〟の料理がいくつも含まれている。彼は自分のレストランを新しいインドの反映だと考えている。それは「速く、モダンな場所」だ。角を曲がった先では、アブドゥル・ハミッドが変化の波に押されて、自身の店キスメットを改装した。壁を薄い黄色に変えたために、店内は明るく広々とした感じになった。それでも、彼は赤と金のフロック加工の壁紙や、インドの音楽や、民族衣装を着た給仕係が姿を消したことを嘆いている。彼はシルヘット出身であることを誇りに思っており、異国情緒のある魅力的な雰囲気によって、何よりもそれは象徴されていると感じていた。これまで伝統的なインドだと彼が見なしてきたものが消えるのが寂しいのだ。食事のために東洋的な空間を客に提供することを、彼は別に間違ったことだとは考えていない。彼にしてみれば、これは上辺だけの多文化主義ではなく、イギリスのなかで彼自身の文化を維持しつづける方法なのだ。

近年、インド料理店に起きている変化は、イギリスにくるアジア移民の形態に見られる変化を反映している。シルヘットの船乗りが経営していた、けばけばしいながらも心地よい赤と金のレストランは、徐々に移民二世が経営する新しいスタイルのレストランに取って代わられている。最近ではさらに、知的専門職の移民の波を受けて高級インド料理店が開業しはじめた。こうした店では少量の料理が美しく盛られ、インド料理を一流のフランス料理と同列におこうとする努力がつづけられている。そうした試みは成功している。ロンドンの二軒のインド料理店がこれまでにミシュランの星を獲得している。タマリンドとザイカだ。ザイカでは現代風のトレンディなインドと、イギリス統治時代のノスタルジアが入り混じっている。料理は、チョコレート色のネールジャケット〔立ち襟で細身の長い上着〕を着た給仕係が運んでくる。素朴ながら、きわめて応用範囲の広い農民料理キチャリは、赤玉ねぎと香菜を使った〝インド風リゾット〟に生まれ変わり、上にはカリカリとしたエビが載っている。*63

インド料理店の二極化をめぐっては、驚くほどの敵対意識が見られる。高級なインド料理を生みだしている人びとのなかには、昔風のレストラン店主を「ジャングルからできた無作法なパキスタンやバングラデシュ野郎」として片づける人もいる。昔からの料理店主はこうやり返す。「ああいう連中はみんなクズだ。やつらはハーフ・カースト〔混血児〕で、自分の祖国も知らない私生児のくせに、英語をしゃべるというだけで、われわれよりも偉いと思っている。本物の料理はここにある。それは安いものなんだ」*64

第10章　カレーは世界を巡る

インド人は旅をするとき、彼らの文化を携えていく。シルヘットの人びとは、バングラデシュに一時帰国したのちイギリスへ戻るときは、チャツネの瓶やマンゴーのピクルス、プンティウス魚の干物などをスーツケースに詰めてもち帰る。[*1] 十六世紀、十七世紀に香辛料の貿易に従事していたインドの商人は、グジャラートや南インドの食品をマレーシアに伝えた。この地でインドの混合香辛料は、中国人商人がマレー半島にもちこんだダイウイキョウの果実〔トウシキミともいう、いわゆる八角〕の影響を受けて変化した。これはレモングラスで味付けし、ココナッツミルクをもとにソースをつくるマレーシアの料理ともよく合った。マレーシアから、南インドの人びとはインドネシアの香料諸島まで足を伸ばした。今日この地域でカレーは、カフィアライム〔コブみかん〕やガランガル〔良薑《りょうきょう》根、カー〕など、東南アジアの香辛料を入れてつくられている。[*2] だが、インド食品が世界各地に最も効果的に広まったのは、長期契約労働者によってだった。

一八三六年に、リヴァプールの商人ジョン・グラッドストン（首相になったウィリアムの父）が、奴隷制度の廃止後に西インドの砂糖農園で予測される労働力の不足は、インド人労働者によって補えるのではないか、と提案した。その結果つくられた事実上の奴隷制度のもとで、窮乏生活を送っていた（主にヒンドゥー教徒の）小作農が法的拘束力のある契約を結び、五年から七年のあいだ労働力を提供することに同意した。その代償として、彼らには宿所、食料、医薬品、衣類、最低限の賃金、および労働に就く国までの渡航費用が与えられた。[*3] 一八三八年に、最初の長期契約労働者がデメララ〔ガイアナ東部にあった植民地〕に向けて送られた。インド国民会議派が運動を起こして一九一九年にこの制度の廃止に成功するまでに、一五〇〇万人がインドを離れ、祖国に戻ったのはせいぜいその三分の一だった。[*4] 長期契約労働によってインド人は世界各地に散らばり、それとともに彼らの食文化も一八四三年からはモーリシャス島へ、一八四五年からは英領ガイアナ、トリニダード島、ジャマイカ島、一八七〇年代からは南アフリカ、およびフィジー諸島へと広まった。現在、これらの国々はすべて、料理にインドの影響が強く見られる。

長期契約労働者の大半は、乗船した瞬間から祖国とのあらゆる絆を失っていた。航海中に、彼らの社会生活をかたちづくっていたカーストの制約の多くは崩れ去った。カースト集団のなかで食事をすることは不可能だったのだ。なにしろ、誰もが同じ鍋でつくった食事を与えられ、水もカーストや宗教など無関係に、同じ容器から全員に配給されたからだ。異なったカーストおよび共同体出身者同士が食事をするのを妨げていた原則は、いったん船上で崩れると、新しい国で復活することはなかった。それでも、インドの食品は、彼らのアイデンティティ意識の中心にありつづけた。

　フィジーでは、いまなおそれは変わらない。インド北部および南部にルーツがあるインド系フィジー人は、食習慣に関する意見を通じて、おたがいの差異感を表現する。たとえば、もともと北インドの出身であるインド系フィジー人は、南インドの伝統を受け継ぐ同胞を、カタ・パニ（酸っぱい水）と呼ぶ。これは南部の人が料理の酸味付けにタマリンドを愛用していることを揶揄したものだ。その仕返しに、南部の人は北部人をクリと呼ぶ。これは軟弱でけちであることをほのめかす言葉だ。これは、香辛料をたっぷり使った南部のソースにくらべて、北部の食べ物には香辛料が足りないことを指している。長期契約労働者たちは、往々にして新しい国の食品にはなかなか手をつけず、祖国で食べ慣れていた料理をつくりつづけた。ガイアナとトリニダードでは、インド人労働者は彼らの出身地のウッタル・プラデーシュの料理の伝統を保ちつづけ、炒った香辛料で色付けした濃い色のカレーをつくっている。マレーシアではゴム農園で働く労働者の多くがタミル人であり、インド人は南インド料理の典型であるサンバル〔豆と野菜のスープ〕とレンズ豆の料理を食べる。[*5] 今日でも、インド系フィジー人は、新しい食の環境にほとんど歩み寄ろうとしない。ときおりフィジーの野菜やパンノキの実、タロイモなどを食べたりはするけれども、それもたいていジャガイモが不足した場合に限る。皮肉なことに、ジャガイモ、トマト、唐辛子など、インドからの海外移住者が今日インドの食材だと見なしているものの多くは、実際には新世界からヨーロッパ人によって南アジア亜大陸にもたらされた食品なのである。

わたしは二〇〇一年にインド系フィジー人のタクシー運転手と話をした際に、フィジーの料理を食べるのかと尋ねてみたところ、大笑いされた。「それなら飢え死にしたほうがマシだよ」と、彼は叫んだ。「草でも食べるさ」[*6]。二〇〇〇年のフィジーの政治クーデターで、急進的な国家主義の先頭に立ったジョージ・スペイトは、フィジーの人口の四八%を占めるインド系フィジー人に、政治的代表権を与えるべきでないと主張した。インド系フィジー人は同化を拒んでいる、というのがその理由だった。スペイトは彼らがインドの服を着て、インド料理を食べているとして非難した。ところが、ジョージ・スペイトと政治的な協力者が一心にカレーを食べているところを、ジャーナリストが目撃したと言うのだ。インド人はどこで暮らすことになっても自分たちの食習慣を守りつづけるのにたいし、彼らを受け入れる側は、いかに反感を覚えているにせよ、しばしば彼らの料理の魅力には逆らえないのである。

インド料理は、広まった先々で人気のあるファストフードになった。南アフリカでは、インド人（バニヤンという言葉が誤って発音され、バニー〔ウサギちゃん〕と呼ばれている）は小さい食堂を営んで、カレーとライスを売っている。南アフリカの黒人は香辛料の効いたこうした料理を好むようになっていたが、アパルトヘイトの時代、彼らがインド料理店で食べることは違法だった。この問題は、中身をくりぬいた食パンにカレーをよそうことで解決した。これなら裏口からすばやく客に手渡せるし、スプーンなどを使わずに食べられるからだ。こうしたカレー入りファストフードのパンは、バニーチャウ（インドの食べ物）として知られていた。[*7] フィジーとカリブ海諸国では、インド料理はファストフードの代名詞になっている。[*8] 街角では、屋台があらゆる民族出身者にローティー巻きを売っている。これはやわらかくてごく薄い丸いパンで、そこにクミンを効かせたトマトソースを絡め、栄養たっぷりで満足感のある油っぽいチキンがくるんである。[*9]

ローティーはチャパーティーのパンジャーブ地方版のようなもので、全粒粉に水を混ぜてこねて生地をつくり、それを薄い円形に延ばして鉄板の上で焼いたものだ。裕福なインド系フィジー人の家庭で女中をしたり、レストランや病院の調理場で働いたりしているフィジー人が、このインドの簡単なパンのつくり方を覚えて、そのわざを村にもち帰ったのだ。サローテ・サウヴォウは一九七〇年代にヴァヌアレヴ島の僻村で育った。彼女を含め、村の子供たちは朝食に丸めたローティーを食べ、紅茶を飲んでいた。しかし、フィジー人はインドのローティーにいくらか手を加えた。サローテの母は、フィジー女性がよくやるように、ローティーを精製した小麦粉でつくり、やわらかくするために、ココナッツミルク（フィジーでは最も重要な食料の一つ）にその生地を浸していた。

長期契約労働者たちは、新しい国でインドの食材が見つからずにたびたび苦労した。わずかなレンズ豆と米、小麦粉、それに少量のターメリックで間に合わせなければならないこともよくあった。そのため、彼らは新しい祖国で手に入る材料に合わせて、料理をつくらざるをえなかった。たとえば、南アフリカでは、レンズ豆の代わりによく挽き割りトウモロコシ《コーンミール》が使われた。しかし、解放された長期契約労働者が田舎で労働者の集落をつくれば、それがどこであれ、やがてグジャラートの商人や実業家がそのあとにつづき、インドの服、宝石、食材などを供給するのだった。フィジーでは一九五八年以来、パンジャ・アンド・サンズというグジャラートの会社がインド系フィジー人社会に、豊富な種類の香辛料とマサラ・ミックスを販売してきた。ところが、ここ一〇年ほど、フィジー人もカレー粉と乾燥した唐辛子を買いはじめた。サローテ・サウヴォウは子供時代、故郷の島で一度もカレーを食べたことはなかったが、首都のスヴァに上京してから、チキンカレーのつくり方を学んだ。インド料理はいまではフィジーの村にも広がりはじめている。スヴァから一日がかりの旅となる小さいオヴァラウ島〔スヴァのあるヴィティレヴ島から一〇キロほど〕のロヴォニ地区の子供たちは学校の給食で、月曜日はダール、金曜日はカレー、週の残りの日はフィジー風のスープと缶詰の魚を食べる。[*10] フィジーの大人のあいだでカレーが人気であるのは、これがこの地方の麻酔性のカヴァ〔ヤンゴナ、カワとも言う。コショウ属の低木の根からつくり、アルコールは含まない〕という飲料とよく合うからである。カヴァは舌をしびれさせ、厚くする。

フィジーから、インドの食品は太平洋の他の島々へと広まった。この過程には、南太平洋大学が一役買っている。一九六八年に開校した当時は、学生食堂は「ローティー、米、肉と魚のカレー、ダール」が食べられるインド人コーナーと、「ゆでた根菜、牛、豚、およびタピオカ」を提供する島民コーナーに分かれていた。当初、学生はそれぞれの食べ物を別々のテーブルで食べていた。しかし、やがて彼らは冒険心をもちはじめた。その結果、圧倒的にインド料理のほうが人気があった。太平洋諸国の学生を訪ねてまわったインド系フィジー人の教授は、彼らが往々にして「インド料理に関して好意的に語る」ことに気づいた。「スヴァに行くと、彼らはほかのものには手をつけない」[*11]

ここ一〇年間に、きわめて黄色いカレー粉の入った小瓶が太平洋の島から島へと伝わっている。過去にインド人移民がいない島でも、島民がカレーをつくっていることがある。だが、これらのカレーは、インド亜大陸で食べられているどんなカレーともかけ離れており、ほとんどインド料理とは呼べないようなものだ。十九世紀にヨーロッパの宣教師によって缶詰食品が伝えられて以来、太平洋諸島の人びとは社会的地位の高さを示すものとして、缶詰を好むようになった。サモアでは、人びとは缶詰の魚とコーンビーフのカレーをつくり、小麦粉と混ぜたカレー粉で味付けする。カレーは贅沢な食べ物なのだ。週に四〇サモアドルほど稼ぐ比較的裕福な家庭でも、三ドルで二回分しかつくれないカレー粉の瓶は、かなり高い買い物だ。そのうえ、コーンビーフも地元の商店で買わなければならない。カレーをご飯と一緒に食べることはめったになく、代わりにサモア人の家でかならず植えられているパンノキの実かタロイモを添える。驚いたことに、カレー粉はトンガでも流行りだしている。トンガでは塩を含めて、香辛料や調味料をめったに料理に入れないのだが。

トンガの首都ヌクアロファにある料理店、テイスト・オヴ・インディア（2001年）、個人蔵

トンガの島々には、インド系フィジー人とグジャラート人の移民が少数ながら暮らしている。首都ヌクアロファにあるテイスト・オヴ・インディアという料理店は、下見板張りの小さい白い家で、典型的なインド料理店のメニューを提供している。車海老のココナッツミルク煮、米と黄色いレンズ豆のキチャリ、香辛料で味付けしたナスと甘酸っぱいオクラなどだ。彼らは缶詰にこだわる島民に影響されることなく、新鮮な材料を好む姿勢を貫き通している。トンガの食材で彼らの料理に取り入れられたものと言えばタロイモの葉、ロロだ。タロイモはヤマイモのような根菜で、太平洋諸島民は土中のオーブンでゆでたり蒸し焼きにしたりする。彼らはその葉も使うが、真ん中の茎を注意深く取り除いてからだ。茎の部分からでる汁は、喉の奥や舌にピンや針を刺したような不快なえぐ味を残すからだ。

トンガ人はこの葉を細かく切って、缶詰の魚と玉ねぎを少々入れて炒める。トンガのインド人は、この葉にヒヨコ豆の粉、砂糖、糖蜜、香辛料、タマリンドを混ぜた甘酸っぱいものをこすりつける。それを丸めて蒸すか、小さく切って油で揚げる。インド人が考えだしたこのロロの料理はトンガの国王もインドの友人と一緒に食べ、たいへん好評だったと言われている。

インド風ロロ（タロイモの葉）のレシピ

タロイモの葉（茎を除き、中央の芯は削りとる）
小麦粉　125g
ヒヨコ豆の粉　125g
上新粉　125g
玉ねぎのすりおろし　1個分
チリ・パウダー　大さじ2
タマリンドの果肉　レモン大
ジャガリー（よくつぶす）　タマリンドの2倍の量
コリアンダー・パウダー　小さじ2
クミン・パウダー　小さじ2

塩　　　　　　　　　　　　小さじ2
香菜（刻む）

粉類、玉ねぎ、チリ・パウダー、タマリンドの果肉、ジャガリー、コリアンダーとクミンのパウダー、塩をすべて混ぜ、水を入れてねっとりしたペースト状にする。このペーストを葉の上に塗って、くるくると巻く。巻いたものを20分間蒸す。蒸しあがったら切り分ける。皿に盛って香菜を飾るか、200度に熱したオーブンで10～15分焦げ目がつくまで焼く。

カリブ海諸国と南アフリカに住むインド人は、太平洋諸島に暮らす長期契約労働者の子孫よりは、新しい祖国の食べ物にたいして積極的な姿勢を見せている。トリニダードでは、彼らは米とレンズ豆を使って一種のキチャリをつくるが、味付けにはチャイヴ〔西洋アサツキ〕、パセリ、タイムを使う。これらのハーブもヨーロッパ人によってカリブ諸国にもたらされたものだ。[*12] 彼らは、インドで一般に使われているカイエンペッパーの代わりに、この島に自生するランタン型をしたスコッチ・ボンネット・チリを使う。その甘めの香りが、炒ってから挽いたクミンとヨーロッパのハーブと混ざり合って、カリブらしい味付けになっている。この島では、唐辛子とインド料理の歴史がぐるりと地球を一周しているのだ。スコッチ・ボンネット・チリこそ、「インド諸島のペッパー」、つまりコロンブスが一四九二年の最初の航海で発見したアヒだからだ。

インドの食べ物は使い道が多い。これらは世界を巡って多種多様な料理と混ざり合いながらも、そこに取り込まれることなく、したがってインドならではの様式を失わずにいる。風変わりなところでは、一九一〇年代から二〇年代にカリフォルニアの狭い農村地域で、インド料理は意外な折衷料理のかたちで最初に北米の料理文化に進出した。チキンカレーがアメリカのレストランの献立に初めて登場したのは、おそらくユバシティのエルランチェロか、セルマのパンチョズだろう。これらのレストランではメキシコ料理のエンチラダとともに、カレーとローティーがメニューに並んでいた。[*13] 一八九〇年代末に少数のパンジャーブ人がアメリカの西海岸に到着しはじめた。彼らはたいがい次男坊で、家の借金を返済するためか、生活の苦しい農家に資金を調達するために海外へ送られていた。そのほとんどがろくに教育も受けていない若者（十六歳から三十五歳）で、アメリカでは農場の働き手に信じられないほどの高給が支払われるという噂を聞いていた（インドでは日給一〇ないし一五セントのところ、アメリカでは二ドルと言われた）。彼らは一財産を築いて、できるだけ早く帰国するつもりだった。多くが故郷に妻子を残していた。ムーラ・シンは、一九一一年に十五歳でカリフォルニアにやってきた。あとには悲嘆に暮れる若い新妻が残されていた。渡米の計画を妻に打ち明けたのは、まだ結婚して三ヵ月しかたっていないころだった。「わたしをここへおいていくの？」と、妻は尋ねた。「そうだ」と、彼は答えた。「ぼくの母さんがここにいるだろう」。「なぜわたしにお義母さんが必要なの？　あなたが先に言い寄ったのよ。わたしにはあなたが必要なの」。ムーラは六年で戻ると約束した。妻は三年だけ待つと言った。[*14]

西海岸では、パンジャーブ人は鉄道の建設と補修、製材所の仕事、および果樹園や野菜畑の仕事に就いていた。賃金は高いように思われたが、生活費に瞬く間に消えていった。インド人たちは悲惨な生活を送り、仕事場である農場の掘っ立て小屋や離れ屋で寝起きした。毎朝、彼らは一緒に煮炊きをし、祖国で食べていたような食事をつくろうとした。彼らの常食は鶏か仔羊の肉を少々（自分たちでつぶしていた）、チャパーティー、若干の野菜、それに手に入るだけの牛乳とバターからなっていた。北インドでは、ギー（肉ではなく）が体力の元であると考えられており、「カリフォルニアに住むある朝鮮人農夫の娘は、シク教徒の労働者がバターを喜んで食べていたことを覚えていた。『彼らは溶けたバターとニンニクが入った大きな壺のまわりに座って、小麦粉と水でつくったトルティヤをそのなかに浸していました』[*15]」。

やがて、ムーラ・シンにも若妻をパンジャーブから呼び寄せられるくらい貯金ができた。ところが、そのころには移民法が変わり、妻が夫のもとにくることができなくなっていた。白人労働者は、自分たちの仕事が脅かされるのを恐れて、移民にたいする激しい人種差別と暴力を繰り返した。[*16] 白人労働者の敵愾心が高まり、カナダは一九〇九年にインドからの移民を全面的に禁止した。アメリカも一九一七年にそれにつづいた。これだけ大騒ぎをしたわりには、アメリカに渡ってきたインド人は六四〇〇人に過ぎなかったのだが、それでも歓迎されない風潮はつづいた。一九二四年には、アメリカに帰化していたインド人の市民権が剥奪され、インド人は土地を所有する権利も、白人市民と結婚する権利も奪われた。この措置は、三〇〇〇人あまりのインド人に帰国を促すという、望んだとおりの効果をあげた。居残った多くの人びとは、農業労働者同士で慰めを見出し、メキシコ人女性と結婚した。結婚すれば、合法的に土地を所有する権利を与えられている妻を通じて、小さい農場を買うことができるという利点があった。[*17]一九三〇年代のカリフォルニアには、メキシカン・ヒンドゥーと呼ばれた、三〇〇〇人ほどの人びとからなる小さい共同体が生まれていた。（彼らの多くはシク教徒だったが、アメリカ人はヒンドゥーと呼んでいた。）ムーラ・シンは、一九三二年にメキシコ人のマリア・ラ・トチャリアを妻に迎えた。そのころには、彼のインド人妻は、夫が不在のまま嫁をつとめる人生に疲れはてて他界していた。[*18]

メキシコ系パンジャーブ人の夫婦は、離婚率が飛び抜けて高いことが特徴だった。[*19]それでも、夫婦が円満だったと思われる領域が一つあった。台所である。彼らはそこでうまく調和のとれた〝メキシカン・ヒンドゥー〟料理を発達させた。[*20]メキシコ人とパンジャーブ人はどちらも、新鮮な食材に挽き立ての香辛料で味付けするのを好む。メキシコの女たちがつくるフライドチキンやラムは、パンジャーブの男たちがつくるチキンカレーとさほど違わない。パンジャーブ人がインドで使い馴れていた唐辛子は、メキシコのハラペーニョで簡単に代用できるものだった。パンジャーブのレモンのピクルスは、小麦粉のローティーと同じくらい、トウモロコシの粉でつくるトルティヤともよく合った。男たちは子供のためにバターミルクからラッシーをつくり、誰かが病気になれば、アーユルヴェーダの熱い食べ物と冷たい食べ物の知識にしたがって、特別な療養食をこしらえるのだった。

〝メキシカン・ヒンドゥー〟が限られた人数の共同体であり、アメリカの移民政策が厳格なものだったために、トルティヤとチキンカレーの組み合わせは、カリフォルニア以外に広まることはなかった。

　意外なことに、インド料理がイギリスにおいて占める地位に匹敵するほど、カレーが国民的に重要な位置を占める国を一つ挙げるとすれば、日本なのである。インドとは植民地時代になんの関係もなく、独自の洗練された食文化もある国なのだが。

　日本人はカレーが大好きだ。日本のどんな駅にもショッピング街にも〝カレーライス〟を売る店がある。うどん屋はカレーうどんを売っているし、パン屋はごく少量のカレーソースがなかに隠されている、カレーパンなるものを売っている。一九八二年に、日本の小学生は給食の献立で一番好きなものにカレーを選んでいるし、ポークカツレツ〔とんカツ〕、野菜炒め、カレーは、日本の家庭で最も頻繁につくられる夕食だった。カレーハウスＣｏＣｏ壱番屋は三〇〇店舗のチェーンを展開し、どの店でもチーズ、バナナ、ソーセージ、フライドチキン、イカなどのカレーが七段階の辛さで選べる〔一九九四年ごろの情報〕。カレーの一番おいしいつくり方を主人公たちが熱心に議論する漫画すらある。[*21] 二〇〇三年三月には、港町である横浜にカレー博物館〔横濱カレーミュージアム〕がオープンした。カレーが港町から日本に入ってきたことを考えれば、ふさわしい場所である。[*22] 一八六〇年代まで日本は世界の国々に背を向けていたが、明治時代になると、新たに権力の座に就いた一連の支配者が西洋の文化と技術を信奉して日本を急激に近代化させた。港にはイギリスの商船が来航しはじめ、それとともに新しい多様な食品がもちこまれた。パン、アイスクリーム、ポークカツレツ、ジャガイモのコロッケ、ハッシュドビーフ〔ハヤシライス〕、カレーなどだ。こうした西洋料理を食べることが、新興の中流階級のあいだで大いに流行した。そうすることが進歩的であり、西洋文化を受け入れていることを贅沢に表現することだったのだ。カレーのレシピは、新しい女性誌や料理の本に登場した。イギリス人が日本に伝えたカレーは、イギリス統治時代はつねにそうだったように、アングロ・インディアン流のインド料理だった。それが商船やP&O汽船のメニューに採用されていたからだ。[*23] 日本のレシピは、初めてカレーをつくる人びとにこう教えた。カレー粉を小麦粉に混ぜ、それをバターで炒めてカレールーをつくり、そこに肉、野菜、だし汁を加える。しばらく煮込んだあと、仕上げにほんの少しクリームを入れて、レモン汁を垂らす、と。

そのわずか数十年後に、インド人が食べるようなインド料理が日本に伝えられていた。

一九一二年に、インドの独立革命を画策するナショナリスト、ラース・ビハーリー・ボースが、ベンガルのイギリス当局から逃れて亡命し、日本の軍国主義の右翼団体、黒龍会のもとにかくまわれることになった。彼はそこで黒龍会の関係者の娘を妻に迎えた。日本の大学で学ぶインド人留学生に反英プロパガンダを広めるかたわら、彼はインド料理の普及にも努めた。ボースはパン屋を営んでいた義父の相馬愛蔵に、小麦粉もカレー粉も使わずに、インド式にカレーをつくる方法を教えた。この新しい料理の技法を使って、中村屋に喫茶部が開設された。このレストランは今日まだ新宿にあり、いまでもR・B・ボースのカレーを提供しているようだ。[*24] 他のインド料理店もあとにつづいた。しかし、日本人はアングロ・インディアンのカレーを独自につくり変えた料理のほうを好んでいる。

アングロ・インディアン式のカレーは、古くは一八七七年から風月堂の洋食レストランで食べられたが、日本でカレーが受け入れられたのは優雅なレストランではなく、むしろ軍の食堂においてだった。カレーは大量に簡単につくれる食事として軍隊で採用された。カレーはまた、兵士に牛肉を食べさせるよい方法でもあった。牛肉を食べれば強健な身体になると、日本人は考えたのだ。大正時代には、軍は新兵を募集する際に、入隊すればカレーが食べられることを宣伝に使いさえした。当時、カレーにはまだ西洋のオーラが取り巻いており、その魅力で惹きつけたのである。[*25] 第二次世界大戦後、カレーライスは全国の学校給食の献立に登場した。そのころには、固形のカレールーが生産されはじめたため、カレーは日本の家庭でも普及した。たとえ疲れているときでも、これなら肉と野菜を炒めて、そこに水と板状のルー（小麦粉と香辛料、脂肪でできた、かなり悪臭のするねばねばした茶色の四角いもの）を加えて煮込むだけでつくれた。固形ルーは甘口、中辛、辛口の三種類の辛さから選べるが、そのいずれもインド人やイギリス人の口には物足りなく感じる。こうしてできあがった茶色のごった煮を、ふんわりとした白いご飯と福神漬（野菜のピクルス）と一緒に食べる。[*26] カレーの魅力の一つは、この料理がどうしても汁気の多い茶色のごった煮にしか見えないために、かえって清潔さや完璧さを追求する料理の法則に従わずにすむことなのだ。寿司のように握るのが難しく、美観を損なわないように細心の注意を払って盛り、上品に食べなければならないものとは異なり、カレーは西洋皿に盛ったご飯の上にかけて、スプーンで食べればいい。そのため、カレーは日本人がほっとひと息つける食べ物になったのだ。温かく、満腹感があって、堅苦しい礼儀作法のいらない料理だ。[*27]

何百年ものあいだに、新しい食材とレシピがインドの食の世界を変えてきた。現代のインドでは、増えつづけるインドの中流階級の家庭のキッチンが、ムガル帝国の宮廷料理やゴアのポルトガル人入植者のパン焼き場、南部のヴィシュヌ派の寺院の厨房、インド在住のイギリス人たちの屋外炊事場などに加わり、料理に変革をもたらす主動力となっている。今日ではインドのどんな町や都市にも、さまざまな地方の出身者からなる大勢の中流階級が暮らしている。故郷を離れて生活する女性たちは、これまでレシピや料理のコツを教えてくれた祖母や伯母たちとは疎遠になり、料理の本や新聞雑誌の料理欄に知恵を求めた。英語で書かれたこれらの新しいレシピ本は、一地方の料理だけを扱うことはまずない。そのため、主婦たちは出身地の伝統料理を再現するためにそれらの本を参照したつもりでも、どんどんインド中から集められたレシピの影響を受けることになる。それどころか、いまや女性たちのあいだでは、レパートリーを広げて家族や友人に、インド亜大陸中の見慣れない新しい料理をつくる腕前を披露することが流行しているのである。近年、インドのケーブルテレビ局がマドゥール・ジャフリーの《インドの味》料理番組シリーズを買い取った。番組のなかで、ジャフリーはさまざまな地方の料理のつくり方を紹介しており、それによって地域を超えたレシピのやりとりがさらに加速している。このシリーズはグジャラート語、マラーティー語、パンジャーブ語、ベンガル語に吹き替えられ、英語を話さない中流の下層階級のあいだにも交流を推し進めている。[*28] こうした展開を受けてインドの食文化の融合が進み、地方ごとにばらばらに受け継がれていたインドの伝統から、国民的料理とでも言えるようなものが発達しはじめている。[*29]

新しい料理の本は、インドの食品を明確に定義づけられたカテゴリーに分類するため、別々の地方からの料理がどんどん混ざり合い、組み合わさっていく。さまざまなレシピは一般に米やレンズ豆を使った料理、パン、野菜と肉のカレー、ピクルス、チャツネ、および菓子に分けられている。こうした料理の本は、分類に当たってイギリスのカレーの概念まで利用し、そうすることでインドの料理の多様な伝統を一つにまとめている。すべての料理が一度に食卓に並ぶ文化では、このような分類が一つの骨組みを提供しており、それによってグジャラートのレンズ豆料理がタミルの野菜カレーとパンジャーブ地方からのピクルスと並んで掲載できるようになったのだ。こうした料理の交流がおこなわれた結果、インド全土に共通した核となる料理のレパートリーが徐々に形成されつつある。

この国民的料理のなかには、高級なムガル料理が、南部や東部の地方の料理とともに吸収されている。ムガルの料理文化のなかでは、決して組み入れられることのなかった地方の料理だ。このようなプロセスにはそれなりの代償も伴う。その過程で、洗練された複雑なレシピは省かれがちになるし、それぞれの地方を型にはめる傾向が強いので、ベンガルのカレーはどれもからし油と、ケーララのカレーは唐辛子と結びつけられている。

ケーララの人びとは最近、北インドのサモサを知るようになり、南部のパン屋でもサモサが売られはじめている。南部の人びとはおそらくすぐに、これを自分たち好みの味と料理方法に合わせて変えるだろう。このような交流と発展のプロセスは、すでに南部の食べ物であるドーサで起きている。デリーでは、インド北部のパニール（チーズ）をなかに入れてこれを食べているのだ。[*30] さらに言えば、料理の本は世界的な料理の交流も推進していたのである。カリブ海諸国から南アフリカまで、インド人のさまざまな共同体からのレシピが含まれている本が、インド亜大陸の本屋の書棚に届くたびに。海外からもたらされるこうした最近の影響は、新しい料理技術と新しい食材を伝えることによって、融合のプロセスを促進しつづけている。それは何世紀にもわたってインド料理に活気を与えてきたものであり、インド料理を世界最高の料理の一つに変えたものなのである。

〈p. 404の続き〉

●フライパンで油を熱し、鶏肉をすべての面に焦げ目がつくまで炒めたら、別皿にとっておく。同じ油で玉ねぎをキツネ色になるまで炒め、そのあと生姜とニンニクを加えて６分間炒める。アニスシード、チリ・パウダー、黒胡椒、ターメリックを入れ、コリアンダー・パウダーは半分を加える。１〜２分炒める。トマトを加え、ソースを煮詰める。

●鶏肉と塩を加え、肉に完全に火が通りやわらかくなるまで煮る。残りのコリアンダー・パウダーを入れ、５分間煮る。香菜を散らして盛りつける。

【スーザンのチキン】

このレシピは、ザンビアで人生のほとんどを過ごし、いまはチェンナイに住んでいるあるインド女性から教えてもらったものだ。1970年代まで、インド人はローデシア（現ザンビアとジンバブエ）、ウガンダ、ケニア、南アフリカなどの国々で商業を営み、中流階級としての地位を築いていた。ケニアとウガンダにおけるアフリカ化プログラムによって、大勢のインド人がイギリスとアメリカに脱出した。４～６人分。

植物油　大さじ4
鶏肉（胸またはモモの皮付きのもの）　6～8切れ
玉ねぎ大（ざく切り）　2個分
生姜のすりおろし　1片分
ニンニク（つぶす）　8かけ
アニスシード・パウダー　大さじ1
チリ・パウダー　小さじ1½
黒胡椒（挽き立て）　小さじ½
コリアンダー・パウダー　小さじ3
ターメリック　小さじ½
トマト（大、ざく切り）　6個分
塩　少々
香菜（ざく切り）　適量

〈p. 403に続く〉

謝辞

本書のための研究・調査は、ケンブリッジ大学ジーザス・カレッジで特別研究員をしていたころに始めたものだった。学寮長と研究員たちに、研究と執筆をうながす環境を与えていただき、そこへ戻るたびに温かく迎えてくれたことを感謝したい。

わたしはキャンベラのオーストラリア国立大学の社会科学研究所でも、客員研究員として数ヵ月を過ごした。同研究所の仲間（特にバリー・ヒグマンとティム・ラウス）にも、楽しく有意義な日々を送らせてもらったことを感謝している。

インドの食べ物やインドでの暮らしに関しては、多くの人が（あまりにも大勢で全員のお名前をあげることはできないが）時間を割いて、話をしてくれた。ナターシャ・イートン、マーティン・ジョーンズ、ピーター・ガーンジー、リホ・イサカ、パーサ・ミッター、ラナ・ミッター、ヴィジャイ・ナイドゥ、リョーコ・ナカノ、キャシー・プライア、マイケル・シャピロ、ジョー・シャーマ、およびエマ・スプレイは役に立つ参考文献や情報を与えてくれ、マイク・オブライエンは辛抱強く丹念に原稿を読んでくれた。

みなさん、本当にありがとう。

ケンブリッジ大学南アジア研究センター、大英図書館の東洋・インド省、ケンブリッジ大学図書館、キャンベラのオーストラリア国立図書館、サセックス大学の世論調査記録保管所、および帝国戦争博物館の職員の方々にもお礼を申しあげたい。

また、本書を執筆するように勧めてくれたジョン・コーンウェルとわたしのエージェントのクレア・アレグザンダーの両名にも感謝したい。編集者のペネロペ・ホアにも、わたしのカレーを大喜びで食べてくれた姉のセーラにも、インドのおいしい家庭料理を食べさせてくれたグナナスンダラム家とシヴァスブラマニアン家にも、ヴェーラスワミーズで有益な会話をしつつ楽しい昼食をともにしてくれたナミータ・パンジャービにも感謝している。

本書の研究と執筆中、世界各地をやたらと渡り歩く生活をしたため、たくさんの寛大な友人たちの恩を受けた。フィオナ、アンドリュー、アリステア、およびセーラ・ブレイク、クレアとキース・ブルースター、ジャン、フランク、およびジャック・コリンズ、ヴィックとパム・ギャトレル、ソフィ・ギルマーティン、ジェフとジョーン・ハーコート、フランシーヌとジャッキー・アンベール、マイクとトリシア・オブライエン、メガンとジェフ・トンプソン、ジェレミー・ライリー、ライオネルとディアドラ・ウォード、そしてわたしの亡き母メアリーにも。

レベッカ・アールはあちこちから情報を集め、繰り返し原稿を読むたびに建設的な批判をしてくれた。彼女とデイヴィッド、ゲイブリエル、およびアイザック・モンドは、必要なときにいつでも住む場所を提供してくれた。彼らにはお礼の申しあげようもない。そして、いつもながら、トマス・サイドルからは研究という名のもとに多くの冒険を唆され、執筆中は励ましつづけてもらった。

訳者あとがき

日本人はカレーが大好きだ。各種統計によれば、一人当たり週に一回以上は食べている計算になるという。その多くは、肉と野菜をざっと炒めて煮込み、固形ルーを割り入れるだけの、いわばお手軽料理だ。朝からレトルトカレーを食べる人も結構いるらしい。人はなぜこれほどカレーに惹かれるのだろう？　単にそれが手間のかからない料理だからなのか。

カレーがイギリス人を介して日本に入ってきた経緯はよく知られている。「大正時代には、軍は新兵を募集する際に、入隊すればカレーが食べられることを宣伝に使いさえした。当時、カレーにはまだ西洋のオーラが取り巻いており、その魅力で惹きつけたのである」と、本書『インドカレー伝』（原題 *Curry a biography*）の著者リジー・コリンガム Lizzie Collingham は書いている。当初、カレーがインド料理として伝わっていたら、しかもそれが豆のカレーだったりしたら、これほど国民的な料理になったかどうかは疑わしい。

もちろん、最近は玉ねぎをよく炒め、マンゴー・チャツネやガラム・マサラを加えて、豆のカレーをはじめとしたさまざまなインド風カレーを目指す人も多くなった。ホールスパイスを挽いて本格的なインド料理に挑戦する人だっているだろう。身体によい香辛料をたっぷり使った、菜食中心のインド古来の食文化が注目されはじめたのは、実は近年、インドが発展途上国のイメージを払拭しだし、経済的・政治的な存在感を高めていることと決して無縁ではない。いまやレストランも加工食品業界も、本場インドの味であることを競って「売り」にしはじめている。

しかし、そもそも本場のカレーとは、本物のインド料理とは、いったい何を指すのだろう、と著者コリンガムは疑問を投げかける。唐辛子ですら南米からポルトガル人がもちこんだ食材だし、全インドを代表するような料理も、イギリス統治時代に初めて生まれたものなのだ。

食は生命を維持するための根幹であり、人は食べるものによって無意識のうちに大きな影響を受けている。食材の歴史や料理法が伝播する経緯に、何よりも端的に時代の趨勢が現われていると考えたコリンガムは、ケンブリッジ大学ジーザス・カレッジの特別研究員としてインドの歴史を研究するなかでカレーの本を書こうと思い立った。そして、カレー、およびそれに関連したさまざまな飲食物を切り口に、インド亜大陸の、あまりにも広大で、あまりにも複雑な社会を描こうと試みたものが、本書なのである。インドに関する文献は、耳慣れないカタカナ語が多すぎて、つい読む気が失せてしまうが、インド各地の料理をつくりながら味で覚えていく本書のやり方は画期的だ。

食べ物の違いは、民族・共同体間の対立を生むもとにもなる。インドには浄・不浄の概念が深く根づいており、「紅茶はよく小さい素焼きのカップでだされ、これは使用後、地面で割られてしまう。こうすることで、ほかの人の唾液で汚された器から飲んで、汚される心配がなくなるのだ」という。こうした飲食物をめぐる身体に染み込んだ感覚が、豚肉以外の肉は食べるイスラーム教徒と菜食主義のヒンドゥー教徒のあいだの溝を越えがたいものにし、憲法で廃止されても、いまなおカースト制度が社会に残る原因にもなる。

独立後の貧しいインドしか知らないわたしたちの世代にとっては、大航海時代に始まり、イエズス会や東インド会社の時代、大英帝国の植民地時代にいたるまで、何世紀ものあいだ西洋と東洋の接点となったインドを知ることも、大きな発見になるだろう。また、その後の移民社会の変遷への言及は、今日、欧米社会がかかえている移民問題やテロ問題を理解するうえで大いに役立つ。

発見といえば、イギリス統治時代、大英帝国の威信を保とうと、イギリス人が暑いインドで夜会服を着て、「イギリスの料理らしく聞え、そう見える」金属味の缶詰食品を食べていたと知ると、日本人が崇拝してきたイギリス人も、実はこんな人びとだったのだろうかと驚きとともに疑問がわいてくる。

植民地史の研究は、とかく支配者側の負い目や自己弁護、あるいは被支配者側の被害者意識が前面にでやすいが、コリンガムは飽くまで公平な視点で、控えめなユーモアを交えながら双方の立場を描く。何百年も昔にインドを訪れた人が書いた私信や、当時の新聞、雑誌、料理の本等の資料が膨大に残されていること、そしてカレーの研究のために太平洋の島々まで訪ね歩く女性研究者を輩出するところに、イギリスの底力を見た気もした。

考えてみれば、キプリング以外にも、イギリスの児童書にはよくインドが登場した。バーネットの『秘密の花園』の「つむじ曲がりのメアリーさん」はインド生まれだし、ネズビットの『宝さがしの子供たち』には、子供たちがアメリカ原住民の「貧しいインデアン」と勘違いするネイボッブがでてくる。インドの贅沢品を次々に取りだす場面は印象的だった。一時期、黒人差別で問題になった『ちびくろサンボ』も、本当はインドの話だ。著者のヘレン・バナマンは、軍医の夫とともに三〇年間マドラスに住んだ人で、挿絵の壺には確かにギーと書いてあった。本書で紹介されているベビンカと言う菓子は、ゴアのポルトガル人が伝えたレイヤーケーキで、ギーを流し込みながら重ねて焼いていく。虎のバターでつくるホットケーキの原型はこれにちがいないと、わたしは勝手に想像している。

白状すると、わたしはそもそもカレー好きではないし、インドにいったこともない。そんなわたしが、この仕事を通じてすっかりインド料理の魅力にとりつかれ、いまでは弁当に自己流チキンティッカを入れるほどになった。夜のうちに、一口大に切った鶏肉をクミンやコリアンダー入りのヨーグルトに浸けておき、朝、それを竹串に刺して魚用のグリルで焼くのだ。弁当箱は、インド製の二段重ねダッバーだ。疲れているときは、これ玉ねぎやニンニクをたっぷり入れたカレーをつくる。アーユルヴェーダ医学では、これらの食材が攻撃性を高める〝ラジャシック〟な食べ物に分類されていると知ると、妙に元気がでてくる。イギリスの労働者が好む辛いカレーとビールとフライドポテトという、胸の悪くなりそうな組み合わせが、意外においしいことも知った。自己流のマサラ・チャイも愛飲している。

この仕事のおかげで、うちの食卓だけでなく、わたしの人生も随分豊かになった気がする。これほど奥深く、かつ楽しい本を訳す機会を与えてくださり、料理上手とは言いがたい訳者のいたらぬ点を補ってくださった河出書房新社編集部の新井学さんに、心から感謝したい。

二〇〇六年八月

東郷えりか

文庫版追記

九年も前に刊行された本書が、このたび文庫化されることになった。友人・知人がときおり、「カレーの本読みましたよ」と声をかけてくれるし、数年前、訪ねたイギリス人宅のテーブルの上でもこの原書を見つけたので、いまも読みつづけられているのは知っていたが、めったにないありがたい話だ。

文庫化に当たって久々に原書と拙訳を読み返した。これはインドの歴史を語る本であるのと同時に、二〇〇〇年ごろからイギリスが多文化主義のなかで、帝国時代の負の遺産と向き合い、イギリス人とは何かを見つめ直す過程で生まれた作品でもあると改めて感じた。支配する側と支配される側は、実際には双方に影響をおよぼし合うものであり、ポルトガル人やイギリス人がインド亜大陸を変えたのと同じくらい、「カレー」を通して知らず知らずのうちに彼らのほうも変わっていたのだ。

日本の家庭ではいまも相変わらず、カレー粉やカレールーを使うイギリス式亜流のようなカレーが主流だが、インド亜大陸のさまざまな国の出身者が経営するインド料理店は、地方の小さな町でも見かけるようになったし、各地の祭りでもトルコ人のケバブの屋台とともに、小型タンドールでナーンを焼く店などに行列ができている。ネット上のインド料理に関する情報もこの一〇年間に驚くほど増えた。訳した当時は想像するほかなかった料理も、いまではユーチューブでつくり方を見ることができる。ムンバイの弁当配達人は、テレビ番組でもたびたび紹介され、日本語表記としてはダッバーワーラーが定着しているようだ。文庫化に際して、原稿を見直す機会を与えていただいたので、こうした表記を改めたほか、誤訳やわかりづらい箇所を訂正することができた。

前代未聞の数の難民と移民がヨーロッパ諸国に押し掛けている現在、多文化主義を見直す動きも盛んなようだ。しかし、そんないまだからこそ、食欲につられて複雑な歴史でもつい読みたくなる本書を、より多くの方に手に取っていただきたい。きっと歴史の別の側面が見えてくるだろう。

東郷えりか

二〇一五年十一月

【rasa／ラサ】
味（辛・酸・鹹《かん》・甘・渋・苦）。
【sadhu／サードゥー】
インドの聖者。
【satvic／サトヴィック】
健康を増進し、落ち着いた行動をとるようになると考えられている食べ物。
【seer／シア】
約1キロに等しい重量単位。
【sepoy／セポイ】
インドの兵士。
【shikar／シカール】
狩りおよび射撃。
【syce／サイス】
馬丁。
【toddy／トディー】
ヤシ樹液からつくる酒。
【tonjon／トンジョン】
屋根なしの乗り物で、4人から6人の担ぎ手が長い棒で担ぐ。
【zenana／ゼナーナ】
家族のなかの女性のために割り当てられた家のなかの一部。

【laddu／ラッドゥ】

ヒヨコ豆の粉と砂糖でできた菓子。

【lascar／ラスカー】

インド人水夫。

【maidan／マイダーン】

練兵場。

【masalchi／マサルチ】

香辛料を挽く人。アングロ・インディアンの家庭では皿洗いを指すこともあった。

【maval／マヴァル】

ケイトウ。カシミールでは花の部分を風味付けに使い、食べ物を真っ赤に染める。

【nannbai／ナンバイ】

バザールの料理人。

【nimbu／ニンブ】

ライム。

【paan／パーン】

キンマの葉と檳榔子《ビンロウジ》に石灰を混ぜたもので、消化剤として噛む。

【pakka／パッカー】

一般にギーか油を使って調理されるもので、カッチャーの食べ物より不浄になりにくい。

【palanquin／パランキーン】

4〜6人の担ぎ手が肩に渡した棒で担ぐ旅用の籠。

【pani／パニ】

水。

【pukka／パカ】

本物を意味するアングロ・サクソンの言葉。

【prasadum／プラサドゥム】

お供えの残り。

【qima／キーマ】

挽肉。

【rajasic／ラジャシック】

情熱をかきたて、怒りを引き起こすと考えられている食べ物。

ムガル皇帝の命令（貿易特権を調整することが多かった）。
【garam masala／ガラムマサラ】
黒胡椒、シナモン、クローブなど、黒い香辛料を混ぜたもの。
【ghee／ギー】
精製したバター（インドで好まれる調理材料）。
【gram／グラム】
豆（特にヒヨコ豆）。
【gulab jaman／グラーブジャーマン】
牛乳でつくり、バラ水のシロップでコーティングした菓子。
【hookah／フッカー】
インドの水タバコ。
【hookah-burder／フッカー・バーダー】
水タバコのための使用人。
【hurkarrah／ハーカラ】
伝令。
【jaggery／ジャガリー】
ヤシの樹液からつくる粗い赤砂糖。
【jeera／ジーラ】
クミン。
【jizya／ジズヤ】
ムスリムの君主が非イスラーム教徒に課す税金。
【kacca／カッチャー】
水を使って毎日新たに調理される食べ物で、不浄になりやすいもの。
【kava／カヴァ】
カヴァの木の根からつくるポリネシアの麻酔性の飲み物。
【khansamah／カーンサマー】
召使頭または執事。
【kichari／キチャリ】
米とレンズ豆をゆでた料理。
【khidmutgar／キッドマトガー】
給仕係。
【khir／キール】
牛乳と米を煮た甘い料理。

契約を意味するアングロ・インディアンの言葉。

【burra khana／バラカーナ】

豪勢な食事を意味するアングロ・インディアンの言葉。

【chittack／チタック】

約1オンス〔28.35g〕に相当する単位。

【chota hazri／チョータ・ハーズリ】

朝早い朝食。

【chowrie／チャウリ】

扇〔蠅払い〕。

【dak／ダック】

駅伝輸送。

【dak bungalow／ダック・バンガロー（宿泊所）】

旅人の宿泊施設。

【dariol／ダリオル】

型に入れて焼く中世のカスタード菓子。

【dastarkhwan／ダスタルクワン】

テーブルクロス。このうえに祝宴のご馳走が並べられる。

【deg／デッグ】

鍋。

【dharma／ダルマ】

人道的なおこない。

【dhye／ダヒー】

凝乳、ヨーグルト。

【diwan／ディワン】

ムガル皇帝から与えられる地方の長官職。

【dosa／ドーサ】

米の粉の生地でつくる薄いパンケーキ。

【dum pukht／ダンプックト】

鍋を練り粉で密封して熾火で調理し、蓋の上にくすぶった石炭を載せる料理方法。

【feni／フェニ】

カシューの木の花柄からつくられる強い蒸留酒。

【firman／ファーマン（勅令）】

用語集

【aji／アヒ】

カリブ海地域で唐辛子を指す言葉。

【appam／アッパム】

米とレンズ豆の粉からつくるインド南部のふわふわしたパン。

【Anglo-Indian／アングロ・インディアン】

インドに住んでいたイギリス人。今日ではこの言葉はイギリス人とインド人の血が混じっている人を指すが、1911年までは、インドにいるイギリス人を指しており、本書ではその意味で使用している。

【areca nut／ビンロウジ（檳榔子）】

アレカ属のヤシ（特にビンロウ）の渋い味の実〔betel nutとも言う〕。

【arrack／アラック】

ヤシの樹液または米からつくる蒸留酒。

【aub-dar／アウブダー】

飲み物を冷やし、注ぐための使用人。

【asafoetida／アサフェティダ（阿魏）】

インド料理で使われるニンニク味のする樹脂性植物（ヒーングとも呼ばれる）。

【Ayurvedic medicine／アーユルヴェーダ医学】

古代のヒンドゥー医学。

【Banian／バニヤン】

商業カーストに属する人、貿易商、仲買人。

【barfi／バルフィ】

牛乳を煮詰めて濃厚なペースト状にしてつくったファッジのような菓子。

【bebinca／ベビンカ】

ココナッツミルク、ジャガリー、卵〔および米粉または小麦粉〕でつくるゴアのデザート。

【betel／キンマ】

コショウ科の蔓性の木で、この葉をビンロウジとともに嚙む。

【bundobust／バンダバスト】

1996年）

14 Takaki, *Strangers from a Different Shore*, p. 65.

15 Melendy, *Asians in America*, pp. 238-9; Takaki, *Strangers from a Different Shore*, p. 305.

16 Takaki, *Strangers from a Different Shore*, pp. 296-7.

17 同上, p. 311.

18 同上, pp. 309-10.

19 同上, p. 311.

20 同上, p. 312; LaBrack, Bruce, and Karen Leonard, 'Conflict and compatibility in Punjabi-Mexican immigrant families in rural California, 1915-1965', *Journal of Marriage and the Family*, 46（1984）, pp. 533, 537.

21『美味しんぼ』24巻、雁屋哲（作）、花咲アキラ（画）、小学館、1990年。

22 Ohnuma, Keiko, 'Curry rice: Gaijin gold', *Petits Propos Culinaires*, 52（1996）, 8-15, pp. 8, 12; Travel Day Trip, Spice of Life @http://metropolis.japantoday.com

23 Ohnuma, 'Curry rice', p. 9.

24 Bayly C. A., and Tim Harper, *Forgotten Armies*（Allen Lane, London, 2004）, pp. 5, 16;「にっぽにあ」2001年9月15日号 'Curry on rice' 岸朝子。

25 Ohnuma, 'Curry rice', p. 10;『美味しんぼ』雁屋哲（作）、花咲アキラ（画）。

26 Japanese products @http://www.house-foods.com

27 Ohnuma, 'Curry rice', pp. 10-11.

28『ガーディアン』2000年3月6日付。

29 これはアルジュン・アパデュライの主張である。Appadurai, 'How to make a national cuisine' を参照。

30 Das Sreedharan, 'Star of India',『オブザーヴァー』2001年7月22日付；Anil Sethi, 著者との会話のなかで。

59 Geraldine Bedell, 'It's curry',『オブザーヴァー』2002 年 5 月 12 日付。
60 2002 年 5 月 7 日に『ガーディアン』に掲載された『オブザーヴァー』の広告。
61 Bell, David, and Gill Valentine, *Consuming Geographies*（Routledge, London, 1997）, p. 174.
62 Hartley, Dorothy, *Food in England*（Macdonald, London, 1954）, p. 1; James, Allison, 'How British is British food?', *Food, Health and Identity*（Routledge, London, 1997）, pp. 83-4; James, Allison, 'Cooking the books', *Cross-Cultural Consumption*（Routledge, London, 1996）, p. 91.
63 Kathryn Flett, 'Star of India',『オブザーヴァー』2001 年 2 月 11 日付。
64 Yasmin Alibhai-Brown, 'Why the future may not be orange',『ガーディアン』2001 年 7 月 13 日付。

第 10 章　カレーは世界を巡る

1 Gardner, 'Desh-Bidesh', p. 11.
2 Jaffrey, *Madhur Jaffrey's Ultimate Curry Bible*, pp. 14, 16-17.
3 Kale, Madhavi, 'Projecting identities', *Nation and Migration*（University of Pennsylvania Press, Philadelphia, 1995）, p. 74.
4 Clark et al, *South Asians*, p. 8.
5 Jaffrey, *Madhur Jaffrey's Ultimate Curry Bible*, pp. 75, 153.
6 Mohammed Safiq, 著者との会話のなかで。
7 Jaffrey, *Madhur Jeffrey's Ultimate Curry Bible*, p. 23.
8 Higman, Barry, 'Cookbooks and Caribbean cultural identity', *New West Indian Guide*, 72, 1 & 2（1998）, pp. 82-3.
9 Lal, Brij V., *Mr Tulsi's Store*（Pandanus Books, Canberra, 2001）, p. 108.
10 フィジーのオヴァラウ島ロヴォニ村の学校給食メニュー。
11 Lal, *Mr Tulsi's Store*, pp. 92-3.
12 Clark, E. Phyllis, *West Indian Cookery*（Thomas Nelson & Son, Edinburgh, 1946）, pp. 73-4.
13 Melendy, H. Brett, *Asians in America*（Twayne Publishers, Boston, 1977）, pp. 185, 206-8, 238-40; Takaki, Ronald, *Strangers from a Different Shore*（Backbay Books, London, 1989）, pp. 63-5, 295-312.（『もう一つのアメリカン・ドリーム：アジア系アメリカ人の挑戦』ロナルド・タカキ著、岩波書店、

35 Cotta, *A Heritage*, 序文 ; Mass Observation Winter Directive of 1982. *Good housekeeping's Casseroles and Curries*, pp. 19-23 も参照のこと。

36 この章の引用の多くは、1982 年に実施され、食べ物とガーデニングに関する質問がなされた世論調査にもとづく。

37 Kingston, 'The taste of India', p. 45.

38 Levenstein, Harvey, *Paradox of Plenty*（Oxford University Press, Oxford, 1993）, pp. 217-19.

39 Hardyment, *Slice of Life*, pp. 89-95.

40 Ian Jack, 'Remembrance of meals past', 『ガーディアン・レビュー』 2004 年 4 月 24 日号, p. 7.

41 Adams, *Across Seven Seas*, pp. 86-9, 105.

42 Margaret Orr Deas, 著者との会話のなかで。

43 Hardyment, *A Slice of Life*, p. 124.

44 Adams, *Across Seven Seas*, p. 105.

45 Williamson, *East-India Vade-Mecum*, II, p. 122.

46 Postgate, Raymond（ed.）, *The Good Food Guide 1967-8*（Hodder & Stoughton London, 1968）, p. 500.

47 Petit, *The Home Book*, p. 19; Sethi, 'The creation of religious identities', p. 81.

48 Chapman, *The New Curry Bible*, p. 59 を参照。

49 Lowe, Diane, and Mike Davidson, *100 Best Balti Curries*（Pavilion, London, 1994）.

50 Choudhury, *Roots and Tales*, pp. 101-3; Adams, *Across Seven Seas*, p. 105.

51 Hardyment, *A Slice of Life*, p. 123.

52 Jaffrey, *An Invitation*, pp. 13-14; Jaffrey, *Madhur Jaffrey's Indian Cookery*, p. 7.

53 Jaffrey, Madhur, *Madhur Jeffrey's Ultimate Curry Bible*（Ebury Press, London, 2003）, p. 32.

54 Choudhury, *The Roots and Tales*, pp. 108-9.

55 Vickers, Rachel, *The European Ethnic Foods Market Market Intelligence Section Special Report*（Leatherhead Food Research Association, Market Intelligence Section, Leatherhead, 1998）, p. 11.

56 Mass Observation Winter Directive of 1982.

57 Basu, *Curry in the Crown*, pp. xxvii-viii, 48, 88.

58 Vickers, *The European Ethnic Foods Market*, pp. 19, 21.

10 Banerji, *Bengali Cooking*, p. 7.
11 Adams, *Across Seven Seas*, pp. 76-7.
12 同上, p. 155,
13 Hosain, Attia, 'Of memories and meals', *Loaves and Wishes*（Virago, London, 1992）, p. 141.
14 Choudhury, *The Roots and Tales*, p. 66.
15 同上, p. 67.
16 Walton, John K., *Fish and Chips and the British Working Class, 1870-1940*（Leicester University Press, Leicester, 1992）, p. 2.
17 Adams, *Across Seven Seas*, p. 157.
18 Walton, *Fish and Chips*, pp. 140, 153.
19 Adams, *Across Seven Seas*, pp. 77, 80.
20 同上, pp. 80-1.
21 同上, pp. 39, 89.
22 Gardner, 'Desh and bidesh', pp. 1, 4, 13.
23 Adams, *Across Seven Seas*, pp. 98-100.
24 Choudhury, *The Roots and Tales*, pp. 197-8.
25 Cotta, Joseph, *A Heritage of Indian Cooking*（Shalimar Indian Restaurant, Canberra, 1981）, 序文（『スパイスの人類史』アンドリュー・ドルビー著、原書房、2004 年）
26 Panjabi, *50 Great Curries*, p. 25.
27 Geraldine Bedell,『オブザーヴァー』2002 年 5 月 12 日付。
28 Emma Brockes, 'Tikka trickery',『ガーディアン』1999 年 7 月 30 日付。
29 Visram, Rozina, 'South Asians in London', *The Peopling of London*（Museum of London, London, 1994）, p. 174.
30 Clark, Colin et al.（eds）, *South Asians Overseas*（Cambridge University Press, Cambridge, 1990）, p. 17.
31 Gardner, 'Desh and bidesh', p. 7.
32 Basu, Shrabani, *Curry in the Crown*（Harper Collins Publishers India, New Delhi, 1999）, pp. 27-32.
33 Malabari, *The Indian Eye*, p. 45.
34 Blaxter, Mildred, and Elizabeth Paterson, 'The goodness is out of it', *The Sociology of Food and Eating*（Gower, Aldershot, 1984）, p. 97.

64 Marriott, 'Caste ranking and food transactions', p. 169.

65 Carstairs, *The Twice-Born*, pp. 59, 234.

66 インド憲法（1950 年）は不可触民として差別する習慣を違法としている。Mendelsohn, Oliver, and Marika Vicziany, *The Untouchables*（Cambridge University Press, Cambridge, 1998）, pp. 118-27.

67 Sharma, *Rampal*, pp. 36-7.

68 Wadley, *Struggling with Destiny*, p. 224.

69 Forbes, Rosita, *India of the Princes*（John Gifford Ltd, London, 1939）, p. 272.

70 Conlon, 'Dining out', p. 102.

71 Kanigel, *The Man*, p. 21.

72 Pearson, *Coastal Western India*, p. 137; Wadley, *Struggling with Destiny*, p. 275.

73 Sharma, *Rampal*, pp. 36-7.

74 Mendelsohn and Vicziany, *The Untouchables*, pp. 120-7.

75 Busybee, 'Trailing those charming cafes',『タージ・マガジン』, 11, 2（1982）; Conlon, 'Dining out', p. 99.

76 Conlon, 'Dining out', p. 102.

77 Karkaria, Bachi J., 'The incredible dabba connection',『タージ・マガジン』, 10, 1（1981）。

78 Tandon, *Punjabi Century*, p. 110.

第 9 章　カレーとフライドポテト

1 Srivastava, *Social Life*, p. 10; Beveridge（ed.）, *The Tuzuki-i-Jhangiri*, p. 150.

2 Banerji, *Bengali Cooking*, p. 7.

3 Sherwood, Marika, 'Race, nationality and employment among lascar seamen 1660-1945', *New Community*, 2, 17（1991）, pp. 233-4.

4 同上, pp. 239-41; Adams, *Across Seven Seas*, p. 149.

5 Choudhury, Yousuf, *The Roots and Tales of the Bangladeshi Settlers*（Sylheti Social History Group, Birmingham, 1993）, pp. 41-3.

6 同上, pp. 49, 60.

7 同上, p. 72; Choudhury, Yousuf（ed.）, *Sons of the Empire*（Sylheti Social History Group, Birmingham, 1995）, pp. 29-30.

8 Adams, *Across Seven Seas*, p. 152.

9 Choudhury（ed.）, *Sons of the Empire*, p. 30.

41 同上, pp. 606, 621.

42 Brennan, *Curries and Bugles*, p. 153; Sethi, 'The creation of religious identities', p. 78; Griffiths, *The History*, pp. 592-3.

43 Ukers, William H., *All About Tea*（The Tea and Coffee Trade Journal Company, New York, 1935）, II, p. 324.（抄訳『日本茶文化大全』ウィリアム・H・ユーカース著、知泉書館、2006 年）

44 Griffiths, *The History*, p. 608.

45 Tea Association Records, /924, p. 47.

46 Griffiths, *The History*, pp. 617-19, 626-7.

47 Anil Sethi, 著者との会話のなかで。

48 Adams, Caroline（ed.）, *Across Seven Seas and Thirteen Rivers*（THAP Books, London, 1987）, p. 182.

49 Tea Association Records, /924, pp. 46, 50; Griffiths, *The History*, pp. 608-9.

50 Tea Association Records, /924。インドにおける紅茶の販売促進活動に関する報告。1939 年 4 月 1 日〜1939 年 12 月 31 日、1940 年 10 月 1 日〜1941 年 9 月 30 日、1941 年 10 月〜1942 年 9 月、1942 年 10 月〜1943 年 9 月、1943 年 10 月〜1944 年 9 月、1944 年 10 月〜1945 年 9 月。

51 Hardyment, Christina, *Slice of Life*（Penguin Books/BBC Books, London, 1995）, p. 5.

52 Preston, M. Charles, *A Yank's Memories*, 東洋・インド省, Photo 934（54）.

53 Tea Association Records, /798, *Notes on the Scheme for Development of Tea Propaganda in India by the Director of Propaganda*（1955）, pp. 3-4.

54 Weisberger, John H., and James Comer, 'Tea', *The Cambridge World History of Food*（Cambridge, University Press, Cambridge, 2000）, p. 716.

55 Banerji, *Bengali Cooking*, p. 93.

56 Beck, *The Experience of Poverty*, p. 140.

57 Weisberger and Comer, 'Tea', p. 716.

58 Banerji, *Bengali Cooking*, p. 93.

59 Beck, *The Experience of Poverty*, p. 140.

60 Tea Association Records, /924, p. 47.

61 Pharmacopoeia, p. 181; Mahias, 'Milk', pp. 273-6.

62 Oman, *The Brahmans*, p. 35.

63 Tandon, *Punjabi Century*, pp. 16-17, 37, 73, 78.

17 Kaye（ed.）, *The Golden Calm*, p. 120.

18 Antrobus, H. A., *A History of the Assam Company 1839-1953*（T. and A. Constable, Edinburgh, 1957）, p. 17 に引用。

19 Shineberg, Dorothy, *They Came for Sandalwood*（Melbourne University Press, London, 1967）, p. 3.

20 同上 ; Macfarlane and Macfarlane, *Green Gold*, pp. 101-8.

21 Twining, Stephen H., *The House of Twining 1706-1956*（R. Twining and Co. Ltd, London, 1956）, pp. 12, 16-17, 69.

22 Burnett, John, *Liquid Pleasures*（Routledge, London, 1999）, pp. 49-52.

23 Mayhew, Henry, *London Labour and the London Poor*（Woodfall, London, 1851）, pp. 183, 193.

24 Shineberg, *They Came for Sandalwood*, p. 5; Burnett, *Liquid Pleasures*, p. 57.

25 Griffiths, *The History*, p. 38.

26 Antrobus, *A History*, p. 14; Macfarlane and Macfarlane, *Green Gold*, p. 101.

27 Griffiths, *The History*, pp. 31-2.

28 Antrobus, *A History*, pp. 46-7; Griffiths, *The History*, pp. 50, 56; Weatherstone John, *The Pioneers 1825-1900*（Quiller Press, London, 1986）, pp. 32-40.

29 Weatherstone, *The Pioneers*, p. 40.

30 Antrobus, *A History*, p. 65; Macfarlane and Macfarlane, *Green Gold*, pp. 141-8.

31 Griffiths, *The History*, pp. 97, 106.

32 Macfarlane and Macfarlane, *Green Gold*, pp. 160-5; Sanyal, Ram Gopal（ed.）, *Record of Criminal Cases as Between Europeans and Natives for the Last Sixty Years*（Calcutta, 1893）, pp. 25-40.

33 Kingston, 'The taste of India', p. 43.

34 Griffiths, *The History*, pp. 579, 582-3, 586-7; Burnett, *Liquid Pleasures*, pp.61-2; Lahiri, *Indians in Britain*, p. 69.

35 Ali, *Observations on the Mussulmauns of India*, p. 331; Gandhi, *The Collected Works*, p. 22.

36 Jo Sharma, 著者との会話のなかで。

37 Watt, *Dictionary*, IV, III, p. 475.

38 Weeden, *A Year*, p. 184.

39 Tea Association Records, 東洋・インド省, MSS.Eur.F174/922, p. 21.

40 Griffiths, *The History*, pp. 593, 601.

身が食べた食事。

89 2000年12月29日のベンガル・クラブの夕食メニュー。(クリス・ベイリーのご好意による。)

90 Suri, 'Bombay Dreams',『オブザーヴァー』2002年10月13日付。

第8章　チャイ

1 Griffiths, Percival, *The History of the Indian Tea Industry* (Weidenfeld & Nicolson, London, 1967), pp. 626-7.

2 Macfarlane Alan, and Iris Macfarlane, *Green Gold* (Ebury Press, London, 2003), p. 43.

3 Achaya, *Indian Food*, p. 151.

4 Mandelslo, *The Voyages and Travels*, p. 13; Srivastava, *Social Life*, pp. 11-12; Blake, Stephen P., 'Cityscape of an imperial capital. Shahjahanabad in 1739', *Delhi Through the Ages* (Oxford University Press, Delhi, 1986), p. 159.

5 Jaffrey, *A Taste of India*, p. 199.

6 Hattox, Ralph S., *Coffee and Coffeehouses* (University of Washington Press, Seattle and London, 1985), p. 790.(『コーヒーとコーヒーハウス』ラルフ・S・ハトックス著、同文舘出版、1993年); Tavernier, *Travels*, II, p. 20.

7 Terry, *A Voyage to East-India*, pp. 106-7; Mahias, Marie-Claude, 'Milk and its transmutations in Indian society', *Food and Foodways*, 2 (1988), 265-88, p. 280.

8 Scattergood, Bernard P. et al. (eds.), *The Scattergoods and the East India Company* (The British India Press/J. Jeffrey, Bombay/Harpenden, 1921-33/1935), p. 71. 紅茶を意味するボヒー茶という名称は、武夷(中国語福建方言のブーイー)をヨーロッパ人が間違って発音したもので、これはこの茶の産地の名前である。

9 Mandelslo, *The Voyages and Travels*, p. 13.

10 Ovington, *A Voyage*, p. 306.

11 Ali, *Observations on the Mussulmauns of India*, p. 331.

12 Tandon, *Punjabi Century*, p. 23.

13 Ovington, *A Voyage*, p. 306.

14 Mandelslo, *The Voyages and Travels*, p. 10.

15 Griffiths, *The History*, p. 16.

16 Banerji, *Bengali Cooking*, p. 93.

65 Gandhi, *The Collected Works*, pp. 80, 93, 96.
66 Twigg, 'Vegetarianism', pp. 22-6.
67 Malabari, Behramji M., *The Indian Eye on English Life or Rambles of a Pilgrim Reformer*（Archibald Constable & Co., London, 1893）, pp. 45-7.
68 Lahiri, Shompa, *Indians in Britain*（Frank Cass, London, 2000）, p. 156.
69 Tandon, *Punjabi Century*, p. 211.
70 Tandon, *Beyond Punjab*, p. 69.
71 Oman, *The Brahmans*, p. 41.
72 Lawrence, *Indian Embers*, p. 42.
73 Fitzroy Collection, 8b, pp. 46-7, 53.
74 Tandon, *Beyond Punjab*, pp. 97-8.
75 Rasul, Faizur, *Bengal to Birmingham*（André Deutsch, London, 1967）, p. 8.
76 これらの品々は、ガンディが暗殺されたニューデリーの家で見ることができる。死亡時にもっていた個人的な所持品がここに展示されている。
77 Bayley Papers, p. 3.
78 'Chota Sahib', *Camp Recipes for Camp People*（Lawrence Asylum Press, Madras, 1890）, p. 53; Maureen Nun, 著者との会話のなかで。
79 Freeman, *Mutton and Oysters*, p. 93.
80 Godden, Rumer, *A Time to Dance, No Time to Weep*（Macmillan, London, 1987）, p. 98; Margaret Orr Deas, Mrs. Randhawa and Maureen Nunn, 著者との会話のなかで。
81 Rau and Devi, *A Princess Remembers*, p. 16.
82 Fus. H. Simons, 'Army Cookery Notebook, 1944', Misc 180 Item 2726, ロンドン帝国戦争博物館 ; Eric Warren, 著者との通信のなかで。
83 Mass Observation Winter Directive of 1982, サセックス大学図書館世論調査記録 ; Burton, *The Raj at Table*, pp. 19-20.
84 Margaret Orr Deas, 著者との会話のなかで。
85 Panjabi, *50 Great Curries*, pp. 8-9.
86 Sen, 'The Portuguese influence', p. 293.
87 Jo Sharma, 著者との通信のなかで。
88 Dalrymple, William, *City of Djinns, A Year in Delhi*（Flamingo, London, 1994）, p. 135.（『精霊の街デリー』ウィリアム・ダルリンプル著、凱風社、1996 年）; コルカタのサダル通りにあるフェアローン・ホテルで著者自

44 Llewellyn-Jones, *Engaging Scoundrels*, pp. 12, 32-3, 44-5, 73.
45 Weeden, Edward St Clair, *A Year with the Gaekwar of Baroda*（Hutchinson & Co., London, 1912）, pp. 29-30, 58.
46 Rau, Santha Rama and Gayatri Devi of Jaipur, *A Princess Remembers*（Weidenfeld & Nicolson, London, 1976）, p. 20.（『インド王宮の日々』ガーヤトリー・デヴィー、サンタ・ラーマ・ラーウ著、リブロポート、1988 年）
47 同上, pp. 34, 52, 60.
48 Tandon, *Beyond Punjab*, p. 67.
49 Deane, *A Tour*, pp. 101-2, 107-8.
50 Fitzroy Collection, 東洋・インド省, MSS.Eur.E312, 8b, pp. 1, 158, 162.
51 Brown, Judith, *Modern India*（Oxford University Press, Delhi, 1988）, p. 75 に引用。
52 Misra, B. B., *The Indian Middle Classes*（Oxford University Press, London, 1961）, pp. 153-4; Heber, Reginald, *Narrative of a Jorney through the Upper Provinces of India*,（London, 1828）, p. 291.
53 Fryer, *A New Account*, II, p. 113.
54 Deane, *A Tour*, pp. 11-12.
55 Jaffrey, *A Taste of India*, pp. 86-7.
56 Oman, John Campbell, *The Brahmans, Theists and Muslims of India*（T. Fisher Unwin, London, 1897）, p. 40.
57 Misra, *The Indian Middle Classes*, p. 200.
58 Raychaudhuri, Tapan, *Europe Reconsidered*（Oxford University Press, Oxford, 2000）, p. 62.
59 Sinha, M., *Colonial Masculinity*（Manchester University Press, Manchester, 1995）, p. 22.
60 Hay, Stephen, 'Between two worlds: Gandhi's first impressions of British culture', *Modern Asian Studies*, 3, 4（1969）, 305-19, p. 308; Fiddes, Nick, *Meat. A Natural Symbol*（Routledge, London, 1991）, p. 67.
61 Fiddes, *Meat*（Routledge, London, 1991）, p. 67 に引用。
62 Hunt, James D., *Gandhi in London*（Promilla & Co., New Delhi, 1993）, pp. 5-6, 18.
63 同上, p. 9.
64 Tandon, *Punjabi Century*, p. 202.

24 ウィリアム・ダルリンプルはカークパトリックとジャガイモについての情報を教えてくださった。Watt, *A Dictionary*, VI, III, p. 272; Sen, 'The Portuguese influence', p. 296. Dalrymple, *White Mughals*, p. 330; Salaman, Redcliffe N., *The History and Social Influence of the Potato*（Cambridge University Press, Cambridge, 1985）, p. 445; Achaya, *Indian Food*, p. 226 も参照のこと。

25 Watt, *A Dictionary*, V, p. 100. David, *Spices*, p. 84; Rick, 'The tomato', p. 67; Davidson, Alan, 'Europeans' wary encounter with tomatoes, potatoes, and other New World foods', *Chilies to Chocolate*（University of Arizona Press, London, 1992）, pp. 7-9; Banerji, Chitrita, *Bengali Cooking*（Serif, London, 1997）, p.83 も参照。

26 Banerji, *Bengali Cooking*, p. 83.

27 Gandhi, M. K., *The Collected Works of Mahatma Gandhi*（Ministry of Information and Broadcasting, Government of India, 1969）, p. 40.

28 Thirty-Five Years' Resident, *The Indian Cookery Book*, pp. 4-8.

29 Mary Symonds, Gwillim Papers /1.

30 Roberts, *Scenes and Characteristics*, pp. 90-102.

31 Parks, *Wanderings*, II, p. 230.

32 A Lady Resident, *The Englishwoman in India*, p. 33.

33 Blanchard, Sydney, *Yesterday and Today in India*（W. H. Allen, London, 1867）, p. 45.

34 Campbell-Martin, Monica, *Out in the Mid-day Sun*（Cassell & Co., London, 1951）, p. 52; Bourne Papers, pp. 71-2, ケンブリッジ南アジア研究センター。

35 Hall Papers.

36 Brennan, Jennifer, *Curries and Bugles*（Viking, London, 1999）, p. 153.

37 Tandon, Prakash, *Beyond Punjab 1937-1960*（Chatto & Windus, London, 1971）, p. 47.

38 A Lady Resident, *The Englishwoman in India*, p. 45.

39 Lawrence, Rosamund, *Indian Embers*（George Ronald, Oxford, n.d.）, p. 40.

40 Dench Papers, p. 50.

41 Champion Papers, p. 81, ケンブリッジ南アジア研究センター。

42 *The Art of Ceylon and Indian Cookery*（Office of the Times of Colombo, 1918）, p. 71.

43 Tandon, *Punjabi Century*, pp. 177-8.

5 'Culinary Jottings for Madras by Wyvern. 1878', p. xiii.

6 Kenny-Herbert, Colonel Arthur Robert, *Wyvern's Indian Cookery Book*（Higginbotham & Co., Madras, 1904）; Franklin, E. A. M., *The Wife's Cookery Book*（Wilson's Artistic Press, Madras, 1906）.

7 Masters, John, *Bugles and a Tiger*（Michael Joseph, London, 1956）, p. 157; Annie Winifred Brown, 東洋・インド省, MSS.Eur.R138.

8 この陸軍将校の息子、著者との会話のなかで。

9 *Indian Cookery 'Local' for Young Housekeepers*（Imperial Press, Bombay 1887）, pp. 41-2.

10 Lady Resident, A, *The Englishwoman in India*（Smith, Elder & Co., London, 1864）, p. 45; Cunningham Papers, p. 515.

11 Lady Minto's Recipe Book, MSS.Eur.A79/2, p. 85.

12 *What to Tell the Cook*（Higginbotham & Co., Madras, 1875）; *A Friend in Need*, the Ladies' Committee F.I.N.S. Women's Workshop が発行し、モーリーン・ナンから貸していただいた。これは英語とタミル語でレシピが印刷されており、1930年代にインド南部のクールグヒルズに住むコーヒー農園主の妻がよく使ったものだった。

13 Dench Papers, p. 24, ケンブリッジ南アジア研究センター。

14 Dutton, C., *Life in India*（W. H. Allen, London, 1882）, p. 57.

15 Williamson, *The East-India Vade-Mecum*, I, p. 238.

16 Hall Papers, ケンブリッジ南アジア研究センター。

17 Graham, *Journal of a Residence*, p. 30; W. W. Hooper, 'Kitchen servants c.1880', 東洋・インド省, Photo 447/3（56）.

18 Lyall Collection, MSS.Eur.F132/2, p. 159 東洋・インド省, 21 March 1926, Maxwell Papers, Box XVII, ケンブリッジ南アジア研究センター。

19 Mrs Viola Bayley, Microfilm Box 7, No. 57, p. 6, ケンブリッジ南アジア研究センター。

20 Abraham Caldecott, Letter 14, September 1783, Abraham Caldecott Collection, 東洋・インド省, MSS.Eur.D778.

21 Tavernier, *Travels*, I, 109.

22 Parks, *Wanderings*, I, p. 32.

23 Deane, Mrs A., *A Tour Through the Upper Provinces of Hindostan*（C.& J. Rivington, London, 1823）, pp. 15-16, 203.

48 Fryer, *A New Account*, I, p. 297.

49 David, Elizabeth, *Spices, Salts and Aromatics in the English Kitchen*（Penguin, London, 1981）, p. 10.

50 Glasse, Hannah, *The Art of Cookery Made Plain and Easy, By a Lady*（Prospect Books, London, 1983）, p. 168.

51 Glasse, *The Art of Cookery*,（1748 edn）, p. 240,

52 Smith, Andrew F., *The Tomato in America*（University of South Carolina Press, Columbia, SC, 1994）, pp. 18-20.

53 Burton, *The Raj at Table*, p. 121; Wright, Louise, *The Road from Aston Cross*（Smedley-HP Foods Ltd, Leamington Spa, 1975）, p. 31 に引用。

54 David, *Spices*, p. 12.

55 MacKenzie, John, *Propaganda and Empire*（Manchester Gardener University Press, Manchester, 1984）, p. 97.

56 Erickson, Carolly, *Her Little Majesty*（Robson Books, London, 1997）, pp. 239-47; Glasheen, Joan, *The Secret People of the Palaces*（B. T. Batsford, London, 1998）, p. 158.

57 Hartley, Harold, *Eighty-Eight Not Out*（Frederick Muller, London, 1939）, p. 71.

58 同上, pp. 75-8.

59 Gregory, Breandon, 'Staging British India', *Acts of Supremacy*（Manchester University Press, Manchester, 1991）, pp. 152-64.

60 Santiagoe, *The Curry Cook's Assistant*, p. 68.

61 Tollinton Papers, 東洋・インド省, MSS.Eur.D1197.

62『タイムズ』、大英帝国博覧会特集号 No.1, 1924 年 4 月 23 日付 pp. 52-4。

63［Palmer］, *Indian Cookery*, pp. 17-18.

第7章　コールドミート・カツレツ

1 John William Laing, 28 October 1873, Vol. I, 'Diaries in India and Europe 1873-1875' ケンブリッジ大学図書館、王立連邦協会コレクション。

2 'Culinary Jottings for Madras by Wyvern. 1878',『カルカッタ・レビュー』誌 , 68（1879）, p. xiv.

3 Stocqueler, J. H., *The Hand-book of India*（W. H. Allen, London, 1844）, pp. 202-3.

4 同上, p. 207.

29 Glasse, H., *The Art of Cookery Made Plain and Easy*（London, 1748）, p. 101.

30 Francatelli, Charles Elmé, *The Modern Cook*（Richard Bentley, London, 1853）, pp. 12-13, 20, 300; Ketab, *Indian Dishes for English Tables*（Chapman & Hall, London, 1902）; Chaudhuri, 'Shawls', p. 244.

31 Chaudhuri, 'Shawls', p. 244.

32 同上, p. 241。

33 Terry, *Indian Cookery*, endpieces; Santiagoe, Daniel, *The Curry Cook's Assistant or Curries How to Make them In England in their Original Style*（Kegan Paul, Trench & Co., London, 1889）, p. xii（ジェニファー・ドンキンにお借りした）.

34 du Maurier, Daphne, *Rebecca*（Pan Books, London, 1975）, p. 309.（『レベッカ』デュ・モーリア著、新潮文庫、1971 年）

35 White, *Indian Cookery*, p. 9.

36 Jaffrey, *A Taste of India*, pp. 82, 130.

37 Panjabi, *50 Great Curries*, pp. 24, 32.

38 Katona-Apte, Judit, and Mahadev L. Apte, 'The role of food and food habits in the acculturation of Indians in the United States', *The New Ethnics*（Praeger, New York, 1980）, p. 347.

39 Jaffrey, Madhur, *An Invitation to Indian Cooking*（Jonathan Cape, London, 1976）, p. 18.

40 Petit, Leon, *The Home Book of Indian Cookery*（Faber & Faber, London, 1955）, p. 24; *Good Housekeeping's Casseroles and Curries*（The National Magazine Co., London, 1954）, pp. 19-23.

41 Edmunds, *Curries*, p. 52.

42 Allen（ed.）, *Food*, p. 29.

43 Acton, Eliza, *Modem Cookery, in all its branches*（Longman, Brown, Green & Longman, London, 1845）, pp. 343-4.

44 Santiagoe, *The Curry Cook's Assistant*, p. ix.

45 Terry, *Indian Cookery*, pp. 5-7; Beeton, Isabella, *Mrs Beeton's Book of Household Management*（S. O. Beeton, London, 1859-61）, p. 90; Acton, *Modern Cookery*, pp. 42-3.

46 Kingston, Beverley, 'The taste of India', *Australian Cultural History*, 9（1990）, 36-48, p. 45.

47 Valle, *The Travels*, II, p. 383.

Translation Fund, London, 1831), pp. iii-iv.

11 Laudan, 'Birth of the modern diet', pp. 62-7; Freeman, Sarah, *Mutton and Oysters* (Victor Gollancz, London, 1989), pp. 69-71; Goody, Jack, *Food and Love* (Verso, London, 1998), pp. 130-1.(『食物と愛』ジャック・グッディ著、法政大学出版局、2005 年)

12 Spencer, Colin, *The Heretic's Feast* (Fourth Estate London, 1993), p. 280; Twigg, Julia, 'Vegetarianism and the meanings of meat', *The Sociology of Food and Eating* (Gower, Aldershot, 1984), p. 24.

13 C. P. Moritz, Palmer, Arnold, *Moveable Feasts* (Oxford University Press, London, 1952), pp. 12-13; Laurioux, 'Spices in the medieval diet', pp. 48, 66; Peterson, 'The Arab influence', p. 333 に引用。

14 Davis, Dorothy, *Fairs, Shops and Supermarkets* (University of Toronto Press, Toronto, 1966), p. 199 で引用。

15 White, Captain W., *Indian Cookery* (Sherwood, Gilbert, & Piper, London, 1845), p. 3.

16 Edmunds, *Curries*, p. 9; White, *Indian Cookery*, p. 6.

17 *Punch*, IX (1845).

18 Chaudhuri, Nupur, 'Shawls, jewellery, curry, and rice in Victorian Britain', *Western Women and Imperialism* (Indiana University Press, Bloomington, 1992), p. 246 に引用。

19 Geddes, *The Laird's Kitchen*, p. 100.

20 Freeman, *Mutton and Oysters*, p. 125.

21 Dawe, *The Wife's Help*, p. 94; [Palmer], *Indian Cookery*, p. 188 を参照。

22 Narayan, Uma, 'Eating cultures: incorporation, identity and Indian food', *Social Identities*, 1, 1 (1995), 63-86, p. 82 に引用。

23 Freeman, *Mutton and Oysters*, p. 137; Cox, Helen, *Mr. and, Mrs. Charles Dickens Entertain at Home*, pp. 19, 39.

24 Chaudhuri, 'Shawls', p. 239.

25 Haldar, Rakhal Das, *The English Diary of an Indian Student 1861-62* (The Asutosh Library, Dacca, 1903), p. 85.

26 Terry, Richard, *Indian Cookery* (Southover Press, Lewes, 1998), pp. 16-17, 23-4.

27 Panjabi, *50 Great Curries*, p. 32.

28 Terry, *Indian Cookery*, pp. 16-17.

32 Flora Holman, Holman Paper, p. 13 ケンブリッジ南アジア研究センター。

33 Emily Sandys, 26 August 1854, Stuart Papers, Microfilm Box. 2 No. 17B, ケンブリッジ南アジア研究センター。

34 Tayler, William, *Thirty-Eight Years in India*（W. Allen & Co., London, 1881）, pp. 394-5.

35 Burton, *The Raj at Table*, pp. 113-14.

36 Kaye M. M.（ed.）, *The Golden Calm*（Webb & Bower, Exeter, 1980）, p. 120.

37 A Thirty-Five Years' Resident, *The Indian Cookery Book*, p. 20.

38 Roberts, *Scenes and Characteristics*, I, p. 51.

39 Burton, *The Raj at Table*, pp. 126-9.

40 同上, p. 121 にて引用。

第6章　カレー粉

1 Fisher, Michael H., *The First Indian Author in English*（Oxford University Press, Delhi, 1996）, pp. 251-66.

2 Hunter, Sir William Wilson, *The Thackerays in India and Some Calcutta Graves*（Henry Frowde, London, 1897）, pp. 85-99.

3 Fisher, *The First Indian Author*, p. 260; Holzman, James M., *The Nabobs in England*（New York, 1926）, p. 90.

4 Salter, Joseph, *The Asiatic in England*（Seeley, Jackson & Halliday, London, 1823）, pp. 28-31.

5 Visram, Rozina, *Ayahs, Lascars and Princes*（Pluto Press, London, 1986）, p. 15; Salter, Joseph, *The East in the West or Work Among the Asiatics and Africans in London*（S. W. Partridge & Co., London, n.d.）, p. 38; Salter, *The Asiatic*, pp. 25, 69-70, 116.

6 24 October 1813, Spilsbury Collection, 東洋・インド省, MSS.Eur.D909/ 1。

7 Shade, Sarah, *A Narrative of the Life of Sarah Shade*（J. Hatchard, London, 1801）, p. 27.

8 Geddes, Olive M., *The Laird's Kitchen*（National Library of Scotland, Edinburgh, 1994）, pp. 71-9, 100.

9 Grove, Peter and Colleen, *Curry, Spice & All Things Nice - the what-where-when*（http://www.menumagazine. co.uk）に引用。

10 'Indian Cookery, as practised and described by the Natives of the East'（Oriental

トの料理の名前である kahree または karhi に由来すると言う人もいる。しかし、17 世紀の著述家が caril, caree または curry という言葉を使う際に、この料理と思われるものを描写している例はない。彼らは明らかに、インドのシチューまたはラグー全般を指すために使っている。

15 Edmunds, Joseph, *Curries and How to Prepare Them*（Food and Cookery Publishing Agency, London, 1903）, p. 10.

16 Tandon, Prakash, *Punjabi Century 1857-1947*（Chatto & Windus, London, 1961）, p. 88.

17 Nichter, 'Modes of food classification ', p. 200.

18 Thirty-Five Years' Resident, *The Indian Cookery Book*, p. 22.

19 McCosh, John, *Medical Advice to the Indian Stranger*（W. H. Allen & Co., London, 1841）, p. 83.

20 Dawe, *The Wife's Help*, p. 59.

21 1923 年に C・ルイスがティフィンには、「できるかぎり多くの添え物」をつけるようにと勧めている。「たとえばボンベイ・ダック、パパドム、チャツネ、ココナッツを刻んだものなどがいい。マドラス付近またはセイロンに住んだことのある人なら、そうしたものでカレーがどれだけおいしくなるかわかるだろう。コロンボのゴールフェイス〔ホテル〕では、添え料理が 16 種類でてきたことがある」（Lewis, C. C., *Culinary Notes for Sind*, Daily Gazette Press, Karachi, 1923, p. 59）.

22 Williamson, *The East-India Vade-Mecum*, II, p. 128.

23 ［Palmer, Edward］, Veeraswamy, E. P., *Indian Cookery*（Herbert Joseph, London, 1936）, p. 184.

24 Burton, *Goa*, p. 296.

25 Campbell, James, *Excursions, Adventures and Field Sports in Ceylon*（T. & W. Boone, London, 1843）, I, p. 68.

26 Burton, *The Raj at Table*, p. 105.

27 Jaffrey, *A Taste of India*, p. 87; Panjabi, *50 Great Curries*, pp. 98-9; Behram Contractor, 'Eating-out with a difference', *The Taj Magazine*, 11, 2（1982 年）。

28 Roberts, *Scenes and Characteristics*, I, p. 153.

29 Burton, *Goa*, p. 251.

30 Mandelslo, *The Voyages and Travels*, pp. 19-20.

31 Eden, Emily, *Up the Country*（Virago, London, 1983）, p. xiv.

(Mills & Boon Ltd, London, 1961), p. 132.

48 Ali, *Observations on the Mussulmauns of India*: I, pp. 324-5; II, p. 67

第5章 マドラス・カレー

1 Parks, Fanny, *Wanderings of a Pilgrim in Search of the Picturesque* (Pelham Richardson, London, 1850), I, pp. 25, 46-7; Williamson, Thomas, *The East-India Vade-Mecum* (Black, Parry & Kingsbury, London, 1810), I, pp.213-14, 238-9; II, p.180; Graham, Maria, *Journal of a Residence in India* (Longman, Hurst, Rees, Orme & Brown, London, 1813), p. 30.

2 [Hobbes, R. G.], A Retired Officer of HM's Civil Service, *Reminiscences of Seventy Years' Life* (Elliot Stock, London, 1893), p. 14.

3 Richard Burton, Brodie, Fawn M., *The Devil Drives* (Norton, London, 1967), p. 51 に引用。

4 Young, G. M., *Early Victorian England 1830-1865* (Oxford University Press, Oxford, 1988), pp. 104-8.

5 Macnabb Collection, 東洋・インド省, MSS.Eur.F206/4, f. 77; Fenton, Elizabeth Sinclair, *The Journal of Mrs Fenton* (Edward Arnold, London, 1901), p. 53.

6 Cordiner, James, *A Voyage to India* (A. Brown & Co., London, 1820), p. 110; Graham, *Journal of a Residence*, p. 30.

7 Roberts, Emma, *Scenes and Characteristics of Hindoostan* (London, 1837), I, p. 76.

8 Spencer, Colin, 'The British Isles ', *The Cambridge World History of Food* (Cambridge University Press, Cambridge, 2000), pp. 1222-3; Fine, Ben, Michael Heasman and Judith Wright, *Consumption in the Age of Affluence* (Routledge, London, 1996), p. 203.

9 Roberts, *Scenes and Characteristics*, I, p. 72; Elizabeth Gwillim, Gwillim Papers, 東洋・インド省, MSS.Eur.C240/I。

10 F. J. Shore, Futtyghur, 23 July 1820, Frederick John Shore Collection, 東洋・インド省, MSS.Eur.E307/5-8.

11 Elizabeth Gwillim, Gwillim Papers/ 1, ff. 37-8.

12 Fane, Henry Edward, *Five Years in India* (Henry Colburn, London, 1842), I, p. 29.

13 Valle, *The Travels*, II, p. 328.

14 料理ライターのなかには、この言葉が北インドのヒヨコ豆とヨーグル

24 Breckenridge, 'Food politics and pilgrimage', pp. 32, 37-40; Jaffrey, *A Taste of India*, pp. 197-8.

25 Richards, *The Mughal Empire*, p. 190.

26 Appadurai, Arjun, *Worship and Conflict Under Colonial Rule*（Cambridge University Press, Cambridge, 1981）, p. 37.

27 Hamilton, *A New Account*, p. 211.

28 Achaya, *Indian Food*, p. 68.

29 Jaffrey, *A Taste of India*, p. 220.

30 Aziz, K. K., 'Glimpses of Muslim culture in the Deccan', *Vijayanagara*（Steiner Verlag, Stuttgart, 1985）, pp. 170-1; Jaffrey, *A Taste of India*, pp. 170-1.

31 Sharar, Abdul Halim, *Lucknow*（Oxford University Press, Delhi, 1989）, p. 157.

32 Hasan, Amir, *Palace Culture of Lucknow*（B. R. Publishing Corporation, Delhi, 1983）, pp. 4-5.

33 Fisher, Michael H., *A Clash of Cultures*（Manohar, New Delhi, 1987）, pp. 71-6.

34 Sharar, *Lucknow*, pp. 155-6.

35 Warren Hastings Papers, Oude Accounts etc. 1777-1783, British Museum Additional 29,093, p. 26, 大英図書館。

36 Hasan, *Palace Culture*, pp. 4-5.

37 Panjabi, *50 Great Curries*, p. 25.

38 Tasleem.Lucknow.com

39 Sharar, *Lucknow*, pp. 157-8.

40 Allen, Brigid（ed.）, *Food. An Oxford Anthology*（Oxford University Press, Oxford, 1994）, p. 239 に引用。

41 Sharar, *Lucknow*, pp. 158-62.

42 Praveen Talha, 'Nemat-e-Dastarkhwan. Bounty of the table', *The Taj Magazine*, 23, 1（1994 年）.

43 Llewellyn-Jones, Rosie, *Engaging Scoundrels*（Oxford University Press, New Delhi, 2000）, p. 12.

44 Allami, *Ain-i-Akbari*, I, pp. 62-3.

45 Llewellyn-Jones, *Engaging Scoundrels*, p. 44.

46 Ali, Mrs Meer Hassan, *Observations on the Mussulmauns of India*（Parbury Allen & Co., London, 1832）, I, p. 38.

47 Sharar, *Lucknow*, p. 161; Singh, Mrs. Balbir, *Mrs. Balbir Singh's Indian Cookery*

4 Foster（ed.）, *The Embassy of Sir Thomas Roe*, p. xxiv; Terry, *A Voyage to East-India*, pp. 211, 218.

5 Farrington, *Trading Places*, p. 69.

6 Bayly C. A.（ed.）, *The Raj. India and the British 1600-1947*（National Portrait Gallery Publications, London, 1990）, p. 68.

7 Ovington, *A Voyage*, p. 141; Fryer, *A New Account*, I, p. 179; Burnell, John, *Bombay in the Days of Queen Anne*（Hakluyt Society, London, 1933）, pp. 20-1.

8 Wilson C. R., *The Early Annals of the English in Bengal*（Bimla Publishing House, New Delhi, 1983）, p. 208.

9 Richards, *The Mughal Empire*, p. 201; Keay, *The Honourable*, pp. 134-5.

10 Mandelslo, *The Voyages and Travels*, p. 13; Anderson, Philip, *The English in Western India*（Smith, Taylor & Co., London, 1854）, p. 48; Ovington, *A Voyage*, pp. 237-8.

11 *Oxford English Dictionary*.

12 Ramaswami N. S.（ed.）, *The Chief Secretary*（New Era Publications, Madras, 1983）, p. 79.

13 Terry, *A Voyage*, p. 107.

14 Manucci, *Storia do Mogor*, I, pp. 62-3; Major, R. H.（ed.）, *India in the Fifteenth Century*（Hakluyt Society, London, 1957）, p. 32.

15 Ovington, *A Voyage*, p. 397.

16 Fryer, *A New Account*, I, p. 177.

17 Terry, *A Voyage*, p. 94.

18 Laudan, Rachel, 'The birth of the modern diet', *Scientific American*（August 2000）, p. 62.

19 Scully, *The Art of Cookery*, p. 207.

20 Appadurai, 'How to make a national cuisine ', p. 13.

21 Stein, Burton, *Peasant State and Society in Medieval South India*（Oxford University Press, Delhi, 1980）, pp. 144-5.

22 Breckenridge, Carol Appadurai, 'Food politics and pilgrimage in south India, 1350-1650 A.D. ', *Food, Society and Culture*（Carolina Academic Press, Durham, NC, 1986）, p. 30.

23 Hultzsch, E., *South Indian Inscriptions*（Superintendent Government Press, Madras, 1903）, p.189.

61 Robinson, 'The construction of Goan interculturality', p. 309.
62 Burton, *Goa*, pp. 104-5; Axelrod and Fuerch, 'Flight of the deities', p. 410.
63 Robinson, 'The construction of Goan interculturality', p. 310.
64 Richards, *Goa*, pp. 4-5, 71.
65 Sen, 'The Portuguese influence', p. 293.
66 Scully, *The Art of Cookery*, p. 112.
67 Dawe, W. H., *The Wife's Help to Indian Cookery*（Elliot Stock, London, 1888）, p. 62.
68 Coelho and Sen, 'Cooking the Goan way', p. 151; M. Albertina Saldanha, 'Goan cuisine',『ゴア・トゥデイ』誌 , p. 13.
69 Collins, J. L., *The Pineapple*（Leonard Hill Books Ltd, London, 1960）, pp. 9-17 に引用。
70 Beveridge（ed.）, *The Tuzuki-i-Jahangiri*, I, pp. 215, 350.
71 Nichter, Mark, 'Modes of food classification and the diet-health contingency', *Food, Society and Culture*（Carolina Academic Press, Durham, NC, 1986）, pp. 195-6.
72 Maciel, Elsie Antonette, *Goan Cookery Book*（Merlin Books, Devon, 1983）, p. 9.
73 Eraly, *The Last Spring*, pp. 434, 495.
74 Gordon, Stewart, *Marathas, Marauders, and State Formation in Eighteenth-Century India*（Oxford University Press, Delhi, 1994）, p. 35.
75 Fryer, *A New Account*, II, pp. 67-8; Ikram, *Muslim Civilisation*, pp. 196-7, 206.
76 C. Y. Gopinath, 'So what's for dinner then?', *The Taj Magazine*, 18, 3（1990）。
77 Richards, *Goa*, pp. 33-4.
78 Rao, P. Setu Madhava, *Eighteenth Century Deccan*（Popular Prakashan Bombay, 1963）, pp. 227-8.

第4章　コルマ

1 Ovington, John, *A Voyage to Suratt, In the Year, 1689*（Jacob Tonson, London, 1696）, pp. 394-8.
2 Farrington, Anthony, *Trading Places*（British Library, London, 2002）, pp. 16-20, 39; Richards, *The Mughal Empire*, pp. 196-9.
3 Foster William（ed.）, *Early Travels in India 1583-1619*（S. Chand, Delhi, 1968）, pp. 60-70.

（Prospect Books, Devon, 1997）, p. 290.

44 Bernier, *Travels*, II, p. 182.

45 Burton, *Goa*, p. 98.

46 M. Albertina Saldanha, 'Goan cuisine',『ゴア・トゥデイ』誌 , p. 22.

47 Coelho and Sen, 'Cooking the Goan way', p. 153; Cabral, 'Of Goa and gourmets',『タージマガジン』, 26, 1（1997）; Laudan, Rachel, *The Food of Paradise*（University of Hawaii Press, Honolulu, 1996）, pp. 88-9.

48 Tavernier, *Travels*, I, p. 150. キリスト教に改宗しなかったサラスワット・バラモンは、菜食中心のゴア料理を発展させた。

49 Robinson, Rowena, 'The construction of Goan interculturality', Charles J. Borges et al., *Goa and Portugal*（Concept Publishing Company, New Delhi, 2000）, pp. 290-1.

50 Manucci, *Storia do Mogor*, pp. 180-1.

51 Hamilton, *A New Account*, p. 143.

52 Richards, J. M., *Goa*（Vikas Publishing House, New Delhi, 1982）, p. 25; Priolkar, Anant Kakba, *The Goa Inquisition*（A. K. Priolkar, Bombay, 1961）, pp. 116-17.

53 Subrahmanyam, *The Portuguese Empire*, p. 231.

54 Priolkar, *The Goa Inquisition*, p. 55 に引用。

55 Souza, Teotonio de, *Goa to Me*（Concept Publishing, New Delhi, 1994）, p. 87; Gracias, F'atima, da Silva, 'The impact of Portuguese culture on Goa', *Goa and Portugal*（Concept Publishing, New Delhi, 1998）, p. 48; Lopes, Maria de Jesus dos Martires, 'Conversion as a means to cultural adaptation', *Goa and Portugal*, pp. 69, 72.

56 Scammell, G. V., 'The pillars of empire', *Modern Asian Studies*, 22, 3（1988）, pp. 477-87; Subrahmanyam, *The Portuguese Empire*, p. 231.

57 Priolkar, *The Goa Inquisition*, p. 104; Axelrod, Paul, and Michelle A. Fuerch, 'Flight of the deities: Hindu resistance in Portuguese Goa', *Modern Asian Studies*, 30, 2（1996）, pp. 412-13.

58 Axelrod and Fuerch, 'Flight of the deities', pp. 393-4.

59 同上, p. 387.

60 Borges, Charles J., 'A lasting cultural legacy', *Goa and Portugal*（Concept Publishing, New Delhi, 1998）, p. 55.

24 Linschoten, *The Voyage*, I, pp. 67-8.

25 同上, pp. 222, 228-30; Subrahmanyam, *The Portuguese Empire*, p. 225.

26 Fryer, *A New Account*, I, p. 192.

27 Linschoten, *The Voyage*, I, p. 193.

28 同上, pp. 219-22. ポルトガルの役人の堕落ぶりに関しては、次を参照。Xavier, P. D., *Goa: A Social History*（1510-1640）（Rajhauns Vitram, Panaji, Goa, 1993）, pp. 214-15.

29 Fryer, *A New Account*, II, p. 16.

30 Pearson, M. N., 'The people and politics of Portuguese India during the sixteenth and early seventeenth centuries', *Essays Concerning the Socioeconomic History of Brazil and Portuguese India*（University Presses of Florida, Gainesville, 1977）, p. 10; Subrahmanyam, *The Portuguese Empire*, p. 228.

31 Boxer, C. R., *Race Relations in the Portuguese Colonial Empire 1415-1825*（Clarendon Press, Oxford, 1963）, pp. 60-1.

32 Linschoten, *The Voyage*, I, pp. 207-8, 212.

33 Fryer, *A New Account*, II, pp. 27-8,

34 Laudan and Pilcher, 'Chilies, chocolate and race', p. 65.

35 Fitch, Foster, William（ed.）, *Early Travels in India 1583-1619*（S. Chand, Delhi, 1968）, p. 46.

36 M. Albertina Saldanha, 'Goan cuisine. How good is it?',『ゴア・トゥデイ』誌, XXIII, 12（July 1989）, p. 22; Mundy, Peter, *The Travels of Peter Mundy in Europe and Asia 1608-1667*（Hakluyt Society, London, 1919）, p. 59.

37 Coelho, George V., and Promila Coelho Sen, 'Cooking the Goan way', *India and Portugal*（Marg Publications, Mumbai, 2001）, p. 150.

38 これがのちに、最初にメッカに入った白人で、『アラビアンナイト』を英語に翻訳したことで有名になるリチャード・バートンだった。Burton, *Goa*, p. 104.

39 Laudan and Pilcher, 'Chilies, chocolate and race', p. 66.

40 Scully, *The Art of Cookery*, p. 136.

41 Larsen, Karin, *Faces of Goa*（Gyan Publishing House, New Delhi, 1998）, p. 118.

42 Mandelslo, J. Albert, *The Voyages and Travels of J. Albert de Mandelslo*（J. Starkey & T. Basset, London, 1669）, p. 79.

43 Sen, Coleen Taylor, 'The Portuguese influence on Bengali cuisine', *Food on the Move*

in the Middle Ages (The Boydell Press, Woodbridge, 1995), p. 84; Sass, Lorna, 'The preference for sweets, spices and almond milk in late medieval English cuisine', *Food and Perspective* (Donald, Edinburgh, 1981), pp. 254-7; Prasad, Ram Chandra, *Early English Travellers in India* (Motilal Banarsidass, Delhi, 1980), p. xxxii; Laurioux, Bruno, 'Spices in the medieval diet: a new approach', *Food and Foodways*, 1, 1 (1985), pp. 46-7, 51, 59.

6 Scully, *The Art of Cookery*, p. 30; Laurioux, 'Spices in the medieval diet', pp. 56-9.

7 Cohen, J. M., *The Four Voyages of Christopher Columbus* (Penguin, London, 1969), pp. 11-17, 121; Dalby, *Dangerous Tastes*, pp. 148, 150.

8 Dalby, *Dangerous Tastes*, p. 148.

9 Laudan, Rachel, and Jeffrey M. Pilcher, 'Chilies, chocolate, and race in New Spain', *Eighteenth-Century Life*, 23 (1999), p. 65.

10 Andrews, Jean, 'The peripatetic chilli pepper', *Chilies to Chocolate* (University of Arizona Press, London, 1992), p. 92.

11 Subrahmanyam, Sanjay, *The Portuguese Empire in Asia, 1500-1700* (Longman, London, 1999), pp. 129-38.

12 Silverberg, Robert, *The Longest Voyage* (Ohio University Press, Athens, 1972), pp. 58-9.

13 Subrahmanyam, *The Portuguese Empire*, p. 63.

14 Pearson, M. N., *The Portuguese in India* (Cambridge University Press, Cambridge, 1987), pp. 30-2.

15 Burton, David, *The Raj at Table* (Faber & Faber, London, 1993), p. 6.

16 Hyman, Philip and Mary, 'Long pepper', *Petits Propos Culinaires*, 6 (1980), pp. 50-2.

17 Watt, George, *A Dictionary of the Economic Products of India* (Superintendent of Government Printing, Calcutta, 1889), II, p. 135.

18 Achaya, *Indian Food*, p. 227; Watt, *A Dictionary*, II, p. 137.

19 Jaffrey, *A Taste of India*, p. 220.

20 Andrews, 'The peripatetic chilli', pp. 92-3.

21 Linschoten, Jan Huyghen van, *The Voyage of Jan Huyghen van Linschoten to the East Indies* (Hakluyt Society, London, 1935), I, pp. 207-8.

22 Sen (ed.), *Indian Travels of Thevenot and Careri*, p. 162.

23 Fryer, *A New Account*, II, pp. 27-8; Linschoten, *The Voyage*, I, pp. 205, 212-13.

63 Beveridge（ed.）, *The Tuzuki-i-Jahangiri:* I, pp. 116, 435; II, p. 101.
64 たとえば、同上, I, p. 116 を参照。
65 Bernier, *Travels*, p. 284.
66 Foster William（ed.）, *The Embassy of Sir Thomas Roe to India 1615-19*（Oxford University Press, London, 1926）, p. 152.
67 Manucci, *Storia do Mogor*, pp. 37-8
68 Thackston（ed.）, *The Babumama*, p. 343; Beveridge（ed.）, *The Tuzuki-i-Jahangiri*, p.116.
69 Eraly, *The Last Spring*, p. 337.
70 同上, p. 322.
71 Foster（ed.）, *The Embassy of Sir Thomas Roe*, pp. 99, 190, 240, 324-5.
72 Hawkins, William, *The Hawkins Voyages*（Hakluyt Society London, 1878）, p. 437.
73 Beveridge（ed.）, *The Tuzuki-i-Jahangiri*, I, pp. 307-10.
74 Manucci, *Storia do Mogor*, II, p. 5.
75 Eraly, *The Last Spring*, pp. 303, 307.
76 Panjabi, Camellia, *50 Great Curries of India*（Kyle Cathie Ltd, London, 1994）, p. 88.
77 Manrique, *Travels*, II, pp. 186-8.　レアールは昔のスペインの銀貨。
78 Eraly, *The Last Spring*, p. 312.
79 Keay, John, *The Honourable Company*（HarperCollins, London, 1991）, pp. 115-16.
80 Manucci, *Storia do Mogor*, II, pp. 5-6.
81 Sen, Surendranath（ed.）, *Indian Travels of Thevenot and Careri*（National Archives of India, New Delhi, 1949）, p. 236; Eraly, *The Last Spring*, p. 393; Srivastava, *Social Life*, p. 4.

第3章　ヴィンダルー

1 Dalby, Andrew, *Dangerous Tastes*（British Museum Press, London, 2000）, p. 89.
2 Tavernier, *Travels*, II, p. 11.
3 Pharmacopoeia, 東洋・インド省, MSS.Eur.E120, pp. 172, 177.
4 Dalby, *Dangerous Tastes*, p. 91.
5 Peterson, 'The Arab influence', pp. 317, 319-20; Scully, Terence, *The Art of Cookery*

42 Bernier, Francis, *Travels in the Mogul Empire*（William Pickering, London, 1826）, p. 287; Richards, *The Mughal Empire*, pp. 190-1, 195; Kulshreshtha, S. S., *The Development of Trade and Industry Under the Mughals*（1526-1707 A.D.）（Kitab Mahal, Allahabad, 1964）, pp. 184-5.

43 www.menumagazine.co.uk/asafoetida.htm; Fryer, *A New Account* I, p. 286.

44 Singh, Dharamjit, *Indian Cooking*（Penguin, London, 1970）, p. 25; Thirty-Five Years' Resident, *The Indian Cookery Book*（Wyman & Co., Calcutta, 1869）, p.16.

45 Allami, *Ain-i-Akbari*, I, p. 61.

46 同上, pp. 59, 64.

47 Eraly, *The Last Spring*, pp. 195, 219; Richards, *The Mughal Empire*, p. 47.

48 Eraly, *The Last Spring*, p. 165.

49 Beveridge, Henry（ed.）, *The Tuzuki-i-Jahangiri*（Munshiram Manoharlal, Delhi, 1968）, p. 184; Eraly, *The Last Spring*, p. 239; Srivastava, M. P., *Social Life Under the Great Mughals 1526-1700 A.D.*（Chugh Publications, Allahabad, 1978）, p. 2.

50 Eraly, *The Last Spring*, p. 169.

51 Tavernier, *Travels*, I, pp. 95-6,

52 Lal, Saran Kishori, *Twilight of the Sultanate*（Asia Publishing House, London, 1963）, pp. 276-7; David, Elizabeth, *Harvest of the Cold Months*（M. Joseph, London, 1994）, pp. 246-8.

53 Goody, Jack, *Cooking, Cuisine and Class*（Cambridge University Press, Cambridge, 1982）, p. 98.

54 Manrique, *Travels*, II, pp. 218-19.

55 Terry, Edward, *A Voyage to East-India*（J. Martin & J. Allsrye, London, 1655）, pp. 206-11.

56 Eraly, *The Last Spring*, pp. 274, 312.

57 Beveridge（ed.）, *The Tuzuki-i-Jahangiri*, p. 215.

58 Manrique, *Travels*, I, pp. 65-6.

59 Manucci, *Storia do Mogor*, p. 68.

60 Chapman, Pat, *The New Curry Bible*（Metro, London, 2004）, p. 111; Jaffrey, *A Taste of India*, pp. 128-9.

61 Thackston（ed.）, *The Babumama*, pp. 423, 445.

62 Foltz, Richard C., *Mughal India and Central Asia*（Oxford University Press, Delhi, 1998）, p. 7.

I, p. 38; Valle, Pietro della, *The Travels of Pietro della Voile in India* (Hakluyt Society, London, 1892), p. 294.

24 Tavernier, *Travels*, I, pp. 311, 326; Hamilton, Alexander, *A New Account of the East Indies* (The Argonaut Press, London, 1930), p. 96.

25 Chattopadhyaya, 'Case for a critical analysis', pp. 212-13.

26 Jha, D. N., *The Myth of the Holy Cow* (Verso, London, 2002), pp. 30-7, 95-8; Brockington, John, *The Sanskrit Epics* (Brill, Leiden, 1998), pp. 20-1, 197.

27 Achaya, *Indian Food*, p. 55; Jha, *The Myth of the Holy Cow*, pp. 61-89.

28 Manucci, Niccolao, *Storia do Mogor or Mogul India 1635-1708* (John Murray, London, 1907), pp. 42-3.

29 Peterson, 'The Arab influence', p. 321.

30 Khare, R. S., 'The Indian Meal', *Food, Society and Culture* (Carolina Academic Press, Durham, NC, 1986), pp. 162-4.

31 Thackston (ed.), *The Baburnama*, pp. 367-8.

32 Eraly, Abraham, *The Last Spring* (Viking, London, 1997), p. 108.

33 Ahsan, Muhammad Manazir, *Social Life Under the Abbasids 170-289 AH 786-902 AD* (Longman, London, 1979), p. 152.

34 Quereshi, Ishtiaq Husain, *The Muslim Community of the Indo-Pakistan Subcontinent (610-1947)* (Ma'aref Ltd, Karachi, 1977), p. 31; Ahsan, *Social Life*, p. 155.

35 Tavernier, *Travels*, I, p. 41.

36 Zubaida, Sami, 'Rice in the culinary cultures of the Middle East', *Culinary Cultures of the Middle East* (I. B. Tauris Publishers, London, 1994), pp. 92-4; Fragner, Bert, 'From the Caucasus to the roof of the world', *Culinary Cultures of the Middle East* (I. B. Tauris Publishers, London, 1994), pp. 57-9.

37 Jaffrey, *Madhur Jaffrey's Indian Cookery* (BBC Books, London, 1982), p. 154.

38 Fryer, John, *A New Account of East India and Persia being Nine Years' Travels 1672-1681* (Asian Educational Services, New Delhi, 1992), III, p. 240.

39 Burton, David, *Savouring the East* (Faber & Faber, London, 1996), p. 197.

40 Richards, *The Mughal Empire*, p. 17; Dalrymple, 'That's magic', 『ガーディアン・レビュー』2003 年 1 月 1 日号 , p. 18.

41 Allami, Abu'l Fazl, *The Ain-i-Akbari* (Low Price Publications, Delhi, 1989), I, p. 60.

6 Thackston（ed.）, *The Baburnama*, p. 350.

7 Peterson, Toby, 'The Arab influence on western European cooking', *Journal of Medieval History*, 6（1980）, pp. 321-2.

8 Papers of Sir George Cunningham, 大英図書館　東洋・インド省コレクション（以下、東洋・インド省と省略）, MSS.Eur.D670, p. 397.

9 Vambery, Arminius, *Sketches of Central Asia*（W. Allen & Co., London, 1868）, pp. 118-19.

10 Schuyler, Eugene, *Turkistan*（Sampson Low, Marston, Searle & Rivington, London, 1876）, p. 125.

11 Sastri, A. K. Nilakanta, 'The Chalukyas of Kalyani and the Kalachuris of Kalyani', *The Early History of the Deccan*（Oxford University Press, Oxford, 1960）, pp. 370, 453.

12 Zimmermann, *The Jungle*, pp. 30, 55-61, 98, 170, 185; Sharma（ed.）, *Caraka-samhita*, I, p.222.

13 Sastri, *'The Chalukyas of Kalyani'*, p. 453; Arundhati, P., *Royal Life in Manasollasa*（Sundeep Prakashan, Delhi, 1994）, pp. 113-30.

14 Saletore, B. A., *Social and Political Life in the Vijayanagara Empire*（A.D. 1346-A.D. 1646）（B. G. Paul & Co., Madras, 1934）, pp. 310-11.

15 Arundhati, *Royal Life*, p. 125.

16 Prasad, Chandra Shekar, 'Meat-eating and the Rule of — Tikotiparisuddha,' *Studies in Pali and Buddhism*（B. R. Publishing Corporation, Delhi, 1979）, p. 290.

17 Keay, John, *India. A History*（HarperCollins, London, 2000）, pp. 96-7.

18 Majumdar, R. C.（ed.）, *The Age of Imperial Unity*（Bharatiya Vidya Bhavan, Bombay, 1960）, pp. 73-4.

19 Murti, G. Srinivasi, A. N. Krishna Aiyangar and K. V, Rangaswami Aiyangear, *Edicts of As'oka*（Priyadars' in）（Adyar Library, Madras, 1951）, pp. 3, 9, 11, 105, 107.

20 Wadley, Susan S., *Struggling with Destiny in Karimpur, 1925-1984*（University of California Press, Berkeley, 1994）, p. 45.

21 Jaffrey, Madhur, *A Taste of India*（Pavilion, London, 1985）, p. 57.

22 Carstairs, G. Morris, *The Twice-Born*（The Hogarth Press, London, 1957）, p. 109.

23 Tavernier, Jean-Baptiste, *Travels in India*（Oxford University Press, Oxford, 1925）,

Indian Society（Aldine Publishing Company, Chicago, 1968）, p. 134.
15 同上, pp. 133-63.
16 Rao, V. M., 'Introduction and overview', *The Poor in a Hostile Society*（Vikas Publishing House, New Delhi, 1998）, p. 3; Beck, Tony, *The Experience of Poverty*（Intermediate Technical Publications, London, 1994）, pp. 137-42.
17 Rao, S. K. Ramachandra（ed.）, *Encyclopaedia of Indian Medicine* Vol I Historical Perspective（Popular Prakashan, Bombay, 1985）, IV, pp. 3-8, 45-8.
18 Zimmermann, Francis, *The Jungle and the Aroma of Meats*（University of California Press, Berkeley, 1987）, p. 24.
19 Sharma Priyavrat, *Caraka-samhita*（Chaukhambha Orientalia, Delhi, 1981）, I, pp. 44-5; Sharma, Brijendra Nath, *Social and Cultural History of Northern India c.1000-1200 A.D.*（Abhinav Publications, New Delhi, 1972）, p. 100; Achaya, K. T., *Indian Food*（Oxford University Press, Delhi, 1994）, p. 81.
20 Storer, Jenny, '"Hot"and"cold"food beliefs in an Indian community and their significance', *Journal of Human Nutrition*, 31（1977）, p. 34.
21 Chattopadhyaya, Debiprasad, 'Case for a critical analysis of the Caraka-Samhita', *Studies in the History of Science in India*（Editorial Enterprises, New Delhi, n.d.）, p. 217.
22 Zimmermann, *The Jungle*, p. 126.

第2章　ビリヤーニー

1 Manrique, Sebastien, *Travels of Fray Sebastien Manrique 1629-1643*（Hakluyt Society, London, 1926）, II, pp. 213-20.
2 同上, pp. 207-13.
3 Madan, T. N., *Non-renunciation*（Oxford University Press, Delhi, 1987）, p. 143; Sethi, Anil, 'The creation of religious identities in the Punjab, c.1850-1920', PhD, Cambridge University, 1998, pp. 16, 202-6; Richards, John F., *The Mughal Empire*, The New Cambridge History of India I. 5（Cambridge University Press, Cambridge, 1993）, pp. 20, 34.
4 Thackston, Wheeler M.（ed.）, *The Baburnama. Memoirs of Babur, Prince and Emperor*（Oxford University Press, Oxford, 1996）, pp. 332, 334, 350-1, 359-60.
5 Ikram, S. M., *Muslim Civilisation in India*, ed. Ainslie T. Embree（Columbia University Press, London, 1964）, p. 136.

原　注

第1章　チキンティッカ・マサラ

1 Driver, Christopher, *The British at Table 1940-1980*（Chatto & Windus, London, 1983）, p. 77 に引用。
2 Jonathan Meades, 'Goodness gracious!',『タイムズ』2001 年 4 月 21 日付。
3 Iqbal Wahhab and Emma Brockes, 'Spice... the final frontier',『ガーディアン』1999 年 11 月 4 日付。
4 Sharma, Ursula, *Rampal and His Family*（Collins, London, 1971）, p. 142.
5 Appadurai, Arjun, 'How to make a national cuisine: cookbook in contemporary India', *Comparative Studies in Society and History*, 30, 1（1988）, p. 18.
6 Conlon, Frank F. 'Dining out in Bombay', *Consuming Modernity*（University of Minnesota Press, London, 1995）, p. 114.
7 Buchanan, Francis, *Journey from Madras Through the Countries of Mysore, Canara, and Malabar*（T. Cadell & W. Davies, London, 1807）, I, pp. 101-2; Rao, M. S. A., 'Conservatism and change in food habits among the migrants in India', *Food, Society and Culture*（Caroline Academic Press, Durham, 1986）, pp. 127-9; Lewis, Oscar, *Village Life in Northern India*（University of Illinois Press, Urbana, 1958）, p. 267 を参照。
8 Gardner, Katy, 'Desh-Bidesh', *Man*（NS）228（1993）, p. 6.
9 Phillip Ray, 著者との会話のなかで。
10 Jubi and Hafeez Noorani, 'A unique culinary culture',『タージマガジン』11, 1（1982）
11 Cantile, Audrey, 'The moral significance of food among Assamese Hindus', *Culture and Morality*（Oxford University Press, Delhi, 1981）, pp. 42-5.
12 Achaya, K. T., 'Indian food concepts', *History of Indian Science, Technology and Culture AD 1000-1800*（Oxford University Press, Oxford, 1999）, pp. 221-2.
13 Marriott, McKim, and Ronald B. Inden, 'Toward an ethnosociology of South Asian caste systems', *The New Wind*（Mouton, The Hague, 1977）, p. 233.
14 Marriott, McKim, 'Caste ranking and food transactions', *Structure and Change in*

本書は二〇〇六年、小社より単行本として刊行された。

Lizzie Collingham:
Curry: A biography

Japanese translation rights arranged with Lizzie Collingham
c/o Aitken Alexander Associates Limited., London
through Tuttle-Mori Agency, Inc., Tokyo

インドカレー伝《でん》

二〇一六年 三 月一〇日 初版印刷
二〇一六年 三 月二〇日 初版発行

著 者 L・コリンガム
訳 者 東郷《とうごう》えりか
発行者 小野寺優
発行所 株式会社河出書房新社
〒一五一−〇〇五一
東京都渋谷区千駄ヶ谷二−三二−二
電話〇三−三四〇四−八六一一（編集）
〇三−三四〇四−一二〇一（営業）
http://www.kawade.co.jp/

ロゴ・表紙デザイン 粟津潔
本文フォーマット 佐々木暁
本文組版 KAWADE DTP WORKS
印刷・製本 中央精版印刷株式会社

Printed in Japan ISBN978-4-309-46419-0

巴里の空の下オムレツのにおいは流れる

石井好子　41093-7

下宿先のマダムが作ったバタたっぷりのオムレツ、レビュの仕事仲間と夜食に食べた熱々のグラティネ――一九五〇年代のパリ暮らしと思い出深い料理の数々を軽やかに歌うように綴った、料理エッセイの元祖。

東京の空の下オムレツのにおいは流れる

石井好子　41099-9

ベストセラーとなった『巴里の空の下オムレツのにおいは流れる』の姉妹篇。大切な家族や友人との食卓、旅などについて、ユーモラスに、洒落っ気たっぷりに描く。

女ひとりの巴里ぐらし

石井好子　41116-3

キャバレー文化華やかな一九五〇年代のパリ、モンマルトルで一年間主役をはった著者の自伝的エッセイ。楽屋での芸人たちの悲喜交々、下町風情の残る街での暮らしぶりを生き生きと綴る。三島由紀夫推薦。

いつも異国の空の下

石井好子　41132-3

パリを拠点にヨーロッパ各地、米国、革命前の狂騒のキューバまで――戦後の占領下に日本を飛び出し、契約書一枚で「世界を三周」、歌い歩いた八年間の移動と闘いの日々の記録。

狐狸庵食道楽

遠藤周作　40827-9

遠藤周作没後十年。食と酒をテーマにまとめた初エッセイ。真の食通とは？　料理の切れ味とは？　名店の選び方とは？「違いのわかる男」狐狸庵流食の楽しみ方、酒の飲み方を味わい深く描いた絶品の数々！

狐狸庵動物記

遠藤周作　40845-3

満州犬・クロとの悲しい別れ、フランス留学時代の孤独をなぐさめてくれた猿……。楽しい時も悲しい時も、動物たちはつねに人生の相棒だった。狐狸庵と動物たちとの心あたたまる交流を描くエッセイ三十八篇。

狐狸庵読書術

遠藤周作　　40850-7

読書家としても知られる狐狸庵の、本をめぐるエッセイ四十篇。「歴史」「紀行」「恋愛」「宗教」等多彩なジャンルから、極上の読書の楽しみ方を描いた一冊。愛着ある本の数々を紹介しつつ、創作秘話も収録。

狐狸庵人生論

遠藤周作　　40940-5

人生にはひとつとして無駄なものはない。挫折こそが生きる意味を教えてくれるのだ。マイナスをプラスに変えられた時、人は「かなり、うまく、生きた」と思えるはずである。勇気と感動を与える名エッセイ！

大人のロンドン散歩　在英40年だから知っている魅力の街角

加藤節雄　　41147-7

ロンドン在住40年、フォトジャーナリストとして活躍する著者による街歩きエッセイ。ガイドブックにはない名所も紹介。70点余の写真も交えながら、歴史豊かで大人の雰囲気を楽しめる。文庫書き下ろし。

わたしの週末なごみ旅

岸本葉子　　41168-2

著者の愛する古びたものをめぐりながら、旅や家族の記憶に分け入ったエッセイと写真の『ちょっと古びたものが好き』、柴又など、都内の楽しい週末“ゆる旅”エッセイ集、『週末ゆる散歩』の二冊を収録！

服は何故音楽を必要とするのか？

菊地成孔　　41192-7

パリ、ミラノ、トウキョウのファッション・ショーを、各メゾンのショーで流れる音楽＝「ウォーキング・ミュージック」の観点から構造分析する、まったく新しいファッション批評。文庫化に際し増補。

天下一品　食いしん坊の記録

小島政二郎　　41165-1

大作家で、大いなる健啖家であった稀代の食いしん坊による、うまいものを求めて徹底吟味する紀行・味道エッセイ集。西東の有名無名の店と料理満載。

日本料理神髄

小山裕久　40790-6

日本料理とは何か。その本質を、稀代の日本料理人が料理人志望者に講義するスタイルで明らかにしていく傑作エッセイ。料理の仕組みがわかれば、その楽しみ方も倍増すること請け合い。料理ファン必携！

日本の伝統美を訪ねて

白洲正子　40968-9

工芸、日本人のこころ、十一面観音、着物、骨董、髪、西行と芭蕉、弱法師、能、日本人の美意識、言葉の命……をめぐる名手たちとの対話。さまざまな日本の美しさを探る。

表参道のヤッコさん

高橋靖子　41140-8

新しいもの、知らない空気に触れたい——普通の少女が、デヴィッド・ボウイやT・レックスも手がけた日本第一号のフリーランスのスタイリストになるまで！　六十〜七十年代のカルチャー満載。

むかしの汽車旅

出久根達郎〔編〕　41164-4

『むかしの山旅』に続く鉄道アンソロジー。夏目漱石、正岡子規、泉鏡花、永井荷風、芥川龍之介、宮澤賢治、林芙美子、太宰治、串田孫一……計三十人の鉄道名随筆。

アァルトの椅子と小さな家

堀井和子　41241-2

コルビュジェの家を訪ねてスイスへ。暮らしに溶け込むデザインを探して北欧へ。家庭的な味と雰囲気を求めてフランス田舎町へ——イラスト、写真も手がける人気の著者の、旅のスタイルが満載！

早起きのブレックファースト

堀井和子　41234-4

一日をすっきりとはじめるための朝食、そのテーブルをひき立てる銀のポットやガラスの器、旅先での骨董ハンティング…大好きなものたちが日常を豊かな時間に変える極上のイラスト&フォトエッセイ。

時刻表2万キロ

宮脇俊三　47001-6

時刻表を愛読すること四十余年の著者が、寸暇を割いて東奔西走、国鉄（現ＪＲ）二百六十六線区、二万余キロ全線を乗り終えるまでの涙の物語。日本ノンフィクション賞、新評交通部門賞受賞。

生きていく民俗　生業の推移

宮本常一　41163-7

人間と職業との関わりは、現代に到るまでどういうふうに移り変わってきたか。人が働き、暮らし、生きていく姿を徹底したフィールド調査の中で追った、民俗学決定版。

民俗のふるさと

宮本常一　41138-5

日本人の魂を形成した、村と町。それらの関係、成り立ちと変貌を、ていねいなフィールド調査から克明に描く。失われた故郷を求めて結実する、宮本民俗学の最高傑作。

山に生きる人びと

宮本常一　41115-6

サンカやマタギや木地師など、かつて山に暮らした漂泊民の実態を探訪・調査した、宮本常一の代表作初文庫化。もう一つの「忘れられた日本人」とも。没後三十年記念。

妖怪になりたい

水木しげる　40694-7

ひとりだけ落第したのはなぜだったのか？　生まれ変わりは本当なのか？　そしてつげ義春や池上遼一とはいつ出会ったのか？　深くて魅力的な水木しげるのエッセイを集成したファン待望の一冊。

なまけものになりたい

水木しげる　40695-4

なまけものは人間の至高のすがた。浮世のことを語っても、この世の煩わしさから解き放ってくれる摩訶不思議な水木しげるの散文の世界。『妖怪になりたい』に続く幻のエッセイ集成。水木版マンガの書き方も収録。

淳之介流　やわらかい約束

村松友視　41003-6

文壇の寵児として第一線を歩み続け、その華やかな生涯で知られた吉行淳之介。人々を魅了したダンディズムの奥底にあるものは？　吉行氏と深く交流してきた著者による渾身の書き下ろし！

人生作法入門

山口瞳　41110-1

「人生の達人」による、大人になるための体験的人生読本。品性を大切にしっかり背筋を伸ばして生きていきたいあなたに。生き方の様々なヒントに満ちたエッセイ集。

七十五度目の長崎行き

吉村昭　41196-5

単行本未収録エッセイ集として刊行された本の文庫化。取材の鬼であった記録文学者の、旅先でのエピソードを収攬。北海道〜沖縄に到る執念の記録。

自転車で遠くへ行きたい。

米津一成　41129-3

ロードレーサーなら一日 100 ㎞ の走行は日常、400 ㎞ だって決して夢ではない。そこには見慣れた景色が新鮮に映る瞬間や、新しい出会いが待っている！　そんな自転車ライフの魅力を綴った爽快エッセイ。

パリジェンヌ流　今を楽しむ！自分革命

ドラ･トーザン　46373-5

明日のために今日を我慢しない。常に人生を楽しみ、自分らしくある自由を愛する……そんなフランス人の生き方エッセンスをエピソード豊かに綴るエッセイ集。読むだけで気持ちが自由になり勇気が湧く一冊！

パリジェンヌのパリ20区散歩

ドラ･トーザン　46386-5

生粋パリジェンヌである著者がパリを20区ごとに案内。それぞれの区の個性や魅力を紹介。読むだけでパリジェンヌの大好きなflânerie（フラヌリ・ぶらぶら歩き）気分が味わえる！